"十四五"职业教育国家规划教材

U0646568

市场营销策划

（第3版）

主　编◎张苗荧

副主编◎潘凤钗　邱宏亮

张大治　包发根

SHICHANG YINGXIAO CEHUA

北京师范大学出版集团
BEIJING NORMAL UNIVERSITY PUBLISHING GROUP
北京师范大学出版社

图书在版编目(CIP)数据

市场营销策划/张苗荧主编．—3 版．—北京：北京师范大学出版社，
2022.11(2025.8 重印)

（"十四五"职业教育国家规划教材）

ISBN 978-7-303-23430-1

Ⅰ.①市… Ⅱ.①张… Ⅲ.①市场营销学—高等职业教育—教材
Ⅳ.①F713.50

中国版本图书馆 CIP 数据核字(2018)第 021533 号

出版发行：北京师范大学出版社 https://www.bnupg.com
　　　　　北京市西城区新街口外大街 12-3 号
　　　　　邮政编码：100088
印　　刷：天津中印联印务有限公司
经　　销：全国新华书店
开　　本：787 mm×1092 mm　　1/16
印　　张：12.5
字　　数：246 千字
版　　次：2022 年 11 月第 3 版
印　　次：2025 年 8 月第 15 次印刷
定　　价：39.80 元

策划编辑：包　彤　姚贵平　　　责任编辑：包　彤
美术编辑：焦　丽　　　　　　　　装帧设计：焦　丽
责任校对：陈　民　　　　　　　　责任印制：赵　龙

前　言

市场营销策划是一门复合型学科，是由多门学科知识综合、交叉形成的新的应用知识体系。它秉承市场营销学的特点，是综合思维的科学与精湛的经营艺术的结合。

本教材是在普通高等教育"十一五"国家级规划教材、"十二五"职业教育国家规划教材及教育部2009年评选的精品教材《市场营销策划》的基础上进行修订的，被评为"十三五"和"十四五"职业教育国家规划教材。本教材以"产教融合"为宗旨，以培训和训练学生的营销策划专业职业能力为目标，体现学校教育教学过程与企业生产过程的对接融合。党的二十大报告提出："全面贯彻党的教育方针，落实立德树人根本任务，培养德智体美劳全面发展的社会主义建设者和接班人。"本教材中增加了"课程思政"栏目。

本教材具有以下几个特点。

（1）内容上：围绕锤炼精品，打造教育教学、生产经营、素质养成、技能提升、经营管理和社会服务等一体化内容体系。

（2）方法上：产业岗位、技能与学科知识体系有机整合，分解出便于实务操作的技能与知识要点，以营销策划能力为引领，突出真刀实枪的操作技能训练。

（3）体例上：运用了"学习目标""微课视频""案例分析""相关链接""策划练习""课程思政"等栏目，适合学生探究学习。

在修订过程中，我们力求反映新的营销策划理论与营销策划实践，力求推进课程思政元素与专业内容的融合。

本教材主编为张苗荧（原浙江旅游职业学院教授），副主编为潘凤钗（浙江经济职业技术学院教授）、邱宏亮（浙江旅游职业学院副教授）、张大治（浙江旅游职业学院高级平面设计师）和包发根（浙江机电职业技术学院教授）。全教材的编写分工为：张苗荧编写项目1、项目3（合作）、项目6和项目9，潘凤钗编写项目2（合作），陈方丽（温州科技职业学院副教授）编写项目2（合作）和项目8，邱旭光（浙江工贸职业技术学院研究员）编写项目4和项目5（合作），张大治编写项目5（合作），沈池俊（杭州消费策划中心营销总监）编写项目7，陈一帆（浙江茗苑旅游规划设计研究中心有限公司高级工程师）编写项目3（合作）。

由于时间较紧，教材中可能仍有疏漏之处，敬请广大读者批评、指正，以便我们在教材重印时及时更正。

编　者

2023 年 6 月

目　录

项目 1

认识市场营销策划

 学习目标

1. 了解与把握策划与市场营销策划的概念。
2. 了解市场营销策划的历史。
3. 把握市场营销策划理论的发展。
4. 掌握市场营销策划过程的管理。

扫描二维码，获取本项目的微课视频。

微课视频	预习笔记
	_____
	_____
	_____

走进营销策划

　　横河陈村坐落于浙江省台州市，三面环水，是一个水乡古村。该村古为漕运商埠，市集繁华，土物汇聚，人杰地灵。距今近 700 年的古村落保存完好，现有 130 多间明清时期的老街建筑。近年来，横河陈村以"建设社会主义新农村，合力打造幸福生态家园"为目标，根据当地特点，发展旅游产业，培育特色农产品，村民生活水平不断提高。

　　为助力全省乡村旅游 A 级景区创建，浙江旅游职业学院组成项目组，对横河陈村进行调研，并针对该村现状提出相关营销策划建议。

　　第一，整合旅游路线，开展古镇旅游，推动民俗特色产业的发展。建议古镇旅游从触觉、视觉、感觉、精神层面给游客留下深刻印象：根据特色古建筑打造古风民宿，发展民宿旅游；增加与游客之间的互动，让游客深层次地体会村庄的生活，

发展民俗旅游；完善名人文化长廊，让游客通过浏览文化长廊，了解村庄的文化特色，弘扬先人们伟大的精神品质，发展文化旅游；完善村庄游客集散中心和基础医疗点，为古镇旅游进一步发展打下基础。

第二，发展市场营销战略。横河陈村有着悠久的历史，村庄内有大量的古建筑和荷田，要运用市场营销策划进行准确定位。以古建筑为特色打造古镇旅游，从而带动村庄经济，通过村庄经济发展带动村庄特色农产品销售。

一方面，完善特色农产品内涵。我们建议：将村庄的莲子、莲花、莲蓬作为特产，让游客通过体验活动接触特产；改进包装，特色农产品的包装要融入村庄中的古建筑、荷田等元素；拓展衍生产品，如制作特色农产品的菜谱作为附赠品。

另一方面，建立"线上＋线下"宣传模式。建立自媒体平台，推动旅游宣传销售模式变革，包括开通微博、微信公众号，运用快手、抖音等短视频进行形象宣传。

思考：横河陈村的这一旅游营销策划对于村庄景区化发展具有哪些意义？该策划的立足点与要点是什么？

学 习 任 务

任务1　市场营销策划的特征

▌导入任务

通过案例分析与策划练习，明确策划、市场营销策划的概念，把握市场营销策划的特征。

一、策划的概念与特征

（一）广义的策划

"策划"一词在中国的出现始于汉代，西汉刘安的《淮南鸿烈·要略》中有"擘画人事之终始也"，其中"擘画"与"策划"同义。据有关资料考证，"策划"这个概念是1955年美国公共关系学者爱德华·伯纳斯（Edward L. Bernays）在其著作《策划同意》中最早提出来的。如今，策划经常和诸如"战略""策略"等字眼连用，泛指某种策略或战略的产生过程。

美国哈佛企业管理丛书编委会对策划的定义："策划是一种程序，其本质是一种运用脑力的理性行为。""策划是找出事物的因果关系，衡度未来可采取的途径，作为目前决策的依据。即策划是预先决定做什么、何时做、如何做、谁来做。"

📖 相关链接

策划的不同流派

1. 事前设计说

这一流派体现了策划的最基本特征，即超前性和创新性。但策划的成功不仅取决于主观的前瞻设计过程，还涉及策划主体、策划客体和策划过程等因素。因此，事前设计说存在一定的缺陷。

2. 管理行为说

这一流派认为，策划是运用系统、效益等管理原理，以及战略管理、营销管理、财务管理等管理理论而进行的综合性智力活动。策划者不仅应具备系统的哲学、管理、投资、传媒等知识，还应具备较为丰富的经验和阅历。

3. 选择决定说

选择决定说是从美国管理学家赫伯特·西蒙(Herbert A. Simon)关于"管理就是决策"的观点中演化而来的。现在的企业无疑生存于极其不确定的经营环境之中，要给出企业发展的"唯一解"几乎是不可能的。因此，所有的策划活动从某种意义上说就是创造方案和选择方案。

4. 思维活动说

策划的本质是一种创造性的思维活动，策划本身不是现实的生产力，但策划却是能产生巨大生产力的管理活动。

5. 全面界定说

这一流派认为，策划是具有科学性的系统工程，是集诊断、调研、思考、创意、设计、决策和实施于一体的智慧结晶。换句话说，策划是指在对客户和市场的现状进行仔细评估的基础上，对客户的短期和长期目标有了充分的了解之后，所作出的发扬客户优势、规避客户劣势，并能优化企业现有的人力、物力和财力资源的战略方案。策划过程是为企业提供具有竞争优势的战略决策过程和实施过程。

资料来源：易开刚. 现代营销策划学[M]. 上海：上海财经大学出版社，2011：14-15.(有修改)

综上所述，策划是为了解决现存的问题，为实现特定的目标，提出思路、实施方案与具体措施，达到预期效果的运用脑力的理性行为。

广义的策划具有以下几个特征：①策划是为了达到某一目标，这是策划的前进方向，也是策划的动力；②策划是人的智慧和经验总结，这是人区别于其他任何动物的特征，也就是为达到目标而运用人类的经验和知识的过程，知识是策划的工具；③策划是采用谋略或谋划手段完成既定的目标，这是策划的方法。

(二)狭义的策划

狭义的策划是指为实现企业目标而贯穿在企业管理过程中的谋划。狭义的策划主要运用于当今企业中，也可称为企业策划。菲利普·科特勒在《混沌时代的管理和营销》第四章"筹划具有适应力的管理体系"里所提出的混沌管理系统实际上含有"企划"之义。他认为这并不是创造一套适合每个企业的战略，而是要为企业量身定做一个战略行为框架。他提出，应对新现实最有效的方法是务实，并且制定方法时一定要十分谨慎和严格。这是一种精心设计且建立在强劲、灵活、敏感的管理架构基础上的系统方法，并且每种关键业务的开展都基于这个方法。[①] 我们认为，企业策划是企业在实现目标过程中所采取的企业发展的具体创意、计划、实施步骤及方法等。

企业策划是企业盈利与壮大的方法和策略的总称，贯穿企业的发展活动，是积极主动促进企业发展的谋略综合体。

企业策划具有以下几个特征：①它是为了达到某一目标，只是把这个目标锁定在经济领域内；②它的对象是工商企业和一些组织机构，即现代社会组织；③它的目的是为这些社会组织获得利益，即社会效益与经济效益；④它所采用的方法是以掌握政策、掌握法律等工具进行策划。

企业策划是在企业发展中起重要作用的一个方面。一个企业在发展过程中，在总体上和日常中都要处理一些事务，有些事务涉及很多方面的社会问题，需要系统地思考、研究和策划。

(三)策划与咨询

西方将提供信息与智慧服务的产业称为咨询业，东方却习惯于使用策划这个概念。由此可见，策划与咨询都是智慧与信息服务，都有一定的程序与规范，内涵与外延基本上是一致的，同时使用咨询与策划也并无大碍。

策划与咨询大致有以下三个方面的差异。

1. 包容性不同

策划涉及的范围比咨询大。咨询必然是决策建议主体与决策行为主体的分离，而策划既可能分离也可能合一。甚至可以说，系统而有目的地思考并付诸行动都可以理解为策划；而咨询一定是受委托提供决策建议，咨询只是策划的一部分。

2. 倾向性不同

咨询倾向于职业化，策划则强调其谋略性。咨询在西方一直是伴随特定职业产生和发展起来的，其职业倾向毋庸置疑；而策划可能是职业，也可能是一种单纯行为，强调的是其与盲目行为相反的谋略性。

---

① 菲利普·科特勒，约翰·卡斯林. 李健，译. 混沌时代的管理和营销[M]. 北京：华夏出版社，2009：120.

3. 运营机制不同

咨询是一种收费的委托决策建议行为，本质上是商业化和市场化的行为；而策划是可能收费也可能不收费的智慧活动。比如，社会组织内部的策划部门，所从事的全部工作都是智慧活动，但并不直接收取费用，属于组织内部职能部门的日常运作。

认清策划与咨询概念的差异，就可以看出该行业的职业化水准在我国与西方的差异。咨询概念包容性小而准确，完全是收费的委托决策建议的专门职业；策划概念强调的是谋略性，在职业化与市场化方面显得含糊。今后行业词汇应当逐步将咨询作为职业化词汇，而将策划作为思维谋略来予以强调。

二、市场营销策划的概念与特征

(一)市场营销策划的概念

市场营销是一种以交换为目的的经营活动。为了实现目的，达到预期目标，企业就必须与市场建立密切关系，科学地分析市场、顾客及与之相关的各种因素，然后创造性地运用自身的资源，力求在适当的时间、适当的地点，以适当的价格和促销方式让顾客获得满足。如果说营销是一种观念，就有必要采取一定的策略和技术，使大众自觉地接受它。在这个过程中，营销人员所做的分析、判断、推理、预测、构思、设计、安排、部署等工作，便是营销策划。

📖 相关链接

市场营销策划的定义

关于市场营销策划的定义，众说纷纭，大致可分为以下几种。

1. 市场营销策划是指市场营销策划活动的主体——企业，在市场营销活动中，为达到预定的市场营销目标，运用系统、科学、理论联系实际的方法，对企业生存与发展的宏观经济环境和微观市场环境进行分析，寻找企业目标市场顾客群的利益共性，以消费者满意为最终目标，重新组合和优化企业所拥有的和可开发利用的市场资源，对整体市场营销活动或市场营销某一方面进行分析、判断、推理、预测、构思、设计和制订市场营销方案的行为。[1]

2. 市场营销策划是以对未来市场变化趋势的分析和判断为前提的。这些判断准确与否，直接关系着市场营销策划的成败。成功的市场营销策划必须建立在对未来市场发展趋势准确无误的分析判断的基础上，没有这个前提，市场营销策划就变成了无的放矢的冒险行为。[2]

---

[1] 胡其辉. 市场营销策划[M]. 长春：东北财经大学出版社，1999：1-2.

[2] 高福辉，吴海帆，牛琦彬. 市场营销策划[M]. 北京：中国建材工业出版社，1996：8.

3. 市场营销策划提供的是一套有关企业营销的未来方案，以未来的市场趋势为背景，以企业的发展目标为基础，设计企业的行动措施。这些措施包括环境分析、企业现状诊断、营销定位、营销组合策划、预算等。①

市场营销策划就是企业根据对市场变化趋势的分析判断，对企业未来的市场营销行为进行的超前筹划。这种筹划借助于丰富的经验和高超的创造力，将各种营销要素进行优化组合，形成各种营销方案和行动措施，目的就是制订切实可行的营销方案并组织实施，以实现预定的营销目标。

第一，营销策划要取得成功，就必须在策划时遵循经济与自然规律，强调多种营销手段在策划中的系统与综合运用，强调科学、可行、周密、有序。

第二，在策划的过程中，创意是灵魂。人类参与各种目的明确的活动，都是经过一番策划之后才开展起来的。市场营销活动就更明显，它有着明确的目的，涉及的范围非常广，需要运用人类丰富的知识和智谋，对整个活动过程进行系统筹划。

第三，营销策划以综合运用市场营销学及相关理论为基础，以市场调研为前提，从市场竞争的需要出发，科学地配置企业可运用的资源，目的就是制订切实可行的营销方案并组织实施，以实现预定的营销目标。

(二)市场营销策划的特征

1. 目的性

营销策划具有明确的目的，即为了促进企业既定发展目标的实现而进行构思、设计和选择。只有目标明确，才能进一步考虑达到目标的最佳途径，以及制订应该由何人、在何时、在何地、采取何种具体行动的实施方案。

2. 前瞻性(创新性)

营销策划是一种判断。根据现实世界的各种资料进行抽象思维，不仅要通过一定的逻辑推理和创意，还要通过一定的方式将判断付诸行动，形成可操作性的计划方案。只有具有前瞻性和创新意义的营销策划，才有利于企业资源的优化配置和实现企业整体利益的最大化，才有利于对企业市场营销的未来趋势及做法作出科学的决策，实现预期目标。

3. 动态性

营销策划是针对企业未来一定时间内的营销活动作出的当前抉择。未来的环境变化存在一定程度的不确定性，依据现实条件很难准确判断未来营销活动过程中可能出现的情况变化，这就要求营销策划应具有动态性特征。其动态性体现在两个方面：一是在策划之初，就要考虑未来形势的变化，进行一定的预测，并使方案具有灵活性、可调遣性的特征，以备将来适应环境变化之需；二是在执行过程中，应根据市场的变化和反馈及时修正方案，让方案能更好地适应已变化的市场。

---

① 张冬梅. 市场营销策划[M]. 青岛：中国海洋大学出版社，1998：2.

4. 系统性

市场营销策划是关于市场营销的系统工程。它的系统性表现在时间上，营销策划需要一系列的营销活动来支持和完成。营销策划的各个环节总是紧密相连、环环相扣，一个活动的结束，必然是下一个活动的开始，各个活动又由一个主线——策划目标连在一起，构成营销活动链。整个营销策划由于有了营销活动链的存在，构成了一个有机的、系统的整体。同时，市场营销策划不仅要提供创意、思路，而且要制订方案，在方案中落实人、财、物的合理搭配。不仅在市场营销策划中要谋划战略、策略，谋划战术与技巧，而且要有具体的实施细则，尽可能通过较少的资源投入，获取较大的产出收益。

5. 复杂性

市场营销策划是一项系统工程，是一项要求投入大量智慧的、高难度的脑力劳动，是一项非常复杂的智力操作工程。一个优秀的市场营销策划方案，是经济学、管理学、市场学、心理学、社会学、文化学、策划学、营销学等多学科知识的综合运用和融会贯通。市场营销策划者不仅必须具有广博的知识储备，对策划和营销知识有深刻的了解和领悟，关键还要有创造性思维，并且能够将这些知识和创造性思维转化为营销活动。

📋 策划练习

龙泉市将非遗与旅游结合，打造文旅融合产品

龙泉市位于浙江省西南部的浙、闽、赣边境，是浙江省入江西、福建的主要通道，素有"瓯婺八闽通衢""驿马要道，商旅咽喉"之称，历来为浙、闽、赣毗邻地区商贸重镇。龙泉是著名的青瓷之都、宝剑之邦。2009年龙泉青瓷传统烧制技艺入选"人类非物质文化遗产代表作名录"。

新石器时代，龙泉土地上就已有人类活动。龙泉窑是我国历史上的名窑，所制产品琳琅满目，日用瓷、陈设艺术瓷、娱乐用瓷等一应俱全，是龙泉窑的起源地和中心产区。龙泉窑遗址在中国陶瓷史乃至世界陶瓷史上都具有重要地位，填补了陶瓷考古的空白，反映了龙泉窑悠久的烧制历史与高超的烧制技艺。

龙泉市规划充分挖掘、利用文化和旅游资源，围绕着龙泉青瓷传统烧制技艺这一人类非遗项目，提炼打造"龙泉青瓷"文旅融合IP，不断提升其文化内涵、文化形象和文化品位。随着龙泉市多个"文化密码"登上浙江省级榜单，龙泉文旅融合为推动文旅产业高质量发展提供了更好的发展依托与前景。

资料来源：龙泉旅游. 喜讯！龙泉市多个"文化密码"登上省级榜单！［EB/OL］. 腾讯网，2022-01-07.（有修改）

做一做： 在进一步调研龙泉文旅资源的基础上，为龙泉运用传统文化打造文化遗产旅游提供营销对策。

_____

_____

_____

任务2　市场营销策划历史

导入任务

学生在教师引导下，通过收集资料，分析中国策划业发展历程，明确市场营销策划发展历史，把握市场营销策划发展趋势。

一、古代的策划

(一)中国古代的策划

策划思想及实践活动源远流长。在原始社会，人们为了生存，在猎取食物时，总要考虑捕食的方法。例如，在野兽经常出没的地方挖陷阱、设埋伏等。在居住方面，人们先凿洞穴而居，后搭盖茅草棚等简易居所，再后来发展到有长期性的宽敞住宅。这些都是人类有意识、有目的地改造自然与环境的实践活动，也是人类策划思想的最初萌芽。[①]

在古代，策划广泛应用于军事、政治和外交领域。夏启建立了第一个奴隶制王朝，为第一个重大的国家性质和政治体制改革开展策划。春秋战国时期，上至君王贵族，下至谋士百姓，都重视策略的运用。诸侯之间相互争霸，各自聚集了一批谋士、策士，为其出谋划策。除了儒、道、法、墨和纵横家之外，以孙子为首的兵家在当时也占有一席之地，兵家中许多策略至今仍然是策划人常用的招数。这一时期，兵书巨著如雨后春笋般问世。其中，代表性著作有《孙子兵法》《战国策》等。这一时期所创造的一个个经典策划案例，可谓中国策划思想史的一个宝库。其中，齐王与田忌赛马、邹忌讽齐王纳谏、苏秦合纵抗秦、张仪连横破六国等，都是中国古代典型的策划案例。

秦统一文字货币，文化与经济的策划对中国影响巨大。策划在汉朝一度活跃，特别是东汉末年的三国鼎立阶段，魏、蜀、吴三国争夺天下，策划人才得到重视和重用，诸葛亮就是这一时期最具代表性的策划大师。

(二)西方古代的策划

在人类文明漫长的演进过程中，世界上除中国外的其他国家或地区的民族在世界策划史上同样作出了卓越的贡献，涌现了许许多多具有卓越策划才能的政治家、军事家、思想家和社会活动家。

西方古代策划最早广泛地应用在军事上。约在公元前11世纪至公元前8世纪产生的《荷马史诗》中就记载了一个典型的军事策划成功范例。这个故事说的是古希

---

① 周鸿，杨琳. 企业策划理论与实务[M]. 北京：人民邮电出版社，2007：174.

腊人远征特洛伊城,在久攻不下的情况下,精心策划了一个精妙绝伦的"木马计"。古希腊的军队制造了一匹高大的木马,将一批精兵悍将藏于木马腹内,然后将木马推至特洛伊城下,交战之初便佯装败退而留下木马,诱使特洛伊人将木马推入城中。深夜,当特洛伊人沉浸在胜利的狂欢中而失去警惕时,藏于木马内的希腊士兵突然从木马腹中跳出,打开城门,城外的希腊士兵蜂拥而入,里应外合,一举攻占了特洛伊城。古希腊人策划的这一成功战例,充分体现了西方人类早期的智慧及策划能力。[①]

西方著名的策划人物有奴隶起义领袖斯巴达克斯、法兰西第一帝国创立者拿破仑·波拿巴、环球航行先驱麦哲伦·哥伦布等。

相关链接

古代策划的特点

古代策划的特点包括:①集中在军事、政治、外交等方面,经济、商业等领域较少应用;②以策划实践为主,缺乏思想和理论;③手法比较单一,缺乏高超的技巧和艺术;④以自发为主,自觉较少;⑤主要是一种个人行为,缺乏群体协作。

资料来源:沈祖祥.旅游策划:理论、方法与定制化原创样本[M].上海:复旦大学出版社,2007:357.(有修改)

二、现代策划与市场营销策划

(一)现代策划

19世纪后期,第一次和第二次技术革命所推动的工业革命,以及由此推进的国际化大科技、大工业、大经济的发展,使仅由个人或少数几个人凭经验所做的策划难以满足日益激烈的竞争趋势,这就提出了依靠专家智囊作为科学策划参谋助手的现实需要。现代策划业是由包括咨询业、顾问业、策划业在内的智囊产业(简称为"智业")逐渐发展起来的。在发达国家出现了一批服务于政治决策、军事决策、经营决策等决策活动的"脑库"、智囊机构,如美国的兰德公司、斯坦福国际咨询研究所、巴特尔纪念研究所、国际应用系统分析研究所,日本的野村综合研究所、三菱综合研究所,德国的工业设备企业公司,英国的艾特金斯咨询公司等。

第二次世界大战以后,策划的内涵与外延都得到扩展。策划由军事领域拓展到文化、政治等多个领域,出现了政治策划、文化策划和新闻策划等。而随着现代经济的发展和市场竞争的加剧,在现代企业中出现了多种形式的营销策划活动。伴随着营销策划实践的开展,市场营销策划理论作为一门独立的分支学科,得到了迅速发展。

---

① 蒙南生.媒体策划与营销[M].北京:中国传媒大学出版社,2006:45.

(二)市场营销策划

市场营销策划作为独立的市场营销分工，最早起源于美国。20 世纪五六十年代，美国经济在经历了十多年的繁荣之后，市场形势发生了巨大的变化，市场有效需求不足，商品销售困难，市场竞争日益加剧，市场营销策划职能机构和中介机构应运而生。到了 20 世纪 70 年代，美国企业掀起了形象策划的浪潮。

20 世纪六七十年代，日本经济在"十年倍增计划"的实施下高速增长。出于开拓新的国内外市场，为企业的发展提供良好环境的需要，市场营销策划在日本逐渐成长起来，许多兼职或专职的市场营销策划机构和经营组织纷纷涌现，并为日本企业的发展开拓了广阔的国内外市场。日本营销策划的特点主要体现在企业形象策划上。1971 年，日本马自达汽车公司为日本树立了企业形象策划的范例。接着，大荣百货、伊势丹百货、麒麟啤酒等企业纷纷导入形象设计，他们树立的良好公司形象，已成为企业重要的无形资产。日本企业形象策划以企业文化为繁衍生长点，不像美国的专业公司那样停留于标志、标准字及相关设计系统上，而是深入企业经营的价值观深处。①

与此同时，营销策划的理论也得到巨大发展。菲利普·科特勒在《营销管理》(第 13 版)中提出，可以把营销管理看成艺术和科学的结合，并通过创造、交付和传播优质的顾客价值来获得顾客、挽留顾客和提升顾客的科学与艺术。他提出营销管理的任务：制定营销战略与营销计划；获取营销视野；选择目标市场，连接顾客；建立强势品牌；设计市场供应物；运用营销手段实现交付与沟通；实现长期增长。②

1981 年，莱维·辛格和菲利普·科特勒对"营销战"这一概念及军事理论在"营销战"中的应用进行了研究；瑞典经济学院的克里斯琴·格罗路斯发表了论述"内部营销"的论文；菲利普·科特勒也提出要在企业内部创造一种营销文化，他强调内部营销需要高层管理人员的垂直协调与领导，而且也离不开与其他部门之间的横向协同，高层管理人员就好比管弦乐团的指挥，必须设法使所有营销环节能够协调一致，从而为整个营销计划作出贡献③；1983 年，西奥多·莱维特对"全球营销"问题进行了研究；1985 年，巴巴拉·本德·杰克逊提出了"关系营销""协商营销"等新观念；1986 年，菲利普·科特勒提出了"大营销"概念。

20 世纪 90 年代开创了一个市场营销系统策划的新纪元。营销策划与电信、信息技术及日益全球化的竞争趋势紧密相连，出现了定制营销、网络营销、营销决策支持系统、营销工作站等。

在我国，市场营销策划最早出现于 20 世纪 80 年代后期。当时出现了咨询公司、策划公司、策划师协会等专业机构和团体，一些公司建立了策划部并设置策划

---

① 周朝霞. 企业形象策划实务[M]. 北京：机械工业出版社，2005：14.
② 菲利普·科特勒，等. 王永贵，等译. 营销管理[M]. 13 版. 上海：上海人民出版社，2009：32-35.
③ 菲利普·科特勒，等. 王永贵，等译. 营销管理[M]. 13 版. 上海：上海人民出版社，2009：29.

师岗位。策划师在20世纪90年代成为一种专门的社会职业。以这种新的社会职业作为研究对象，必然形成新的学科体系。

进入20世纪90年代中期后，随着中国经济体制改革的深入和市场经济制度的逐步完善，中国经济高速发展，人民生活水平迅速提高，新的市场经济体制大大刺激了生产力的发展，市场由卖方市场变为买方市场，使得市场竞争日益激烈。于是，对市场营销策划的研究从介绍国外市场营销策划理论、方法、策略和案例，逐步过渡到结合中国市场的具体情况，探索中国市场营销策划的特点、方法和策略，并指导企业的市场营销实践活动。市场营销策划的实践广泛地为各种形式和不同所有制的企业所接受，并把企业的市场营销活动引向消费者满意、企业盈利和社会发展的良性循环中。[①]

相关链接

我国市场营销策划按阶段划分

1. 第一阶段：启蒙期（1988年至1993年）

中国第一代营销策划人开启了营销策划行业的启蒙期，其代表为何阳等人。他们靠的是"个人智慧"，为企业提供的是"点子激活市场"的策划服务。

2. 第二阶段：萌芽成长期（1994年至2000年）

20世纪90年代末期，随着越来越多的外资企业进入中国，第二代营销策划人登台。中国营销策划业的环境发生了巨大变化，营销策划业也从混乱状态逐步规范化。专业化、职业化、行业化的时代到来，出现了营销策划人的优胜劣汰，基本结束了"单打独斗"的时代，出现了真正意义上的策划公司。

3. 第三阶段：整合策划期（2000年以后）

进入21世纪，由于国外企业大举进入我国市场，面对竞争的日益激烈，中国企业对营销策划的实际投入呈增长态势，营销策划的价值得到进一步提升，潜在的市场需求扩大。中国的营销策划逐渐走上了良性发展的轨道，开始出现对企业全方位的整合营销策划，包括战略策划、促销策划、广告策划、营销组织策划等。企业和策划公司开始建立战略联盟。国际知名咨询公司大举进入我国后面临着如何"本土化"的问题。咨询与实践脱节和咨询过度介入企业的问题逐渐得到解决，客观、公正、独立的咨询人员与组织正在形成，市场逐渐出现细分。

资料来源：王斐，罗军. 营销策划［M］. 北京：北京理工大学出版社，2018：10-11.（有修改）

---

① 周鸿，杨琳. 企业策划理论与实务［M］. 北京：人民邮电出版社，2007：174.

（三）我国市场营销策划发展趋势

从 2003 年至今，纵观中国市场经济发展，市场竞争经历了广告战、促销战、价格战、渠道战、终端战、品牌战等，也就是说营销价值链的各个环节都经过了市场竞争的洗礼。与此同时，策划公司也发生了巨大的转变，由最初帮企业策划一切，到帮助企业完成单一环节的策划，再到帮助企业完成单一行业的策划，市场营销策划行业开始进入市场细分时代。

策划的细分主要体现在以下几个方面：一是在整个企划流程上的细分，如市场营销策划、广告策划、公关策划、CI 策划等；二是在行业内的细分，如快速消费品策划、工业企业策划、地产策划、活动策划等；三是不同模式的细分，如学院派侧重定量分析、模型的设定和假设，实战派强调经验和定性分析等。

近年来，中国策划业在探索中有了长足的进步，尤其是在市场营销策划方面，但同时又潜藏着诸多问题，如从业人员鱼龙混杂、策划人员的素质参差不齐等，由此引发了诸多危机。

在未来的发展过程中，企业对策划人员的要求会越来越高：一是企业员工的素质日趋提高，策划人员必须超越他人，必须富有创意和创新精神；二是同质化现象的日益严重，迫使策划人员与时俱进，要有全球化思维、本土化思维，要善于整合资源；三是许多替代和相似行业的出现，以及国外公司的进入，都导致策划行业竞争加剧，因而要求策划人员具有更高的素质。

相关链接

营销策划未来的挑战

1994 年，克兰菲尔德大学和皇家市场研究中心发布了名为《变革的挑战》的报告，其中指出了五个方面对营销的挑战。

1. 迅速变革的步伐

时间周期更短、产品生命周期变短、顾客偏好变化更快等。对营销的挑战主要表现为企业需要具备迅速开拓市场的能力，开发新产品需要更有成效，营销方法要富有灵活性，提高需求预测的准确性，要具备最优定价的能力。

2. 流程再造

敏捷制造和控制系统的应用、替代材料的出现、微电子技术和机器人的发展、以质量为中心的思想渗透等。对营销的挑战主要表现为在微细分市场上进行营销。企业需要找到以单一交易为中心向建立长远关系转变的方法，使顾客忠诚更长久。

3. 市场环境的挑战

生产能力过剩、利润降低、增长缓慢、竞争激烈、降价销售、削减成本。企业为提高利润，需要开发新市场，精耕、深耕市场。

4. 顾客的挑战

顾客需求更多、期望更高、知识更多、购买力量集中化、购买行为更复杂。为此，企业要找到更接近顾客的方法，管理复杂的多市场渠道。

5. 国际化的挑战

竞争者更多、竞争更激烈、利润更低、顾客选择更多、市场更大、不同顾客的需求更多。为此，要重构企业在国内的运作模式以面对国际竞争，要在更大、更多的不同市场树立以顾客为中心的理念。

资料来源：葛秋颖，王唤明. 如何在变革的营销环境下创新[J]. 特区经济，2005(11)：363-364. （有修改）

策划练习

"文化强国"战略下我国自主品牌发展迅速

民族品牌是一个国家在世界通行的名片，是该国民族企业开创的具有品牌资质和蕴含民族文化理念的自主品牌。"十四五"规划明确指出开展中国品牌创建行动，提升自主品牌影响力和竞争力，在消费品领域培育出属于中国的高端品牌。

近年来，随着中国经济发展和国际地位的提升，"中国制造"也在向"中国品牌"转变。在国家"文化强国"战略的支持下，我国一大批企业着力打造融入本土文化的民族品牌，包括华为、格力电器、中国李宁、大疆无人机等在内的国内品牌纷纷斩获国际赞誉。

民族品牌就是中国力量，当前我国亟须培育一批高端品牌，培育一批具有中国特色的民族品牌，并不断扩大优秀民族品牌的影响力，让民族品牌走向世界。

资料来源：莫康孙，刁玉全. "双循环"背景下创意热店的"国潮"战略[EB/OL]. 澎湃网，2022-02-10. （有修改）

做一做：对于推动"中国制造"向"中国品牌"转变，市场营销策划人员肩负怎样的责任？

_____

_____

_____

任务3 市场营销策划过程及文案

导入任务

通过相关知识的学习，明确营销策划的步骤；通过营销策划文案的写作练习，掌握营销策划文案的写作技巧。

一、市场营销策划过程

(一)明确策划问题

企业营销策划的课题有两个来源：一是企业本身或企业其他部门，二是其他企业或组织。无论是哪种来源，营销策划人员都必须先搞清楚策划要解决的问题是什么。

问题的明确界定是人脑对来自外界环境的信息加工，面对同一事件，不同的人理解不同，发现的问题肯定也不一样。"问题"需要深刻地理解和清晰地表达。从环境条件到问题的明确化不是一个简单、直接、容易的过程，而是一个复杂的、很伤脑筋的信息处理过程。

第一，明确策划动机。同一项策划，策划动机不同，会有不同的策划重点，也会有不同的目标和效果要求。例如，同是促销策划，一个可能是为了增大销售额，而另一个可能是为了提升品牌价值。为此，前者可能会把策划重点放在销售促进上，而后者则会把策划重点放在品牌的形象宣传上。

第二，明确策划重点。在了解策划动机的过程中，策划人员会发掘出多个不同的策划主题。策划人员不能将它们都纳入策划作业中，而应抓住企业迫切需要解决的主要问题，进行重点挖掘、过滤和选择。

(二)调查与分析

调查与分析的目的在于了解企业的营销环境，为企业的营销策划提供真实可靠的信息。

企业营销的外部环境分析可分为三个层次：宏观环境分析、行业环境分析和经营环境分析。对于环境因素的调查与分析，从顺序上讲，应该由大到小，即先宏观环境因素，再行业环境因素，最后是经营环境因素；从关注的程度和花费的精力上，应该重小轻大，即最重要的是经营环境因素，其次是行业环境因素，最后是宏观环境因素。

企业营销的内部环境是指企业内部所有对营销活动会产生直接与间接影响的因素，如企业投资(优势资源与劣势资源)、企业的任务与目标、企业的总体战略、企业的组织结构与权力结构、营销部门在企业的地位、企业文化等。

SWOT分析是指导企业系统地考虑其内部条件与外部环境，并确定企业可行性方案的一个逻辑框架。SWOT是英文strength(优势)、weakness(劣势)、opportunity(机会)与threat(威胁)的缩写。企业战略的质量高低，主要取决于企业战略知识、企业的优势和劣势、企业适应环境的能力等。采用SWOT的逻辑框架，企业内外环境分析被条理化，使营销策划变得比较容易。

(三)企业营销战略策划

企业营销战略策划主要是帮助企业回答一些关键的、带有方向性的重点问题。例如，"我是谁""我从哪里来""我将到哪里去""我将如何去"等问题。因此，企业的各类经营管理策划都必须建立在企业战略策划定下来的基础上。任何偏离企业战略的战术策划，哪怕方法再好，也都是无用的策划，而且还可能是有害的策划。企业营销战略策划主要包括营销目标设定与STP策划两部分。

营销目标就是营销策划要实现的期望值。例如，降低营销成本5％，缩短流通时间10％等。目标不明确，策划对象就会很模糊，就不容易产生策划构想。STP策划就是在调查和分析的基础上，根据企业的实际情况，对企业的市场进行细分，确定企业的目标市场并为企业或产品确定市场定位。

（四）策划方案的构思

策划方案的构思过程，实际上就是传播主旨与策划手段相结合的过程。一个好的策划方案，必须能够找到关键的利益点，然后对症下药。

策划方案开发有时是由一个策划者独立完成，有时是由一个组织或小组完成。小组开发涉及计划、分工组织、协调、内部验收、外部调研、自身投入条件的审查核实等事项；个人独立完成策划方案的开发比小组开发在组织上简单一些，但其在可靠性方面远不及有组织的群体开发。策划方案通常是团队协作的智力成果，运用团队智慧可以获得更好的成效。因此，即便是个人策划也要避免闭门造车，要注重部门间的协作关系，充分汲取最新策划知识，多方面收集和运用外部信息与资料。

二、营销策划文案

（一）营销策划文案的概念

营销策划文案是表现和传递营销策划内容的载体。一方面，它是营销策划活动的主要成果；另一方面，它也是企业进行营销活动的行动计划。

根据策划项目的不同，营销策划文案可分为品牌策划文案、促销策划文案、广告策划文案等；根据策划文案呈报对象不同，可分为内部营销策划文案和外部营销策划文案两大类。

策划文案是策划过程的进一步深化和升华。策划文案的形成过程是将策划形成的构思、创意或谋略书面化的过程，它标志着策划过程朝着可操作性方面迈出了坚实的一步。

（二）营销策划文案的作用

1. 准确、完整地反映营销策划的内容

营销策划文案是营销策划的书面表达形式，是整个营销策划活动的内容和策划人员意图的真实反映。

2. 充分、有效地说服决策者

营销策划活动能否得以实施，企业决策者掌握着"生杀大权"。营销策划文案具有使企业决策者认同并信服营销策划的内容，说服决策者采纳营销策划中的意见并批准实施的作用。

3. 作为执行和控制营销活动的依据

营销策划文案一旦得到企业决策者的批准，便成了实施各种营销策划活动的行动指南，纠正活动过程中各种偏差的依据，也可作为评价营销活动效果的标准。

（三）营销策划文案的结构

营销策划文案没有固定的标准格式。产品或营销活动的要求、内容不同，其编制格式就会不同。但是，从营销策划活动的一般规律来看，营销策划文案中有些要素是共同的。营销策划文案的基本结构可分为以下几部分。

1. 封面

（1）营销策划的全称。名称的确定要求简洁明了。有时，为了突出策划主题或策划目的，也可以加注副标题。

基本格式：

××企业关于××的营销策划文案

（2）营销策划的部门与策划人。需要注意的是，如果营销策划文案是受委托制作，则策划的企业和部门不同于上一项所指企业，系指专业策划企业和部门。

基本格式：

营销策划：××企业××部门

主策划人：×××、×××

（3）营销策划的时间。分别注明策划完成时间及本方案适用时期。要求使用完整的年月日表示。

基本格式：

策划提交日期：××××年××月××日

策划适用时期：××××年××月××日至××××年××月××日

（4）营销策划文案编号、保密等级。通常使用企业文件分类的规定格式进行编号，写在封面的右上角，以便企业文件归档与管理。需要保密的营销策划文案还须在封面上注明保密等级。

2. 前言

前言或序言是策划文案正文前的情况说明部分，是对策划内容的高度概括性表述，内容应简明扼要，最多不要超过1 000字。其具体内容包括以下三项。

（1）简述接受委托的情况。例如：××公司接受××公司的委托，就××××年度的××计划进行具体策划。

（2）进行策划的原因。将本次策划的重要性和必要性表达清楚，以吸引相关人员尤其是企业决策者进一步阅读正文。

（3）营销策划的概况。简要阐述策划目的、策划实施后要达到的理想状态、策划过程、参与人员及需要致谢的单位和个人等。

3. 目录

目录的作用类似于标题，是策划文案的重要组成部分，既可以使阅读者对营销策划文案的结构一目了然，同时也方便他们查询方案的具体内容。因此，即便营销策划文案的篇幅不大，目录亦不宜省略。

4. 概要

概要是对营销策划文案的总结性陈述，以使阅读者对策划内容和策划结论有非常清晰的概念，从总体上了解策划项目的情况（如项目背景、项目概况、项目过程和发展趋势等），理解策划者的思路、意图和观点。

概要的撰写要求简明扼要，一般控制在一页纸之内。另外需要注意的是，概要不是策划内容的简单列举，而是策划内容高度概括性的陈述，因此，遣词造句时要仔细斟酌。

5. 环境分析

（1）一般环境分析。一般环境即企业所处的大环境，包括政治环境、社会文化环境、经济环境、科技环境和自然环境等。就不同企业而言，一般环境中具有重要影响的因素是不同的，应着重对与本次策划相关的环境进行分析。

（2）竞争对手分析。主要分析本企业现有主要竞争对手的有关情况，包括竞争者数量、区域分布、规模、市场份额、技术力量、竞争手段、营销方式等基本情况，以及竞争产品的优势、劣势与产品的发展动向。另外，还应分析潜在竞争对手、替代品生产企业可能给本企业市场地位带来的威胁。

（3）顾客分析。顾客包括产品的最终使用者和中间经销商。根据策划的项目特征，着重分析市场容量、现实需求、潜在需求、用户类型、需求结构、地区分布及顾客的价格谈判能力等若干因素对营销策划的影响。

（4）产品分析。主要分析本产品的优势、劣势、竞争力与市场拓展空间、市场销售状况及在消费者心目中的地位等。

（5）企业内部条件分析。主要包括企业资源状况分析、企业能力分析和竞争优势分析。

6. SWOT 分析

营销策划文案的重点是对市场机会的把握和策略的运用，因此，SWOT 分析就成了营销策划的关键。企业应对比分析外部环境存在的机会与威胁，以及企业内部的优势与劣势，以便作出的营销策划能充分发挥企业优势、把握外部机会，避开内部的劣势和外部的威胁。

7. 制定营销战略，确定营销战术

（1）确定目标市场战略。确定企业品牌及产品准备进入的细分市场。不同细分市场的消费者偏好、消费者行为模式及企业产品的盈利能力各不相同，要求企业在其选择的目标市场上，慎重地分配企业的营销资源。

（2）确定市场营销组合战略。针对选定的目标市场，制定产品、价格、分销渠道和促销战略。

（3）将确定的营销战略具体化，形成一系列的营销战术或具体行动方案。在确定营销战术方案时，应全面考虑方案所涉及的各个因素、各个环节的所有内容，如项目执行人、执行时间、场所、活动费用、要求和预期效果等。

8. 预算及效益分析

一个营销策划文案的实施就是一次费用的耗费过程。营销策划文案应关注成本和费用的预算，合理控制，力求使费用发挥最大效益。同时，要对方案实施的效益进行分析，主要包括经济效益分析、品牌效益分析、环境效益分析和社会效益分析等。

9. 营销控制

营销控制主要说明如何对方案的执行过程和进度进行管理。可以把方案涉及的所有项目的过程制作成一张进度表，具体标明项目完成的进度要求，以便方案的执行、控制和检查。进度表应尽量简化，一般控制在一页纸内。某些方案项目的实施环境可能很复杂，此时还应针对可能发生的意外制订应急计划，列在最后的附录里。

10. 结束语

结束语主要起到与前言呼应的作用，使策划文案有一个圆满的结束，不致使人感到太突然。结束语中应总结主要观点和策划要点。

11. 附录

附录是营销策划文案的附件，其作用在于提供方案的客观性证明。原始的统计资料、图片资料及有助于阅读者更好地理解方案内容的资料，均可列入附录。若营销策划存在第二、第三备选方案，则要求在附录里列出其概要。附录还应标明顺序，以便查找。

思考与操作

问题思考

1. 什么是市场营销策划？它对于企业有何重要意义？
2. 市场营销策划的特征有哪些？结合实际，谈谈自己的理解。
3. 通过收集资料，简述市场营销策划的发展史。
4. 针对当前企业市场营销策划存在的不足，谈谈自己的观点。

实务操作

京东零售内容生态与知萌咨询机构在 2021 年 10 月联合发布以《解码 Z 世代，内容正当潮》为题的 Z 世代消费趋势报告，报告通过对年轻消费群体兴趣偏好、消费模式、消费场景等不同维度的调研分析，揭示了 Z 世代"'潮'我看齐""新无止境""悄悄变强""独冶情操""时刻犒赏""精享健康""硬核变美""萌宠有道""质懒宅家""花式种草"这十大消费趋势。

随着经济发展与消费需求变迁，Z 世代（出生于 1995—2009 年的人群）喜欢定义自己的生活方式，喜欢探索新奇消费、追逐时尚潮流，充当"消费先锋"。其消费不仅是为了获取物质层面的满足，而且更多属于深层次的情感诉求。

以健康品类消费为例，数据显示，2021 年 Z 世代健康品类订单量大增，超

30％的消费者加大服饰鞋帽、塑形训练、美妆等消费。在变得更好的追求上，新一代年轻人热衷于分享，向亲友推荐新品好物、被不同的兴趣圈层"花式种草"，这些都成为Z世代最具"社交"属性的消费趋势。

资料来源：顾立，左倩云. 京东零售内容生态发布Z世代消费趋势报告：超5成年轻人乐于做种草官[EB/OL]. 搜狐网，2021-10-28.（有修改）

做一做：

1.随着Z世代消费风向的转变，对于零售商来说有哪些机会与威胁？

_____

_____

_____

2."花式种草"日益兴盛，企业营销方式应该如何改变？

_____

_____

_____

课程思政

朋友圈营销岂能"任性"

微信朋友圈在展示自我生活的同时，由于其具有公开性和传播性，有可能成为网络服务平台。但发朋友圈并不是一件可以随心所欲的事，朋友圈广告要受到法律法规的约束。

某化妆品公司的销售总监，在自己朋友圈发布公司产品宣传资料，资料中声称其公司的美容产品具有淡斑、消炎、美白等功能。经查，该产品并无淡斑、美白功效。江苏省某地还有人借火灾事故推销房产中介业务，在朋友圈进行传播。市场监管部门认定这些行为都违反了法律法规的规定，责令当事人停止发布违法广告并对其处以罚款。

朋友圈的广告行为处罚依据是什么？《中华人民共和国广告法》和《互联网广告管理暂行办法》都有这方面的规定。新修订的《中华人民共和国广告法》对于广告发布者的范围的界定，包括发布广告的自然人、法人或者其他组织。《互联网广告管理暂行办法》规定互联网广告涵括其他通过互联网媒介推销商品或者服务的商业广告。微信朋友圈、微博等社交媒体属于其他互联网媒介，广告发布者在这些平台发布广告也要承担相应的责任和义务。

2019年1月1日起《中华人民共和国电子商务法》实施。该法明确了电子商务经营者包括电子商务平台经营者、平台内经营者，以及通过自建网站、其他网络服务销售商品或者提供服务的电子商务经营者。利用微信朋友圈、网络直播等方式从事商品、服务经营活动的自然人也是电子商务经营者。如果朋友圈广告没有全面、真实、准确、及时披露商品或者服务信息，做引人误解的商业宣传，侵犯消费者的知情权和选择权，以及误导消费者，都是违法行为，都要接受处罚。

随着社交平台的崛起，朋友圈在成为人际沟通、交往平台的同时，也成为商业活动场所。有些人混淆了朋友圈社交平台与商业平台的界限，认为朋友圈完全是"私人领域"，这种看法无疑是错误的。朋友圈商业营销活动应当受到法律制约，承担相应的法律责任。

资料来源：（有修改）

[1]张家成. 微信朋友圈发布广告的法律责任[EB/OL]. 人民网，2016-10-25.

[2]洪叶，许海燕. 发布迷信内容违法广告被罚10万元！江苏公布违法违规商业营销典型案例[EB/OL]. 人民网，2021-06-12.

[3]薛军. "朋友圈营销"需遵纪守法[EB/OL]. 法治网，2022-01-12.

思考：

1. 随着数字经济的发展，营销策划面临哪些挑战？

_____

_____

2. 以朋友圈营销为例，如何精准制订营销策划方案？

_____

_____

3. 企业营销策划应如何考虑内外环境的约束力？

_____

_____

扫描二维码，获取本项目的学习课件。

学习课件	项目总结
	_____ _____ _____

项目 2
市场营销环境分析与调研

 学 习 目 标

1. 了解市场营销环境分析的内容。
2. 掌握市场营销环境分析的方法。
3. 掌握市场调查的程序并能够有效开展市场调查工作。

扫描二维码，获取本项目的微课视频。

微课视频	预习笔记

走进营销策划

近年来，随着信息技术、人工智能和数字技术等新技术切入各行各业，创新驱动成为未来我国经济发展的主要动能。区域经济、行业、企业的发展，未来都不仅要在变化中主动求变，还应引领变革。对于旅游业来说同样如此。在江南水镇中，乌镇全方位拥抱互联网发展数字经济就是一个典范。

统计数据显示，自从 2014 年乌镇成为世界互联网大会永久举办地以来，已经有超过 1 万项互联网前沿领域技术成果在"互联网之光"博览会上展示。从 2014 年到 2021 年上半年，乌镇所在的桐乡市数字经济相关企业数量由 355 家增加到了 2 443 家，数字经济相关产业集群在乌镇和桐乡快速壮大，成为中国数字经济蓬勃发展的一个缩影。

新的产业革命到来之际，乌镇主动融合互联网新技术与文化创意，发展智慧旅游、文化创意、民俗节庆、智慧健康等产业。走进乌镇的智慧社区，智慧酒店、智

慧SOHO办公、智慧停车服务比比皆是，让生活在乌镇的百姓尽情体验智慧生活。乌镇成功地从江南水乡古镇转型为旅游互联网特色小镇。

乌镇旅游互联网全产业链发展，给我们带来很多启示。第一，产业链重构，运用互联网对整个产业链进行重构，构建新产业、新业态、新格局，产生新的竞争手段与竞争力，可能成为决战市场的利器；第二，产业效率与价值提升，新技术发展要求各行各业在业态创新、发展模式及管理调控方面寻求突破；第三，行业、产品的数字化、智能化重塑，如旅游产品智能化重塑，迎合以体验智慧旅游产品作为消费时尚的人群，也给旅游目的地带来新的机遇。

麦肯锡和摩根曾预测，到2030年中国线上零售量占比将达到45％～50％。"80后""90后"已成消费主力人群。智能化旅游产品消费的主力人群还是年轻消费群体。随着Z世代消费力的崛起，他们往往是新颖智慧旅游的尝鲜者。如何针对主力人群与非主力人群展开营销，是人工智能、大数据、物联网等新技术发展背景下的巨大课题。

资料来源：（有修改）

[1]满倩倩. 开放、求变、未来，探寻迈向数字文明新时代的"乌镇密码"[EB/OL]. 大众网，2021-09-28.

[2]张苗荧. 乌镇启示："'互联网＋'旅游"风光无限[N]. 中国旅游报，2019-10-30.

思考：

1. 乌镇是如何顺应环境变化，实现从江南水乡古镇到旅游互联网特色小镇蜕变的？

_____

_____

_____

2. 针对宏观科技环境的变化及微观顾客消费群体的变化，选择某个产业领域，谈谈今后如何应对数字化挑战。

_____

_____

_____

学 习 任 务

任务1　市场营销环境分析

导入任务

通过相关知识的学习，明确市场营销环境分析的概念，掌握市场营销环境分析的内容和方法。

一、营销环境分析的概念

(一)市场营销环境

市场营销环境是影响企业营销活动的内外部因素和条件的总称。通常，将企业的市场营销环境分为宏观营销环境与微观营销环境。

(二)营销环境分析

营销环境分析就是为了发挥优势、克服劣势，寻求机会，避免威胁，谋求企业外部环境、企业内部条件与企业营销目标之间的动态平衡，而对企业营销活动所处的环境进行的系统分析。它是策划企业营销战略与策略方案的前提。[①]

二、营销环境分析的内容

(一)宏观营销环境

宏观营销环境是指环境中影响企业营销活动的不可控制的社会力量，包括人口环境、经济环境、自然环境、技术环境、政治法律环境、文化环境等。宏观营销环境分析就是要找出这些因素对企业经营战略的影响，明确企业自身面临的机遇和威胁，以便利用机遇，避免或消除威胁。

(二)微观营销环境

微观营销环境是直接制约和影响企业营销活动的力量和因素。企业的微观营销环境包括企业本身、供应商、营销中介、顾客、竞争者和社会公众。企业必须对微观营销环境进行分析，更好地协调企业与这些相关群体的关系，促进企业营销目标的实现。

三、营销环境分析的方法

(一)SWOT分析方法的概念

SWOT分析即态势分析，就是将与研究对象密切相关的各种主要内部优势、劣势，以及外部机会和威胁等，通过调查列举出来，并依照矩阵形式排列，然后用系统分析的思想，把各种因素相互匹配起来加以分析，从中得出一系列相应的结论，而结论通常带有一定的决策性。

从整体上看，SWOT分析可以分为两部分：第一部分为SW分析，即企业的优势和劣势分析，主要用来分析内部条件；第二部分为OT分析，即企业存在的机会和威胁分析，主要用来分析外部条件。利用这种方法，企业可以从中找出对自己有利的因素，以及对自己不利的、要避开的威胁，发现存在的问题，找出解决的办法，并明确以后的发展方向。

(二)SWOT分析方法的内容

SWOT分析主要包括以下几个方面的内容。

1. 分析环境因素

运用各种调查研究方法，分析企业所处的各种环境因素，即外部环境因素和

---

① 张卫东. 营销策划：理论与技艺[M]. 北京：电子工业出版社，2007：83.

内部环境因素。外部环境因素包括机会因素和威胁因素，它们是外部环境对企业的发展产生影响的有利和不利因素，属于客观因素。内部环境因素包括优势因素和劣势因素，它们是企业在其发展过程中自身存在的积极因素和消极因素，属于主观因素。企业在调查分析这些因素时，不仅要考虑企业的历史与现状，更要考虑企业的未来发展问题。

（1）优势（strength）。优势是组织机构的内部因素，具体包括有利的竞争态势、充足的资金来源、良好的企业形象、技术力量、规模经济、产品质量、市场份额、成本优势、广告攻势等。

（2）劣势（weakness）。劣势也是组织机构的内部因素，具体包括设备老化、管理混乱、缺少关键技术、研究开发落后、资金短缺、经营不善、产品积压、竞争力差等。

（3）机会（opportunity）。机会是组织机构的外部因素，具体包括新产品、新市场、新需求、外国市场壁垒解除、竞争对手失误等。

（4）威胁（threat）。威胁也是组织机构的外部因素，具体包括新的竞争对手、替代产品增多、市场紧缩、行业政策变化、经济衰退、客户偏好改变、突发事件等。

2. 构造 SWOT 矩阵

将调查得出的各种因素根据轻重缓急或影响程度等进行排序，构造 SWOT 矩阵。在此过程中，将那些对企业发展有直接的、重要的、大量的、迫切的、久远的影响因素优先排列出来，而将那些间接的、次要的、少许的、不急的、短暂的影响因素排列在后面。

3. 制订行动计划

在完成环境因素分析和 SWOT 矩阵的构造后，便可以制订相应的行动计划。制订计划的基本思路：发挥优势因素，克服劣势因素，利用机会因素，化解威胁因素；考虑过去，立足当前，着眼未来。运用系统分析的综合分析方法，将排列与考虑的各种环境因素相互匹配起来加以组合，得出一系列企业未来发展的可选择对策。

策划练习

做一做：请利用 SWOT 分析方法对国产某一自主品牌轿车的市场营销环境进行分析，并撰写完成 SWOT 分析报告。

_____

_____

_____

任务 2 市场营销环境调研

导入任务

通过相关知识的学习，能根据市场营销环境调研的要求，设计市场调查方案和问卷，组织实施市场调查，撰写市场调查报告。

一、拟定调查方案

(一)调查方案的含义

调查方案就是根据调查研究的目的和调查对象的性质，在进行相关项目实际调查之前，对调查工作总任务的各个方面和各个阶段进行的通盘考虑和安排，提出相应的调查实施方案，制定合理的工作程序。

(二)调查方案的内容

1. 确定调查目的

确定调查目的就是明确在调查中要解决哪些问题，通过调查要取得哪些资料，以及取得这些资料的用途等问题。衡量一个调查方案是否科学的标准，主要就是评价方案的设计是否体现了调查目的和要求，是否符合客观实际。因此，明确调查目的是调查方案设计的首要问题，只有确定了调查目的，才能确定调查的范围、内容和方法，否则就会列入一些无关紧要的调查项目，而漏掉一些重要的调查项目，无法满足调查的要求。

2. 确定调查对象和单位

调查对象就是根据调查目的、任务确定调查的范围及所要调查的总体，它是由某些性质相同的许多调查单位组成的。

调查单位就是所要调查的社会经济现象总体中的个体，即调查对象中的每个具体单位。

3. 确定调查项目

调查项目是指对调查单位所要调查的主要内容，确定调查项目就是要明确向被调查者了解什么问题。

在确定调查项目时，除了要考虑调查目的和调查对象的特点外，还要注意以下问题：一是确定的调查项目应是调查任务所需，并能够取得答案，否则不应列入调查项目；二是调查项目的表达必须准确，要使答案具有确定的表示形式，如是否式、数字式或文字式等，否则会增加资料整理的难度；三是调查项目的含义要明确、肯定，不要模棱两可，否则会造成被调查者无法准确理解调查项目而无法完成调查，必要时可以附上相关调查项目的解释。

相关链接

消费者调查项目内容

第一，被调查者的信息资料，包括性别、年龄、职业、文化（专业）、收入（个人收入、家庭收入）、生活费用等。

第二，目标顾客，包括喜欢购买（或消费）该产品的消费者是谁、有多少。

第三，购买动机，包括质量保证、价格便宜、安全可靠、服务周到、品牌信誉、新潮时尚、艺术欣赏、陶冶心情、环境舒适等。

第四，购买行为特点，包括购买什么、购买多少、何时购买、何地购买、采用什么方式购买、购买的频率及购买的品牌等。

第五，获得购买信息的渠道，包括产品广告、商业促销、媒体宣传、熟人介绍、个人体验等。

4. 制订调查提纲和调查问卷

当调查项目确定后，可将调查项目科学地分类和排列，形成调查提纲和调查问卷，方便调查登记和汇总。

调查问卷一般由标题、前言、正文和结尾组成。问卷的标题一般包括调查对象、调查内容等方面。问卷的前言主要包括介绍调查目的、调查者身份、奖励措施及问候语等。问卷的正文是问卷的主体，包括调查的主体项目，即为了收集有关调查对象的行为、态度等方面数据所设计的问题和备选答案，以及调查对象的背景资料。问卷的结尾是问卷的最后一部分，通常是向调查对象表示感谢的内容。

调查问卷拟定后，为了便于正确填表、统一规格，还要附填表说明。填表说明内容包括调查问卷中各个项目的解释、有关计算方法及填表时应注意的事项等。填表说明应力求准确、简明扼要、通俗易懂。

5. 确定调查时间和调查期限

调查时间是指调查资料所属的时间。如果所要调查的是时期现象，就要明确规定资料所反映的是调查对象从何时起到何时止的资料；如果所要调查的是时点现象，就要明确规定统一的调查标准和调查时点。

调查期限是规定调查工作的开始时间和结束时间。该期限包括从调查方案设计到提交调查报告的整个工作时间，也包括各个阶段的起始时间，其目的是使调查工作能及时开展、按时完成。

6. 确定调查地点

在调查方案中，还要明确规定调查地点。调查地点与调查单位通常是一致的，但也有不一致的情况，当不一致时，有必要明确规定调查地点。

7. 确定调查方式和方法

收集调查资料的方式有普通调查、重点调查、典型调查、抽样调查等。具体调查方法有文案法、访问法、观察法和实验法等。在调查时，采用何种方式、方法不是固定和统一的，而是取决于调查对象和调查任务。在市场经济条件下，为准确、及时、全面地获取市场信息，应注意多种调查方式的结合运用。

8. 确定调查资料整理和分析方法

采用实地调查方法收集的原始资料大多是零散的、不系统的，只能反映事物的表象，无法深入研究事物的本质和规律。这就要求对大量原始资料进行加工汇总，使之系统化、条理化。目前，这种资料处理工作一般由计算机完成，这在设计中也应予以考虑，包括采用何种操作程序以保证必要的运算速度、计算精度及特殊目的。目前，常用的调查统计软件有统计产品与服务解决方案软件 SPSS（statistical product and service solutions）、统计分析系统 SAS（statistical analysis system）、Excel 软件等。

9. 确定调查经费预算

市场调查的顺利开展需要有相关经费的支持，因此，确定调查经费预算也是市场调查方案的重要内容之一。在进行调查经费预算时，一般需要考虑以下几个方面：①调查方案设计费；②调查问卷设计费；③调查问卷打印费、复印费及装订费；④调查组织实施费，包括试调查费，调查人员培训费、交通费，调查人员和督导员的劳务费，以及其他费用等；⑤调查问卷数据录入费；⑥调查问卷数据统计分析费；⑦调查报告撰写费；⑧调查报告打印费、复印费；⑨其他相关调查费。

10. 确定提交报告的方式

确定提交报告的方式主要包括以下几部分：①报告书的形式和份数；②报告书的基本内容；③报告书中图表量的大小等。

11. 制订调查的组织计划

调查的组织计划是指为确保实施调查的具体工作计划，主要是指调查的组织领导、调查机构的设置、人员的选择和培训、工作步骤及其善后处理等计划。必要时，计划中还必须明确规定调查的组织方式。

(三)调查方案的评价

市场调查方案设计好后，还应对其优劣进行评价。对于一个调查方案的优劣，可以从不同角度加以评价：第一，方案设计是否体现调查目的和要求；第二，方案设计是否科学、完整和适用；第三，方案设计能否使调查质量有所提高；第四，调查实效检验。

二、设计调查问卷

(一)调查问卷的概念

调查问卷又称调查表，是指调查者根据调查目的和要求，设计出的由一系列问题、备选答案及说明等组成的、向被调查者收集资料的一种工具。它是收集第一手资料的最普遍的工具。问卷设计质量的高低，直接影响所收集到的资料的可靠程度和完善程度。好的问卷设计是市场调查成功的基础。

根据调查目的，调查问卷设计将所需调查的问题具体化，使调查者能顺利地获取必要的信息资料，并便于统计分析。

根据问卷的填答方式不同，调查问卷可以分为自填式问卷和访问式问卷。自填式问卷是由被调查者自行填写的问卷，主要适用于邮寄调查、网上调查和派员发送问卷调查。访问式问卷则是由调查人员根据被调查者的口头回答来填写的问卷，主要适用于电话调查、座谈会调查和访问调查等。

(二)调查问卷的结构

1. 问卷标题

问卷标题是概括说明调查研究主题，使被调查者对所要回答的问题有一个大致的了解。问卷标题应简明扼要，易于引起回答者的兴趣，如"大学生网络消费状况调查""城市农产品批发市场食品安全状况调查"等。不要简单采用"问卷调查"这样的标题，因为这样容易引起回答者的怀疑而被拒答。

2. 问卷说明

问卷说明旨在向被调查者说明调查的目的、意义。有些问卷还有填表须知、交表时间、地点及其他事项说明等。问卷说明一般放在问卷开头，通过它可以使被调查者了解调查目的，消除顾虑，并按一定的要求填写问卷。问卷说明既可采取比较简洁、开门见山的方式，也可在问卷说明中进行一定的宣传，以引起调查对象对问卷的重视。

3. 被调查者基本情况

被调查者基本情况是指被调查者的一些主要特征。例如，在消费者调查中，消费者的性别、年龄、民族、家庭人口、婚姻状况、文化程度、职业、单位、收入、所在地区等。通过这些项目，便于对调查资料进行统计分组、分析。在实际调查中，列入哪些项目、列入多少项目，应根据调查目的、调查要求而定，并非越多越好。

4. 调查主题内容

调查主题内容是调查者所要了解的基本内容，也是调查问卷中最重要的部分。它主要是以提问的形式提供给被调查者，这部分内容设计得好坏直接影响整个调查的价值。

5. 编码

编码是将问卷中的调查项目变成数字的工作过程。大多数市场调查问卷均应加以编码，以便分类整理，易于计算机处理和统计分析。在设计问卷时，应确定每一个调查项目的编号，为相应的编码做准备。通常是在每一个调查项目的最左边按顺序编号。例如：①您的姓名；②您的职业……而在调查项目的最右边，根据每一个调查项目允许选择的数目，在其下方画上相应的若干短线，以便在编码时填上相应的数字代号。

6. 作业证明的记载

在调查表的最后，应附上调查人员的姓名、访问日期、时间等，以明确调查人员完成任务的性质。如有必要，还可以写上被调查者的姓名、单位地址或家庭住址、电话等，以便审核和进一步追踪调查。但对于一些涉及被调查者隐私的问卷，上述内容则不宜列入。

(三)问卷设计的原则

1. 目的性原则

问卷调查是通过向被调查者询问问题来进行调查的，所以，询问的问题必须是与调查主题有密切关联的问题。这就要求在设计问卷时，突出重点，避免可有可无的问题，并把主题分解为更详细的细目，即把它分别做成具体的询问形式供被调查者回答。

2. 可接受性原则

调查问卷的设计要比较容易让被调查者接受。应在问卷说明中将调查目的明确地告知被调查者，让对方知道该项调查的意义和自身回答对整个调查结果的重要性。

3. 顺序性原则

顺序性原则是指在设计问卷时，要讲究问卷的排列顺序，使问卷条理清楚，以提高回答问题的效率。问卷中的问题一般可按下列顺序排列：①容易回答的问题(如行为性问题)放在前面，较难回答的问题(如态度性问题)放在中间，敏感性问题(如动机性、涉及隐私等问题)放在后面，关于个人情况的事实性问题放在末尾；②封闭性问题放在前面，开放性问题放在后面。

4. 简明性原则

简明性原则主要体现在三个方面：①调查内容要简明；②调查时间要简短，问题和整个问卷都不宜过长；③问卷设计的形式要简明、易懂、易读。

相关链接

如何使用"友好"的问卷设计

加强问卷设计的合理性和可操作性。比如，问卷内容应力求简明扼要，不宜过长。问卷中问题的数量，如果条件允许，可以控制在20个左右。

如果问卷内容确实较多，可以采用分层次的方法力求简洁。将问卷按其内容或问题的深度等特征分成几个部分，通过网站或平台的程序实现问卷的自动检验，根据回答来决定下一问题的内容，同时检查前后的逻辑性和完成状况。

运用智能化技术实现动态解释的功能。当被调查者对于某一问题或概念不够理解时，通过点击相应问题或名词跳出提示窗口进行解释，可以有效降低理解误差。

答题形式要力求简单，尽量采用选择式答题方式。提倡在问卷设计环节形成初稿，初稿完成后要在小范围内进行预调查，针对问卷不足之处作出修改，进行统计学分析，从而形成最终问卷。

资料来源：中科易研．问卷调查面临的困难之问卷设计［EB/OL］．搜狐网，2022-01-13.（有修改）

(四)问卷设计的程序

1. 准备阶段

准备阶段的任务是根据调查问卷的需要，确定调查主题的范围和调查项目，将所需问卷资料一一列出，分析哪些是主要资料、哪些是次要资料，哪些是调查的必备资料、哪些是可要可不要的资料，并分析哪些资料需要通过问卷来取得，需要向谁调查等，并对必要资料加以收集。在此阶段，应充分征求各有关人员的意见，以了解问卷中可能出现的问题，力求使问卷切合实际，能够充分满足各方面分析研究的需要。

2. 初步设计

在准备工作的基础上，设计者就可以根据收集到的资料，按照设计原则设计问卷初稿。此阶段主要是确定问卷结构，拟定并编排问题。在初步设计中，应先标明每项资料需要采用何种方式提问，并尽量详尽地列出各种问题，然后对问题进行检查、筛选、编排，最后设计每个项目。特别需要注意的是，提出的每个问题，都要充分考虑是否有必要，能否得到答案。

3. 试答和修改

一般说来，所有设计出来的问卷都存在着一些问题。因此，需要将初步设计出来的问卷在小范围内进行试验性调查，以便弄清问卷初稿存在的问题，了解被调查者是否乐意回答和是否能够回答所有的问题，哪些语句不清、多余或遗漏，问题的顺序是否符合逻辑，回答的时间是否过长等。如果发现问题，应进行必要的修改，使问卷更加完善。

4. 付印

付印就是将最后定稿的问卷，按照调查工作的需要打印复制，制成正式问卷。

(五)问题的主要类型及询问方式

1. 直接性问题和间接性问题

直接性问题是指在问卷中能够通过直接提问方式得到答案的问题。直接性问题通常给回答者一个明确的范围，所问的是个人基本情况或意见，如"您的学历""您的职业"等，这些都可获得明确的答案。这种提问方式便于统计分析，但遇到一些窘迫性问题时，采用这种提问方式，可能无法得到所需要的答案。

间接性问题是指那些不宜直接回答，而采用间接提问方式得到所需答案的问题。通常是指那些被调查者因对所需回答的问题产生顾虑，不敢或不愿真实地表达意见的问题，如年龄、收入等。调查者不应为得到直接的结果而强迫被调查者，使他们感到不愉快或难堪。这时，如果采用间接提问方式，使被调查者认为很多意见已被其他调查者提出来了，他所要做的只不过是对这些意见加以评价，这样就能消除被调查者和调查者之间的某些障碍，使被调查者有可能对已得到的结论提出自己不带掩饰的意见。

2. 开放性问题和封闭性问题

开放性问题是指提出问题但并不列出所有可能的答案，而是由被调查者自由作答。开放性问题一般提问比较简单，回答比较真实，但结果难以进行定量分析。在对其进行定量分析时，通常是将回答进行分类。

封闭性问题是指已事先设计了各种可能的答案的问题，被调查者只要或只能从中选定一个或几个现成答案的提问方式。封闭性问题由于答案标准化，不仅回答方便，而且易于进行各种统计处理和分析。但缺点是回答者只能在规定的范围内回答，无法反映其他各种有目的的、真实的想法。

(六)问题的答案设计

1. 单项选择法

单项选择法也称真伪法或二分法，是指提出的问题仅有两种答案可以选择。比如，"有"或"无"，"是"或"否"等。这两种答案是对立的、排斥的，被调查者的回答非此即彼，不能有更多的选择。

例如，"您家里现在有苹果吗？"

□有　　　□无

又如，"您是否喜欢吃苹果？"

□是　　　□否

单项选择法的优点是易于理解和可迅速得到明确的答案，便于统计分析。但回答者没有进一步阐明理由的机会，难以反映被调查者意见与程度的差别，了解的情况也不够深入。这种方法适用于互相排斥的两项择一式问题，或询问较为简单的事实性问题。

2. 多项选择法

多项选择法是指针对所提出的问题事先预备好两个以上的答案，回答者可任选其中的一项或几项。

例如，"您一般从什么地方购买苹果？"

□菜市场　　　□超市　　　□便利店　　　□小商店　　　□其他_____

多项选择法的优点是比单项选择法的强制选择有所缓和，答案有一定的范围，也比较便于统计处理。但采用这种方法时，设计者要考虑以下两种情况：一是全部可能出现的结果及答案可能出现重复和遗漏；二是选择答案的排列顺序，有些回答者常常喜欢选择第一个答案，从而使调查结果发生偏差。此外，答案较多，会使回答者无从选择，或产生厌烦。一般这种多项选择题的答案应控制在8个以内。当样本量有限时，多项选择易使结果分散，缺乏说服力。

3. 顺位法(排序法)

顺位法是列出若干项目，由回答者按重要性决定先后顺序，具体排列顺序则由回答者根据自己所喜欢的事物和认识事物的程度等进行排序。

例如，"您选购农产品的主要条件是什么？"（请将所给答案按重要顺序1，2，3……填写在□中）

□价格便宜　　□外形美观　　□新鲜度高　　□品牌知名　　□质量好
□口感佳　　　□其他_____

顺位法既便于被调查者对其意见、动机、感觉等进行衡量和比较性的表达，也便于对调查结果加以统计。但调查项目不宜过多，过多则容易分散，很难顺位，同时所询问的排列顺序也可能对被调查者产生某种暗示影响。这种方法适用于要求答案有先后顺序的问题。

4. 回忆法

回忆法是指通过回忆，了解被调查者对不同商品质量、品牌等方面印象的深浅。调查时可根据被调查者所回忆品牌的先后和快慢，以及各种品牌被回忆的频率进行分析研究。

例如，"请您尽可能地列举出最近在互联网广告中看到的手机品牌。"

5. 比较法

比较法是采用对比提问方式，要求被调查者作出肯定回答的方法。

例如，"请比较下列不同品牌的榨菜，哪种更好吃？"（在各项您认为好吃的品牌前的□中画"√"）

□乌江涪陵榨菜　　□玉堂酱菜　　　□宜宾碎米芽菜
□槐茂酱菜　　　　□六必居酱腌菜　□鱼泉榨菜

6. 自由回答法

自由回答法是指提问时可以自由提出问题，回答者可以自由发表意见，并无已经拟定好的答案。

例如，"您对当前大学生自主创业有哪些看法及建议？""您认为应该如何解决农产品质量安全问题？"

(七)问卷设计应注意的问题

对问卷设计总的要求：问卷中的问句表达要简明、生动，注意概念的准确性，避免提似是而非的问题。具体应注意以下几点。

1. 避免提一般性的问题

一般性问题对实际调查工作并无指导意义。例如，"您对当前大学生创业的整体评价如何"这样的问题过于笼统，很难达到预期效果，可具体提问"您对当前大学生创业的成功概率评价如何"等。

2. 避免用不确切的词

例如，"普通""经常""一些"等，以及一些形容词，如"美丽"等。这些词语，每个人的理解往往不同，在问卷设计中应避免或减少使用。

例如，"您是否经常上网购物？"回答者不知道经常是指一周、一个月还是一年，可以改为"您上个月共进行了几次网络购物?"

3. 避免引导性提问

如果提出的问题会暗示调查者的观点和见解,力求使回答者跟着这种倾向回答,这种提问就是"引导性提问"。例如,"消费者普遍认为海尔冰箱比较好,您认为呢?"

引导性提问会导致两个不良后果:一是被调查者不加思考就同意所引导问题中暗示的结论;二是由于引导性提问很多是引用权威或大多数人的态度,被调查者考虑到这个结论既然已经是普遍的结论,就会产生心理上的顺向反应。

4. 避免提断定性的问题

例如,"您一天吃多少个苹果?"这种问题即为断定性问题,被调查者如果根本不吃苹果,则无法回答该问题。正确的处理办法是在问题前加一个"过滤性"问题,如"您是否喜欢吃苹果?"如果回答者回答"是",可继续提问,否则就可终止提问。

5. 避免提令被调查者难堪的问题

例如,涉及被调查者隐私的问题要避免提问。如果有些问题非问不可,也不能只顾自己的需要而穷追不舍,应考虑回答者的自尊心。例如,直接询问女士年龄是不太礼貌的,可列出年龄段"20 岁及以下""21~30 岁""31~40 岁""41 岁以上"。由被调查者挑选。这样被调查者就比较愿意回答该类问题。

6. 问题要具体

一个问题最好只问一个要点,一个问句中如果包含过多询问内容,会使回答者无从答起,给统计处理也带来困难。

例如,"您为何不喜欢吃梨而喜欢吃苹果?"这个问题包含"您为何不喜欢吃梨"和"您为何喜欢吃苹果"等。防止出现此类问题的办法是分离语句中的提问部分,使一个语句只问一个要点。

7. 要避免问题与答案不一致

所提问题与所设答案应做到一致,避免答非所问,出现问题与答案不一致的情况。

例如,"您经常吃哪些水果?"

①苹果　　　②梨　　　③香蕉

④经常吃　　⑤偶尔吃　　⑥根本不吃

上述问题与答案就是不一致的。问题是吃水果的种类,答案不仅包括吃水果的种类,还包括吃水果的频率,问题与答案不一致。

三、组织调查实施

(一)组织调查实施队伍

调查的实施即数据采集需要由专门人员来完成,而且其中还有很多技巧,直接影响所收集的数据的真实性和质量。因此,需要成立专门的市场调查队伍,并对其成员进行培训。一般而言,调查队伍由项目主管、实施主管、调查督导和调查员组成。

项目主管负责对整个项目的管理，主要是协调各方面的关系，拟订初步计划，制定预算并监督其使用，以便确保调查项目的目标、预算和计划得以执行。实施主管负责项目的具体实施，在规模不大的调查机构或不大的调查项目中，实施主管往往就是项目主管。实施主管主要负责督导队伍的组建和管理，负责调查员的挑选和培训，负责调查实施过程中的管理和质量控制，以及评价调查督导和调查员的工作。

调查督导是数据采集过程中的监督人员，负责实施过程的检查监督和实施结果的检查验收。调查员是调查实施的具体执行者，调查员的自身素质是调查实施能否成功的关键，因此应对调查员进行严格的挑选。一般而言，调查员必须具有优秀的个人品质，能够吃苦耐劳，沟通能力强。

相关链接

市场调查人员的业务素质

业务素质的高低是衡量能否成为市场调查人员的首要条件。市场调查人员不仅需要一定的理论基础，还需要具备较强的实际经验。

一是具备市场调查的基础知识：要明确调查中访问员的作用及对整个市场调查工作质量的影响；要确保访问员在访问中保持中立的态度；要掌握调查计划的有关信息，掌握访谈过程的技巧，询问问题的程序及记录答案的方法等。

二是具有较强的业务能力：能够理解问卷的意思，能够没有停顿地传达问卷中的提问项目和回答项目；能够将询问的问题表述清楚；具有敏锐的观察能力，能够判断受访者回答问题的真实性；能够准确、快速地将受访者回答的问题原原本本地记录下来；具备随机应变的能力等。

资料来源：谢平芳，黄远辉，赵红梅.市场调查与预测[M].南京：南京大学出版社，2020：29.（有修改）

(二)培训调查实施队伍

对调查员的培训是调查实施过程中的一项重要工作，培训的内容主要有以下几个方面。

1. 对调查员进行有关职业道德方面的教育

调查员在调查实施过程中要以健康和积极的心态进行访问；调查员应诚实、客观、认真、负责，坚决杜绝弄虚作假的舞弊行为等。

2. 按照调查项目的要求，告诉调查员如何进行调查

比如，怎样确定访问的时间、地点及访问对象，怎样确认合格的被调查者，怎样进行接触(包括仪表、开场白和谈话方式等)，怎样询问和追问，怎样做好记录，怎样结束访问等。

3. 调查项目行业背景介绍

调查项目往往会涉及不同的行业，调查员也不可能对所有行业的情况都了如指掌。因此，需要对调查员进行与调查项目相关的行业知识的培训，以便他们更好地理解问题的含义，更好地与被调查者沟通。

4. 讲解问卷内容

向调查员讲解问卷中各个问题的含义，设置问题的目的，以及各个问题之间的逻辑关系。在调查中对每个问题可能出现的偏差及特殊情况进行分析，并给出在这些情况出现时应遵循的原则。

5. 其他要求

比如，必须完成的样本量、完成的时间期限及其他相关的要求等。

(三)组织调查实施方法

组织调查实施时一般可以采用以下调查方法。

1. 访问法

访问法又称访谈询问调查法，是指调查人员采用访谈询问的方式向被调查者了解市场情况的一种方法。它是市场调查中最常用、最基本的调查方法。根据访问内容的传递方式分类，询问调查法主要分为面谈调查法、电话调查法和网络调查法等。

(1)面谈调查法。面谈调查法是调查者根据调查提纲直接访问被调查者，当面询问有关问题。面谈既可以是个别面谈，也可以是群体面谈。

进行面谈访问时可以运用以下技巧。

一要营造和睦气氛，主要可以从以下几个方面入手：了解受访者，注意满足受访者的心理需要；与受访者建立认同感；利用人们对才华的敬仰心理；营造快乐轻松的气氛；真诚关心受访者；发现受访者的优点。

二要注意一般问题的发问技巧，主要包括以下几点：一是节奏，要缓慢而清楚地提出问题，给予受访者时间考虑如何回答；二是把握主题，礼貌地打断与受访者不相关的回答；三是问题的措辞，要始终使用问卷上的语句；四是表现兴趣，要表现出对受访者的回答有兴趣。

三要注意开放性问题答案记录的技巧，主要包括以下几点：一字不差地在规定的空白处写出受访者回答的内容，绝不要概括或缩短受访者的回答；记录受访者答话时不用符号或写"同上"；书写要清晰、整洁。

(2)电话调查法。电话调查法是通过调查员打电话的方式进行的调查方法。在打电话时要注意以下技巧：①少讲"我"，免得被对方认为自大；②多说"您"，表示对别人的关心；③对方同意，答"谢谢"；④对方不同意，答"对不起"；⑤问别人，先用"请"；⑥对方指示，先说"好的"；⑦答应时，要干脆；⑧拒绝时，请委婉；⑨把握语调；⑩说话要带有感情；⑪需要临时找资料时，先向对方致歉，说明需要离开的理由和所花费的时间，并在约定的时间内尽快赶回。

(3)网络调查法。网络调查法是指在互联网上针对特定营销环境进行简单的调查设计、收集资料和初步分析的活动。网络调查法具有及时性、共享性、便捷性、低费用性、可靠性和客观性等特点。

当前网络调查法包括网络直接市场调查与网络间接市场调查。网络直接市场调查是指利用互联网技术，通过网上问卷等形式调查消费者行为及其意向的一种调查方法。网络间接市场调查主要是利用互联网收集与企业营销相关的市场、竞争者、消费者及宏观环境等方面的信息。这类调查又可以分为站点法（将调研问卷置于不同站点）、电子邮件法和视频会议法等。

2. 观察法

观察法是调查员凭借自己的感官和各种记录工具，深入调查现场，在被调查者未察觉的情况下，直接观察和记录被调查者的行为，以收集市场信息的一种方法。

观察法主要应用于：①对市场商品需求情况的观察分析，如现场销售、展销会、试销会等；②观察被调查者的行为，如了解顾客行为、观察顾客流量；③对零售企业经营状况的观察分析。

观察技术主要是指观察人员实施观察时所运用的一些技能手段，主要包括：①观察卡片；②符号；③速记；④记忆（事后追忆）；⑤机械记录。

观察法的优点是用途广、技术要求不高，一般调查员都可采用；成本低，见效快；客观性强。观察法的缺点是只能观察表面现象，有些行为记录在调查时会受到限制或被拒绝。

(四)监督管理调查的实施

为确保调查工作的顺利开展和实施，获取高质量的调查数据，还要做好以下几个方面的监督管理工作。

1. 控制调查质量

调查督导必须按照一定的比例，采取公开或隐蔽的方法监督调查员每天的工作。一要监督访谈过程是否规范，如果发现有问题，应及时纠正解决；二要检查问卷的填写是否符合要求，调查督导应该回收当天完成的问卷，并且对每份问卷进行检查，看是否所有该回答的问题都已回答；三要记录调查员每天所做的工作，及时发现存在的问题并加以解决。

2. 控制样本

为保证样本的代表性，调查督导要保证调查员严格按照抽样方案去抽取样本，而不是根据方便或接近的难易程度来挑选样本。

3. 控制作弊

除了通过培训、监督和检查的方法控制作弊行为外，还可以通过设置问题或确定被访者来检查是否存在作弊行为。

四、整理与分析调查资料

(一)整理调查资料

1. 调查资料整理的含义

市场调查资料的整理就是根据调研目的和要求，对市场调查中取得的各项资料进行科学的加工汇总，形成能反映现象总体特征的条理化、系统化资料的工作过程。调查资料的整理是市场调查的继续，是市场调查分析的前提，在整个调研工作中起着承前启后的作用。

2. 调查资料整理的步骤

第一步，审核市场调研资料。为了保证市场调研资料的质量，在汇总前必须对收集到的各项资料进行严格审核，发现问题时需要及时进行必要的修正和补充。审核主要包括审核市场调研资料的完整性、准确性、时效性和适用性，其中准确性是审核的重点。

第二步，市场调研资料的编码和录入。必须对原始资料进行整理和录入，使其变成统一、完整的数据库，以便计算机进行统计分析。此过程可以分为编码、录入、检查和验收等步骤。

第三步，利用图表描述市场调研资料。市场调研资料通过汇总计算后即可通过统计表或统计图来反映。通过编制统计表或统计图，能生动、直观地表达社会经济现象的数量特征和数量关系。

(二)分析调查资料

1. 统计表

(1)统计表的结构。统计表是表达市场调研资料最常用的形式，应根据市场调研资料的具体情况，选择合适的表格形式去描述统计资料。利用统计表反映市场调研资料具有条理清晰、简明扼要的特点，便于人们比较分析市场调研资料。统计表的结构包括总标题、横行标题、纵栏标题、数字资料等。

(2)统计表的编制原则。统计表的编制原则主要有以下几方面：一是统计表和各种标题应简明扼要，总标题应反映表中的基本内容及所属的时间、空间范围；二是符合逻辑顺序，合理编排，如先列各个项目，再列总计；三是如果表中的行数或栏数较多，为了引用方便，应对各栏进行编号；四是表中的数字资料填列要整齐，对准位数，同栏数字要用同等的精确度，相同的数字也必须列出，不能用"同上""同左"等字样，对于缺少的资料，不能有的用"—"表示，有的用"……"表示；五是表中资料的计量单位必须注明，当全表只有一种计量单位时，可以将其列在表头右上方，若有不同的单位，则应分别列出；六是统计表的上下端线用粗线条，其余用细线，表的左右一般不封口；七是必要时在统计表下面可加注说明或注解，如资料来源、指标解释、制表人和制表时间等。

2. 统计图

(1)统计图的概念。统计图是指利用几何图形或具体事物的形象和地图等形式来表现社会经济现象的数量特征和数量关系的图形。它是市场调研资料的重要表达形式之一。

(2)统计图的结构。统计图的结构主要包括图题、图号、图目、图线、图尺、图形和图注。

(3)统计图的绘制原则。统计图的绘制原则主要包括：一是根据研究目的和资料的性质选择统计图形；二是统计图的内容应简明扼要，重点突出，通俗易懂，标题也要符合统计图的内容；三是统计图的形式和排列要有一定的艺术性，图形力求生动活泼、直观醒目。

(4)常用的统计图类型。常用的统计图类型主要有散点图、折线图、柱形图、线形图、饼图、圆锥图。

五、撰写调查报告

(一)调查报告的格式

调查报告是市场调查的总结，是市场调查的成果，也是管理者最关注的环节。调查报告实际上是一种信息组合，它把调研结果、重要的意见建议、结论和其他重要信息传递给经营决策者，为其作出经营决策提供重要依据。

调查报告一般包括以下几个部分。

1. 封面

封面主要包括调查报告的标题、调查人员的姓名及所属单位或调查公司、完成和呈报报告的日期等。

2. 目录

如果报告较长，就需要编制目录，也就是报告中各章节内容索引和附录的顺序提要及页码，方便其他人员查看报告内容。目录一般以不超过一页为宜。

3. 摘要

摘要是对本次调查情况的简介，可以简要说明调查的由来和委托调查的原因，简要介绍调查对象和调查内容，以及调查研究的方法和调查执行结果等。

4. 正文

正文是调查报告中的主要部分，也是调查报告中篇幅最长、内容最多的部分。正文部分包括调查的目的、调查的方法和步骤、样本的分布情况、调查问卷的内容、统计方法及数据、调查结果、结论及意见建议等。

5. 附录

附录主要包括用来论证、说明或进一步阐述正文相关情况的补充或扩充资料。一般应将其按顺序编号，排列在正文之后。

(二)调查报告的撰写要求

一份高质量的调查报告，除了需要有规范的格式外，还需要遵循一定的写作要求：一要实事求是，即调查报告要符合客观实际，坚决反对弄虚作假；二要层次分明、重点突出，如每个主题要有明确的标题，除了主标题外还可以用副标题；三要简洁流畅，要尽量使用简洁的语句，少用长而晦涩的句子，另外还要使语句尽量活泼流畅，以引起读者的兴趣。

思 考 与 操 作

问题思考

1. 营销环境与营销活动有什么关系？

2. 市场营销的环境因素包括哪些？可以从哪些方面进行分析？

3. 市场调查方案设计包括哪些内容？

4. 问卷设计程序包括哪些步骤？

5. 市场调查包括哪些步骤？

实务操作

选取一家企业，对其所处的营销环境开展调查活动，并按要求完成下列内容。

1. 你拟选择的企业名称是＿＿＿＿＿＿＿＿＿＿＿＿＿＿＿＿＿＿＿＿＿＿＿，
你采用的调查方法是＿＿＿＿＿＿＿＿＿＿＿＿＿＿＿＿＿＿＿＿＿＿＿＿＿，
你的最终成果形式是＿＿＿＿＿＿＿＿＿＿＿＿＿＿＿＿＿＿＿＿＿＿＿＿。

2. 针对这一活动，以小组为单位（每小组6人左右），设计调查方案和调查问卷，制作PPT并在全班交流。

3. 按照教师和同学所提出的修改意见，对调查方案和调查问卷做进一步的修改直至完善。

4. 开展实地调查，对调查结果进行整理、分析，并撰写调查报告。

5. 各团队制作PPT进行展示，教师和其他小组同学进行点评并提出修改完善意见。

6. 修改完善调查报告并提交。

课程思政

我国市场环境日益完善

1. 市场主体发展日益壮大

党的十八大以来，我国市场主体建设成效喜人，市场规模获得巨大发展，市场结构获得优化。随着企业"走出去"步伐明显加快，越来越多的世界级企业产生。截至2021年12月，我国市场主体总量从2012年的5 500万户增长到1.5亿户，其中约有1亿户是近10年增加的。到2021年年底，全国登记在册个体工商户已达1.03亿户，约占市场主体总量的2/3。到现在为止，超过1.5亿户市场主体成为我国国民经济富有活力的细胞组织，成为我国经济发展的巨大推动力。

2. 质量竞争力水平不断提升

"十四五"规划关于制造强国、质量强国的规划，意味着未来我国将继续推进制造强国、质量强国建设。中国目前已成为全球公认的制造大国。要从制造大国迈向制造强国，必须先成为质量强国。目前我国制造业产品质量合格率连续5年达到93%，处于历史最高水平。质量政策法规日臻完善，建立了以产品质量法、标准化法等法律法规及行政规章为主干的法规体系。

3. 消费者权益保护持续受到重视

近年来推动落实食品药品安全地方"党政同责"；强化执法，重点打击制假售假、侵权欺诈等问题；落实"十四五"规划"实施金融安全战略"，出台数字金融消费者权益保护政策。2022年，中国消费者协会确定消费维权年主题为"共促消费公平"，落实法律规定，强化特殊群体保护，践行绿色低碳消费，保障消费公平。

4. 良好竞争环境营造日趋完善

着力完善竞争法律制度体系。《中华人民共和国反不正当竞争法》等保障公平竞争的法律制度逐步健全，对保护和促进市场公平竞争、提高资源配置效率、维护消费者权益发挥了重要作用。该举措有利于全面落实公平竞争审查制度，大力查处滥用行政权力排除、限制竞争行为，促进提升国内大循环的效率和水平。

5. 市场监管执法水平全面提升

市场监管综合执法改革现在已经进入了"快车道、深水区"。各地在市场监管领域也正积极探索更大程度和范围的"大综合"行政执法。产品质量安全、食品质量安全、药品安全、医疗器械安全、化妆品安全、知识产权保护等监督执法体系日益完善。在优化监管资源配置基础上，推进精准监管、有效监管、智慧监管、公正监管，营造了诚实守信、公平竞争的市场环境。

资料来源：（有修改）

[1]陈晨. 我国市场环境日益完善，市场主体活力迸发[N]. 光明日报，2021-09-07.

[2]孔德晨. 创建公平健康市场环境[EB/OL]. 人民网，2021-06-12.

[3]孙博洋. 市场监管总局：推进企业信用风险分类管理，营造诚实守信、公平竞争的市场环境[EB/OL]. 人民网，2022-01-22.

[4]骆梅英，黄柳建. 市场监管综合行政执法改革中的权限配置[EB/OL]. 搜狐网，2022-01-21.

思考：

1. 根据营销环境因素的分类，我国市场环境的诸多变化还可以进一步细分为哪些方面？

_____

_____

_____

2. 如何顺应市场环境的变化提高企业营销策划水平？

_____

_____

_____

扫描二维码，获取本项目的学习课件。

学习课件	项目总结
	_____
	_____
	_____

项目 3
营销战略策划

学习目标

1. 了解与把握营销战略策划的构成。
2. 掌握营销战略的三个组成部分（市场细分、目标市场营销与市场定位）。
3. 学会整体营销战略的策划与运作。

扫描二维码，获取本项目的微课视频。

微课视频	预习笔记

走进营销策划

新茶饮是以原叶茶和（或）茶汤、水果、现榨果蔬汁、原榨果汁、果汁、蔬菜汁、蔬菜、乳制品中一种或多种为原料，添加或不添加其他食品，不添加固体饮料，经现场加工制成的液体或固液混合物。中国连锁经营协会发布的《2021 新茶饮研究报告》显示，新茶饮发展已经进入了 3.0 时代，当前的特点是"茶＋奶＋水果＋文化"。未来 2～3 年，新茶饮整体增长速度将放缓到 10％～15％，但增速放缓是阶段性的。

艾媒咨询发布的《2021 年中国青年品质茶饮生活发展趋势研究报告》显示，2021 年中国青年品质茶饮市场规模约为 1 011 亿元。国内 20 岁至 39 岁的年轻人数量超过 3.8 亿，他们有独特的消费观念，已从温饱阶段进入审美阶段。新茶饮讲究茶饮的健康成分、科学效用和文化内涵，受到越来越多年轻人的欢迎。

根据《2021 新茶饮研究报告》，过去一年中，新茶饮行业在推进数字化建设，解决新茶饮的业务痛点，加快构建品牌护城河。如果各企业在未来2～3年解决品牌、运营能力、食品安全管理等重要问题，新茶饮行业的复合增速将快速回到15％以上。

关于当下新茶饮面临的挑战，首先是企业快速发展带来的系列问题，包括人才缺乏和管理能力不足，组织架构滞后于企业发展，制度、文化、培训等不到位。此外，新茶饮还面临着历史遗留性负面认知的问题、餐饮业普遍存在的问题、备受关注引发的各类舆情问题、跨区域发展经验不足问题。

资料来源：（有修改）

[1]王子扬. 2021新茶饮研究报告：行业增速将阶段性放缓[EB/OL]. 新京报，2021-09-24.

[2]艾媒咨询. 2021年中国青年品质茶饮生活发展趋势研究报告[EB/OL]. 艾媒网，2022-01-27.

思考：对新茶饮市场进行 SWOT 分析，帮助某家新茶饮企业制定营销战略框架。

_____

_____

_____

学习任务

任务1 认识营销战略策划

导入任务

通过案例分析与策划练习，明确营销战略策划的含义与意义，把握市场营销战略策划的三个组成部分。

一、营销战略策划的概念与构成

(一)营销战略策划的概念

随着企业之间竞争的日益激烈，如何在变化莫测的市场竞争中占据一席之地，成为众多的企业在制定市场营销战略时不可忽略的问题。市场营销战略（marketing strategy）是指企业在现代市场营销观念下，为实现其经营目标，对一定时期内市场营销发展的总体设想和规划。

(二)营销战略策划的构成

1. 分析市场机会

分析市场机会，先要分析营销环境。营销环境包括宏观环境与微观环境。在项目2中，营销环境的分析主要通过SWOT分析，对机会、企业自身能力、市场竞争地位、企业优势与劣势等进行全面、客观的评价，同时还要检查市场机会和企业的宗旨、目标与任务的一致性，并进行消费者与市场分析。企业营销大多是以消费者为导向，根据消费者的需求来制定产品。但仅仅如此是不够的，企业开展营销战略策划时必须对消费者行为进行全面研究，对整体市场按照一定的标准进行细分。只有对消费能力、消费行为进行深入分析，对市场进行细分，才能使整个营销活动获得成功。本项目的市场机会分析主要侧重于对消费者与市场进行分析，而有关营销环境的分析请参照项目2。

2. 确定目标市场

制定衡量细分市场吸引力的标准，选择一个或几个要进入的市场。目标市场营销的观念已被越来越多的企业所接受，它能帮助企业更好地识别市场营销机会，使企业能为每个目标市场提供适销对路的产品，调整价格、销售渠道和广告，以到达目标市场。企业可以避免分散营销力量，以便把重点集中于最有潜力的顾客身上。

3. 产品定位

确定企业的竞争地位及其向每个目标市场提供的产品。营销战略策划的核心在于"定位"，其本质就是定位战略。所谓定位，是指对企业的供应产品和形象进行设计，从而使其能在目标顾客心目中占有一个独特的位置的行动。只是确定目标消费者是远远不够的，因为这时企业还处于"一厢情愿"的阶段，只有让目标消费者以企业的产品作为他们的购买目标才更为关键。为此，企业需要将产品定位在目标消费者所偏爱的位置上，并通过一系列的营销活动，向目标消费者传达这一定位信息。由此可见，我们常见的产品定位、企业定位其实是指产品、企业在消费者心目中的位置。定位一般以产品为出发点，但定位的对象不是产品，而是潜在顾客的思想。也就是说，要为产品在潜在顾客的心中确定一个合适的位置。

二、营销战略策划的重要意义

（一）有利于企业发现与开拓潜在市场

所谓市场机会，指的就是市场上存在的尚未满足或尚未完全满足的需求。有些企业善于创造市场机会，并不失时机地抓住市场机会；有些企业可能不善于创造市场机会，或者对市场机会缺乏敏锐感知。营销战略策划有助于企业发现并定位新的营销机会，实现市场的开拓创新。

案例分析

剧本杀行业应当规范发展

剧本杀在一定程度上缓解了年轻人线下社交模式单一、面对面交流匮乏的痛点。把青少年从网络社交包括网络游戏中解放出来，在参与一些有益健康、促进感情的活动方面，具有一定意义与作用。但当前流行的剧本杀行业缺乏自我管理能力，监管规范和审核机制不健全，其部分内容和运作模式更是泥沙俱下，对青少年的成长产生的负面作用不容忽视。

目前，市面上的剧本类型五花八门。据央视财经报道，2020年中国剧本杀市场规模已达117.4亿元，预计2022年中国剧本杀行业市场规模将增至238.9亿元。全国范围内共有超万家桌游相关企业，仅2021年就新增注册量5 957家，为近十年来最多，同比增长85％。上海是全国首个正式将密室剧本杀纳入管理范围的城市。上海出台的《密室剧本杀内容管理暂行规定》要求经营单位严格自审剧本的内容、设置的场景、提供的服装和道具等，并对剧本内容进行备案，对不适宜未成年人参与的产品设置提示，并不得允许未成年人进入。

《新京报》评论认为，在引导剧本杀行业发展时，也要倡导发扬优良传统文化，不妨尝试将中华古典文化之美与新潮游玩方式结合起来。近年来，将博物馆"神秘、多元素、古老"的特色属性与剧本杀故事相结合的"博物馆剧本杀"受到越来越多的学生和家长的欢迎，这种寓教于乐、输出高雅文化的项目，才是剧本杀行业应当追求的方向。

资料来源：（有修改）

[1]新京报社论. 宣扬暴力、灵异，剧本杀不能玩得没底线[N]. 新京报，
   2021-09-24.

[2]周裕妩. 全国首个！上海正式出台《密室剧本杀内容管理暂行规定》[EB/
   OL]. 广州日报大洋网，2022-01-14.

思考：分析剧本杀行业的市场威胁因素，并为剧本杀行业未来发展提供营销对策。

_____

_____

_____

（二）有利于中小企业开拓市场，增强核心竞争力

一般说来，中小企业财力有限，在整体市场或较大的细分市场上，难以同大企业竞争。因此，发挥中小企业的核心竞争力就显得尤其重要。中小企业要培育和提升自身的核心竞争力，就要在不断变化的市场环境中，对可能发生的重要事件及时作出灵敏和正确的反应，准确预测和把握本行业产品、技术的变化方向及趋势，调整企业发展方向，适应市场变化。

中小企业大多是市场补缺者。作为市场补缺者，中小企业要发挥"小"的特长，专注于某一两个方面的优势并形成核心竞争力，做成"强"的企业、有竞争力的企业。它们应精心服务于市场的某个细小部分，不与主要竞争对手竞争，通过专门化经营来占据有利的市场位置。

（三）有利于发挥企业特长与优势，提高企业的竞争能力和应变能力

在每个细分市场上，竞争者的优势与弱势都能明显地显现出来。企业只要抓住

营销机会，发挥自己的优势，在细分市场的基础上进行市场定位，推出更适合消费者需要的特色产品，就能用较少的营销费用把竞争对手的原有顾客和潜在顾客转变为本企业的顾客。

策划练习

小米造车是科技企业对未来高地竞争的必然走向。作为主业的小米手机的触顶可能是其转型的直接原因。从数据来看，2020年小米的出货量虽有所提升，但全球智能手机出货量为12.92亿部，同比下滑5.9%。中国智能手机市场出货量为3.26亿部，同比下跌11.2%。如此一来，寻找新的业务增量是必然的结果。

资料来源：王国信. 小米造车：高处不胜寒［N］. 经济观察报，2021-04-05(026). （有修改）

做一做：请分析小米造车的市场环境，并为小米造车提供策划方案要点。

_____

_____

_____

任务2 分析市场机会

导入任务

在对消费者进行研究的基础上，进行市场细分，捕捉市场机会，为确定目标市场做好准备。

一、消费者研究

(一)消费者需要与需求

需要、需求与欲望三个概念存在紧密联系。需要是指人类没有得到某些基本满足的感受状态；需求是指对有能力购买并愿意购买的某个具体产品的欲望；欲望是需要的一种外在表现形式，并受环境因素影响。

需要虽然是人类活动的原动力，但它并不总是处于唤醒状态。只有当消费者的匮乏感达到了某种迫切程度，需要才会被激发，并促使消费者有所行动。根据不同的分类方式，需要可分为以下几类。

1. 根据需要的起源分类

(1)生理需要。消费者为了维持和延续生命，对衣、食、住、行等基本生存条件的需要。

（2）社会需要。人类在社会生活中形成的、为维护社会的存在和发展而产生的需要。

2. 根据需要的对象分类

（1）物质需要。消费者对以物质形态存在的产品的需要。这种需要反映了消费者在产品功能属性或者物的属性方面的需要。

（2）精神需要。人们在精神上的欲望和追求，包括求知需要、审美需要、实现自我价值需要等。精神需要具体表现为对认知、审美、社交、艺术、文化等方面的需要。有时，精神需要可能比物质需要还重要，如梦想、理想和信仰。

3. 根据需要的层次分类

最为著名的分类方法是马斯洛的需要层次理论。马斯洛将需要分为生理需要、安全需要、社会需要、尊重需要、自我实现需要五个逐级递增的层次。

需求往往是多方面的、不确定的，我们要去分析和引导。营销战略策划必须定义消费者的需求。所谓定义消费者的需求，就是指通过买卖双方的长期沟通，对客户购买产品的欲望、用途、功能、款式逐渐进行发掘，将客户心中模糊的认识以精确的方式描述并展示出来的过程。

(二)消费者行为

1. 消费者购买动机

所谓消费者购买动机，是指消费者为了满足自己一定的需要而引起购买行为的愿望或意念。消费者购买动机由需要驱使、刺激强化和目标诱导三种要素组成。消费者个体心理因素是引起其心理性购买动机的根源。

由认识、情感和意志活动过程而引起的消费者行为动机，称为心理性动机。心理性动机比生理性动机更为复杂多样，特别是当经济发展到一定水平，社会信息传播技术越来越现代化，消费者与社会的联系越紧密，激起人们购买行为的心理性动机就越占有重要地位。

2. 消费者购买行为

菲利普·科特勒认为，消费者购买行为是指人们为满足需要和欲望而寻找、选择、购买、使用、评价及处置产品、服务时介入的过程活动，包括消费者的主观心理活动和客观物质活动两个方面。换句话说，消费者购买行为是指人们为了满足个人家庭的生活需要或者企业为了满足生产的需要，购买产品时所表现出来的各种行为，即购买商品的决策过程。营销战略策划必须通过对消费者购买行为的研究，来掌握其购买行为的规律，从而制定有效的市场营销策略，实现企业的营销目标。

不同消费者购买决策过程的复杂程度不同，究其原因，受诸多因素影响，其中最主要的是参与程度和品牌差异大小。同类产品不同品牌之间的差异越大，产品价格越昂贵，消费者越是缺乏产品知识和购买经验，感受到的风险越大，购买过程就越复杂。比如，牙膏与轿车之间的购买过程复杂程度显然是不同的。根据购买者的参与程度和产品品牌差异程度，可以将购买行为划分为四种类型（见表3-1）。

表 3-1 根据购买者的参与程度和产品品牌差异程度区分的购买行为类型

品牌差异程度	投入程度高	投入程度低
大	复杂的购买行为	寻求多样化购买行为
小	化解不协调的购买行为	习惯性购买行为

划分消费者购买行为类型的方法较多，以下为消费者购买行为类型的通常划分方法(见表 3-2)。

表 3-2 消费者购买行为类型划分

划分标准	购买行为类型划分
购买目的的选定程度	全确定型，半确定型，不确定型
购买态度	习惯型，理智型，冲动型，经济型，疑虑型
购买现场的情感反应	沉稳型，温顺型，健谈型，反抗型，激动型

(三)消费者决策过程

1. 确认需要

购买过程从购买者对某一问题的认识，并引起需求开始。内在的和外部的刺激因素都可能引起需求。营销者的任务是识别能引起消费者某种需求和兴趣的环境。通过收集消费者的信息，能识别引起消费者兴趣的最频繁的刺激，并且能开发一个营销战略以引起消费者的兴趣。

2. 收集信息

在需求出现之后，消费者并不是马上就能得到满足的，他们会去寻找有关满足物的信息。

消费者信息的来源主要有以下四个方面：①个人来源，从家庭、亲友、邻居、同事等个人交往中获得信息；②商业来源，这是消费者获取信息的主要来源，包括广告、推销人员的介绍、商品包装、产品说明书等提供的信息，这些信息源是企业可以控制的；③公共来源，消费者从电视、广播、报纸、杂志等大众传播媒体中获得信息；④经验来源，消费者从自己亲自接触、使用商品的过程中得到信息。

上述四种信息来源中，商业来源最为重要。从消费者的角度看，商业来源不仅具有通知的作用，而且一般来说具有针对性、可靠性，个人来源和经验来源只能起验证作用；而对企业来说，商业来源是可以控制的。消费者可以通过商业来源渠道了解该企业的产品情况，进而购买该企业的产品。

3. 比较评估

作为消费者，可能会从不同的渠道收集很多信息。他们收集大量的信息之后要对这些信息进行分析，作出决策，这就是比较评估。以下几点在了解消费者怎样评估备选产品方面很值得注意。

(1)产品属性。产品有哪些能引起消费者兴趣的属性，即产品能够满足消费者某种需求的特性。

（2）属性权重。消费者对各种感兴趣属性的关心程度不同，哪个属性在消费者心目中占有最重要的地位，即消费者因各项产品属性的重要程度不同而对其赋予不同的权重。

（3）消费者对每种品牌的信念。这种信念可能与该品牌的实际性能相符，但也可能是因消费者有偏见而不相符。

（4）效用要求。消费者对某品牌每一属性的效用功能应当达到何种标准的要求，或者说，该品牌每一属性的效用功能必须达到何种标准才能被消费者接受。

4. 购买决策

经过对可供选择的品牌进行评价，消费者形成了对某种品牌的喜好和购买意向。但是，受以下三个因素的影响，消费者不一定能实现或立即实现其购买意向。

（1）他人的态度。消费者的购买意图，会因他人的态度而增强或减弱。

（2）未预期到的环境因素。消费者购买意向的形成，总是与预期收入、预期价格和期望从产品中得到的好处等因素密切相关。但是，当他欲采取购买行动时，若发生一些意外的情况，可能会使他改变或放弃原有的购买意图。

（3）预期风险的大小。在所购商品比较复杂、价格昂贵因而预期风险较大的情况下，消费者可能采取一些避免或减少风险的习惯做法，包括暂不实现甚至改变其购买意向。

5. 购后行为

购后行为是指消费者对产品使用之后的感受及处理方式，其重要内容包括购后行为和顾客满意。购后行为的结果有重复购买和不再购买两种。顾客满意是消费者对商品或服务的期望水平与实际水平之间的主观比较。顾客满意是消费者本人持续购买的基础，也是影响其他消费者购买的重要因素。

二、市场细分

(一)市场细分的概念和意义

1. 市场细分的概念

在市场上，每个消费者由于各自条件不同，以及所处客观环境的差异，他们购买商品时，在动机、欲望和需求上存在着一定的差异。比如，消费者购买服装，不同的消费者对服装的质地、款式、颜色等的需求是不同的。这种差异性的存在，使得企业只能把需求大体相似的消费者划归为同一群体，从而以相应的商品和服务满足该群体消费者的需求。所谓市场细分，就是根据消费者需求的差异性，选用一定的标准，将整体市场划分为两个或两个以上具有不同需求特性的"子市场"的工作过程。

市场作为一个复杂而庞大的整体，由不同的购买者和群体组成。由于这些购买个体和群体在地理位置、资源条件、消费心理、购买习惯等方面存在差异，在同类产品市场上，也会产生不同的购买行为。

每一个细分市场之所以成为相对独立但又比较稳定的市场，是因为在该细分市场中的消费者，有着相似的购买行为和购买习惯。例如，在同一社会环境、同一民族文化传统的熏陶下，人们在生活习惯、社会风俗、节日礼仪等方面总会表现出一定的相似性。这种相似性又使不同消费者的需求再次聚集，形成相类似的消费群体，从而构成了具有一定个性特征的细分市场。

从企业营销战略角度看，任何企业的经营范围、经营能力总有一定限度。它不可能为市场上所有的消费者提供其所需要的全部商品，而只能将自己的营销活动限定在力所能及的范围内，只能去生产和经营一方面或几方面的商品，去满足某一部分消费者的一个或几个方面的需要。这就要求企业必须对复杂、多变的整体市场进行细分，发挥企业的优势，更好地满足消费者的需要。

2. 市场细分的意义

不进行市场细分，企业选择目标市场必定是盲目的；不认真地鉴别各个细分市场的需求特点，就不能进行有针对性的市场营销。

在买方市场条件下，企业营销决策的起点在于发现具有吸引力的市场环境和机会。这种环境机会能否发展成市场机会，取决于两点：一是这种环境机会是否与企业战略目标一致；二是企业利用这种环境机会能否比竞争者具有优势，并获得显著收益。显然，这些都必须以市场细分为起点。通过细分市场，企业可以发现哪些市场需求已得到满足，哪些只满足了一部分，哪些仍是潜在需求。相应地，可以发现哪些产品竞争激烈，哪些产品竞争较少，哪些产品亟待开发。

由于资源有限，与实力雄厚的大企业相比，中小企业缺乏竞争力。通过市场细分，中小企业就可以根据自身的经营优势，选择一些大企业不愿加入、相对市场需求量小的细分市场，集中力量满足某一特定市场的需求，即在整体竞争激烈的市场条件下，在某一局部市场取得较好的经济效益，在竞争中求得生存和发展。

营销战略最终通过市场营销组合得以实现，而市场营销组合是企业综合考虑产品、价格、促销形式和销售渠道等各种因素而制订的市场营销方案。上述几个因素各自又存在不同的层次，各个因素之间又有多种组合形式。但就每一个企业特定的市场而言，却只有一种最佳的组合形式，而这种最佳组合形式只能是进行市场细分的结果。

(二)消费品市场细分的标准

1. 按人口因素进行市场细分

(1)消费者的性别。按消费者的性别，可以把消费品市场分为男性市场和女性市场。比如，服装、化妆品、鞋帽、自行车等商品就可以用性别来细分市场。应当特别指出的是，要重视女性市场的研究，尤其要注意女性的购买行为和消费需求的变化。

(2)消费者的年龄。年龄不同，消费者在生理、心理、社交、兴趣爱好等方面会显现明显的差别，从而构成各具特色的消费者市场。比如，婴儿商品市场、儿童商品市场、青少年商品市场、中年人商品市场、老年人商品市场等。

（3）消费者的家庭规模。家庭是社会的细胞，同时又是消费单位，企业可以按家庭规模大小来细分市场。

（4）消费者的民族、职业。我国是一个多民族的国家，不同民族的消费习惯和风俗也不同。消费者的职业、文化程度、宗教信仰和种族不同，对商品的需求也有差异。

2. 按经济因素进行市场细分

经济因素主要是指消费者家庭收入和个人收入水平。市场上的消费需求是以消费者的货币收入多少为前提的。消费需求会随着居民收入的高低呈等级型差异，收入不同，人们的消费结构和购买习惯、爱好、行为等都不同。经济因素是企业进行市场细分的重要标准之一。

3. 按地理因素进行市场细分

根据消费者所处的地理位置，可以把市场划分为国内市场和国际市场。国内市场又可细分为不同地区范围的市场，如城市市场和农村市场。按消费者所处的地理环境、气候特点、人口密度、城市乡村等项目来细分市场，这既是一种比较传统的市场细分方法，又是相对稳定的市场细分标准。

4. 按心理因素进行市场细分

在居民收入水平和地理环境基本相同的条件下，很多消费者却有截然不同的消费习惯与特点，这就是消费者心理因素在起作用。消费者心理因素包括消费者购买动机、购买习惯、生活方式、性格、追求利益等内容。比如，按购买动机，可将消费者划分为不同的类型，有的消费者属于经济实惠型，对商品要求是质量好、耐用，而且价格便宜；有的消费者属于显示型，购买商品是为了炫耀；还有的消费者属于时髦型，主要考虑商品的花色、样式是否时尚。

5. 按购买行为进行市场细分

消费者的购买行为是指消费者在一定的购买欲望（动机）支配下，为了满足某种需要而购买商品的行为。购买行为包括消费者对商品的消费季节性、利益追求、使用频率、忠诚程度等因素。这些因素同消费者选择商品有密切的关系。

（1）消费的季节性。因为许多商品具有消费季节性，如烟花爆竹、月饼等季节性商品，企业通过广告等促销手段，说明某一节日的重要意义，使许多消费者在节日前或节日期间去购买商品。

（2）对商品利益的追求。消费者购买商品所要寻求的利益往往各有侧重，这也可以作为细分市场的依据。运用利益（功能）细分法，首先，必须了解消费者购买某种商品所寻求的主要利益（功能）是什么；其次，要了解消费者是哪些人；再次，要了解市场上的竞争产品各自适合哪些利益的追求；最后，应了解哪些利益还没有得到满足。

（3）使用者状况。对于不少产品，其市场可按使用者状况细分为"未使用者""初次使用者""经常使用者"和"潜在使用者"等细分市场。企业对不同使用状况的消费者，采取不同的营销策略，促使"初次使用者"转化为"经常使用者"，促使"潜在使用者"转化为"现实使用者"。

(4)商品的使用频率。对于有的产品,可按使用频率不同,将消费品市场划分为"不使用者""少量使用者"和"大量使用者"等细分市场。有的产品虽然有"大量使用者",但人数不一定多,而销售额比重却很高。

(5)对商品的忠诚程度。某些消费者往往对某些品牌的产品(或某企业的产品)特别信任,是某产品(或企业)的忠诚顾客。企业应根据消费者对本企业产品品牌的忠诚程度,采取不同的营销策略,争取更多的忠诚顾客。

(6)对商品所处的购买阶段。消费者对各种商品,特别是新商品,总是处于各种不同的待购阶段。比如,对某些新产品,有些人根本不知有此物,有些人已经知道,有些人知道得很清楚;有些人已有购买欲望,有些人准备马上购买。企业对处于不同阶段的顾客应采取不同的营销手段,并随阶段的变化而随时调整营销方案。

(7)对商品的态度。消费者对商品的态度可分为四类:喜欢、不感兴趣、否定和敌对。企业对不同的消费者要用不同的对策,逐步培养其对本企业产品的喜爱,使其成为忠诚的购买者。

(三)生产者市场细分的标准

生产者市场和消费者市场的特点不同,细分消费者市场的某些变量就不能用来细分生产者市场。比如,在消费者市场上,许多消费品可按消费者的年龄和性别进行细分;但在生产者市场上,生产资料一般就不可能按性别和年龄来进行细分。可见,细分消费者市场和细分生产者市场的原理相同,都是根据能引起消费者(或用户)需求差异的变量进行市场细分,但具体标准有所不同。根据生产者市场的特点,最常用的细分标准包括以下四种。

1. 最终用户

在产业市场上,不同的最终用户对同一种产业用品的市场营销组合往往有不同的要求。例如,电脑制造商采购产品时最重视的是产品的质量和可用性,服务、价格等也许并不是要考虑的最主要的因素;再如,豪华汽车制造商比一般汽车制造商需要更优质的轮胎。在西方国家,通常用最终用户来细分产业市场。对不同的用户,企业要相应地运用不同的市场营销组合,采取不同的市场营销措施,以促进销售。

2. 顾客规模

在生产者市场上,有的用户的购买量很大,而另外一些用户的购买量很小。企业应当根据用户规模大小来细分市场,并根据用户或客户的规模不同,制订不同的营销组合方案。比如,腾讯重点布局企业级办公,为了让服务商更好地帮助企业进行数字化转型,推出的企业微信提供了多种合作模式供合作伙伴选择,并区分大中小企业,提供不同的解决方案。

3. 购买状况

根据生产者购买方式来细分市场。生产者购买方式主要包括直接重购、修正重购及新任务购买。不同的购买方式的决策过程、复杂程度不同，因而可将整体市场细分为不同的小市场群。

4. 地理位置

用户的地理位置对于企业合理组织销售力量、选择适当的分销渠道及有效地安排货物运输有很大关系，而且不同地区的用户对生产资料的要求往往各有特色。因此，用户的地理位置也是细分市场的依据之一。

任务3　选择目标市场

导入任务

通过对细分市场的评估，能够选择有效的细分市场作为目标市场，为市场定位做好准备。

一、目标市场

(一)目标市场的概念

著名的市场营销学者麦卡锡提出了"目标市场"的概念，即应当把消费者看作一个特定的群体。市场细分有利于明确目标市场，市场营销策略的应用有利于满足目标市场的需要。所谓目标市场，是指通过市场细分，被企业所选定的、准备以相应的产品或服务去满足其现实的或潜在的消费需求的一个或几个细分市场。

作为一个企业，无论规模多大，都无法满足所有消费者的全部需求。企业必须把营销活动规定在一定的市场范围内，才能集中使用企业的人力、物力、财力，保证营销目标的实现，避免资源的浪费。因此，企业营销战略策划必须在市场细分的基础上，选择自己的目标市场，制定相应的营销策略。

(二)市场细分与目标市场的选择

市场细分与目标市场的选择之间既有联系又有区别。市场细分是按不同的消费需求划分消费者群的过程；企业选择一个或几个细分市场作为自己的营销对象，这些细分市场就是目标市场。因此，市场细分是选择目标市场的前提，选择目标市场则是市场细分的目的和归宿。

二、有效市场细分的标准

(一)可衡量性

可衡量性是指用来细分市场的标准、变数及细分后的市场是可以识别和衡量的。所谓识别，是指对细分市场上消费者在商品需求上的差异性要能明确加以反映和说明，能清楚界定；所谓衡量，是指细分后的市场范围、容量、潜力等能够量化并加以说明。

如果某些细分变数或购买者的需求和特点很难衡量，细分市场后无法界定、难以描述，那么市场细分就失去了意义。一般来说，一些带有客观性的变数，如年龄、性别、收入、地理位置、民族等都易于确定，并且有关的信息和统计数据也比较容易获得；而一些带有主观性的变数，如心理和性格等方面的变数就比较难以确定。但是，现实的市场情况要复杂得多，如针对"左撇子"这个市场变数，很少有企业专门为"左撇子"设计产品，原因之一就在于这个市场很难辨认，测量起来难度太大。

(二)可接近性

各个细分市场的规模、发展潜力、购买力等都要足够大，以保证企业进入这个市场后有一定的销售额，同时企业也是可以利用现有条件去占领市场的。

(三)实效性

企业所选择的目标市场必须足够大并有一定的发展潜力，只有这样，才能保证企业在相当长的一段时间内经营稳定，避免目标市场变动过快而给企业带来风险和损失。

三、目标市场营销策划

(一)无差异性目标市场营销策略

所谓无差异性目标市场营销策略，是指将整体市场作为企业的目标市场，推出一种商品，实施一种营销组合，以满足整体市场的某种共同需要。在无差异性目标市场营销策略下，企业把市场作为一个整体，认为所有消费者对某种商品有共同的需求，因而不考虑他们实际存在的需求差异，依靠大众化的分销渠道和主题相同的广告，以求在消费者心目中树立良好的形象。

这种策略的优点：①成本较低，因为生产品种单一，批量大，销售面广，可选性不强，广告投入少，生产成本和营销成本都比较低；②具有针对性，一般说来，在卖方市场条件下商品供不应求、竞争不激烈，消费者没有特殊要求的情况下，采取这种策略能取得较好的效果。

这种策略的缺点：①不能适应买方市场复杂多变的消费需求，在买方市场条件下，市场竞争激烈，这种策略对多数企业都是不适当的，因为要消费者长期接受一种商品是不可能的；②存在较大风险，如果采用这种策略的企业过多，整体市场的竞争会日趋激烈，将给企业带来风险。

(二)差异性目标市场营销策略

所谓差异性目标市场营销策略，是指企业根据各个细分市场中消费需求的差异性，设计生产出符合目标顾客需要的多种产品，并制定相应的营销策略，以满足不同顾客的需要。差异性目标市场营销策略的理论依据是根据消费者需求的差异性，捕捉更多的市场营销机会。

这种策略的优点：①体现了以消费者为中心的经营思想，能满足不同消费者的需要，有利于扩大销售额；②分散风险，获得优势，企业同时在几个细分市场上占优势，有利于提高企业声誉，树立良好的企业形象，增进消费者对企业和商品的信任感，从而有利于提高市场占有率。

这种策略的缺点：①企业资源分散于各细分市场，容易失去竞争优势；②因采取多种营销组合措施，促销费用较高，商品生产成本和营销成本较高，因此，要权衡一下究竟差异到什么程度对企业最有利。

(三)集中性目标市场营销策略

所谓集中性目标市场营销策略，是指企业以一个或少数几个细分市场作为目标市场，集中企业的营销力量，为该市场开发一种理想的产品，实行专门化生产和销售。

这种策略的优点：营销对象集中，企业能充分发挥优势，深入了解市场需求变化，降低成本，提高盈利水平。

这种策略的缺点：由于目标市场比较狭窄，一旦市场突然发生变化，企业可能会陷入困境。因此，企业选用这种策略时，要谨慎行事，留有回旋余地。

四、影响目标市场策略的因素

(一)企业的资源

大型或资源雄厚的企业可以实行无差异性或差异性营销；而资源有限、实力不强的企业，不能覆盖更多的市场，最好实行集中性营销。企业初次进入市场时，往往采用集中性市场营销策略，在积累了一定的成功经验后再采用差异性市场营销策略或无差异性市场营销策略，扩大市场份额。

(二)产品的情况

1. 产品本身的差异性

一般对于同质性高的产品，宜实行无差异性市场营销；对于同质性低或异质性产品，宜选择差异性市场营销或集中性市场营销。

2. 产品所处生命周期的阶段

产品导入期和成长初期，消费者刚刚接触新产品，对产品了解不多，竞争尚不激烈，企业这时的营销重点是挖掘市场对产品的基本需求，往往采用无差异性市场营销策略。当产品达到成熟期时，则可运用差异性营销策略，以维持或扩大销路。当产品进入衰退期时，采取集中性市场营销策略。

(三)市场的情况

1. 市场是否"同质"

如果市场上所有顾客在同一时期偏好相同，购买的产品数量相同，并且对营销刺激的反应相同，则为"同质市场"，可实行无差异性营销；反之，则应实行差异性营销。

2. 供求状态

供不应求时，企业重在扩大供给，较少考虑需求差异，所以采用无差异性市场营销策略；供过于求时，企业需要刺激需求、扩大市场份额，多采用差异性市场营销或集中性市场营销策略。

(四)竞争者的战略

一般说来，本企业应该同竞争者的战略有所区别。如果对手是强有力的竞争者，实行的是无差异性营销，则本企业实行差异性营销往往能取得良好的效果；如果对手已经实行差异性营销，本企业却仍实行无差异性营销，势必失利，在此情况下，本企业应考虑实行更深一层的差异性营销或集中性营销。

任务4　市场定位策划

导入任务

在掌握市场定位概念的基础上，确认市场定位在营销战略中的核心位置；在把握市场定位策划要素的同时，掌握市场定位战略与方法。

一、市场定位的概念

市场定位是在20世纪70年代由美国营销学家艾·里斯和杰克·特劳特提出的。其含义是企业根据竞争者现有产品在市场上所处的位置，针对顾客对该类产品某些特征或属性的重视程度，为本企业产品塑造与众不同的、给人印象鲜明的形象，并将这种形象生动地传递给顾客，从而使该产品在市场上确定适当的位置。

现代企业参与市场竞争，最重要的就是要找准自己的目标市场。营销策划的重要任务之一，就是帮助企业准确地找出目标市场，然后根据目标市场的具体情况来设定营销方案，这就形成了市场定位策划。市场定位就是企业根据目标市场上同类产品的竞争状况，针对顾客对该类产品某些特征或属性的重视程度，为本企业产品塑造强有力的、与众不同的鲜明个性，并将其形象生动地传递给顾客，以获得顾客的认同。市场定位的实质是使本企业与其他企业严格区分开来，使顾客明显感觉和认识到这种差别，从而在顾客心目中占据特殊的位置。

传统观念认为，市场定位就是在每一个细分市场上生产不同的产品，实行产品差异化。事实上，尽管市场定位与产品差异化关系密切，但有着本质的区别。市场定位是企业通过为自己的产品树立鲜明的个性，从而塑造出独特的市场形象来实现的。一项产品是多个因素的综合反映，包括性能、构造、成分、包装、形状、质量等，市场定位就是要强化或放大某些产品因素，从而形成与众不同的独特形象。产品差异化是实现市场定位的手段，但并不是市场定位的全部内容。市场定位不仅要强调产品差异，而且要通过产品差异建立独特的市场形象，赢得顾客的认同。

二、市场定位的策划要素

(一)产品的特色

每个产品都有其不同的属性，企业可以依据这些属性特征进行定位。为了建立产品特色，首先要了解市场上竞争者的定位如何，他们要提供的产品或服务有什么特点；其次要了解顾客对某类产品各属性的重视程度；最后要考虑企业自身的条件。

策划练习

(1)海飞丝：头屑去无踪，秀发更出众。

(2)雀巢儿童专用奶粉：添加钙、铁、维生素等，帮助孩子成长得更好。

(3)强生婴儿洗发水：别让孩子为洗头而哭泣。

(4)小米：为发烧而生。

做一做：根据以上产品定位，指出其定位策划考虑的要素及成功之处。

_____

_____

_____

(二)树立产品市场形象

企业所确定的产品特色是企业有效参与市场竞争的优势，但这些优势不会自动地在市场上显示出来。要使这些独特的优势发挥作用，影响顾客的购买决策，需要以产品特色为基础，树立鲜明的市场形象，通过积极主动而又巧妙地与顾客沟通，获得顾客的认同。产品形象定位与企业发展战略目标密切相关。一个企业未来的发展目标既决定了企业的规模，同时也决定了企业未来的实力与产品形象。

以美妆品牌"花西子"为例，花西子注重打造自身的国风形象。从外包装、产品理念到产品工艺、品牌形象，花西子都体现了鲜明的国风美妆定位，从而吸引了大批热爱传统、热爱国风的消费者。

(三)巩固市场形象

顾客对企业产品的认识不是一成不变的。竞争者的干扰或沟通不畅，会导致产品市场形象模糊、顾客的理解出现偏差、态度发生转变。因此，企业建立产品市场形象后，还应不断地向顾客提供新的论据和观点，及时纠正与市场定位不一致的行为，维持和强化顾客对产品的看法与认识。

三、定位战略与方法

(一)定位战略

1. 避强定位

避强定位是指企业力图避免与实力最强的或较强的其他企业直接发生竞争，而将自己的产品定位于另一市场区域内，使自己的产品在某些特征或属性方面与实力最强或较强的对手有比较显著的区别。比如，冰泉品牌牙膏的定位，强调其属于口香牙膏，使本品牌的产品特征与其他产品区别开来，把牙膏分为口香牙膏与非口香牙膏。

这一战略的优点：使企业较快地在市场上站稳脚跟，并能在消费者或用户中树立形象，风险小。

这一战略的缺点：避强往往意味着企业必须放弃某个最佳的市场位置，很可能使企业处于较差的市场位置。

2. 迎头定位

迎头定位是指企业根据自身的实力，为占领较佳的市场位置，不惜与市场上占支配地位的、实力最强或较强的竞争对手发生正面竞争，而使自己的产品进入与对手相同的市场位置。

采取这一决策，一般应具备以下几个条件：①企业拥有资源，能生产出比竞争对手好的产品；②市场容量较大，足以容纳更多的产品；③企业实力与竞争者旗鼓相当，甚至略胜一筹，这样的定位与企业的经营实力相称，有利于充分发挥企业特长、信誉等诸多优势，赢得一定的市场份额。

这一战略的优点：竞争过程往往相当引人注目，甚至产生所谓的轰动效应，企业及其产品可以较快地为消费者或用户所了解，易于达到树立市场形象的目的。

这一战略的缺点：具有较大的风险性。

3. 创新定位

寻找新的尚未被占领但有潜在市场需求的位置，填补市场上的空缺，生产市场上没有的、具备某种特色的产品。当企业发现自身的产品难以与竞争者正面较量，或者发现这一潜在区域比原有区域更有潜力，在这种情况下可以采取创新定位战略。

在实行这一战略前，企业应该作进一步的可行性分析：①生产这种产品在技术上是否可行；②生产这种产品在经济上是否可行，企业能否获利；③是否有足够的购买者，需求潜力如何。如果上述问题的答案都是肯定的，那么这一决策很有可能取得成功。

4. 重新定位

企业在选定了市场定位目标后，如果定位不准确或虽然开始定位得当，但市场情况发生变化时，如遇到竞争者定位与本企业接近，侵占了本企业部分市场，或由于某种原因使消费者或用户的偏好发生变化而转移到竞争者时，就应考虑重新定位。

重新定位需要打破产品在消费者心目中所保持的原有位置与结构，使其按照新的观念在消费者心目中重新排位，以创造一个更有利于企业的新的秩序。这意味着必须先把旧的观念或产品从消费者的记忆中"搬出来"，才能把另一个新的定位"装进去"。

（二）定位方法

1. 侧重于产品本身的定位

（1）根据具体的产品特点进行定位。构成产品内在特色的许多因素都可以作为市场定位的依据，如所含成分、材料、质量、价格等。

（2）根据特定的使用场合及用途进行定位。为老产品找到一种新用途，这也是为该产品创造新的市场定位的好方法。

2. 侧重于对顾客的定位

（1）根据顾客得到的利益进行定位。产品提供给顾客的利益是顾客最能切实体验到的，也可以用作定位的依据。比如，长城汽车对2022年即将上市的"哈弗酷狗"，采用了征名形式，车辆的命名由用户投票来决定。该车有潮酷的外观及科技属性，主要诉求于"潮玩一族"的认同。

（2）根据使用者类型进行定位。企业常常试图将其产品指向某一类特定的使用者，以便根据这些使用者的看法塑造恰当的形象。

以顾客的年龄为例。不同年龄段的人有自己不同的需求特点，企业只有充分考虑这些特点，满足不同消费者的要求，才能够赢得消费者。例如，对于婴儿用品，营销策略应针对母亲而制定，因为婴儿用品大多是由母亲来购买的。

再如，针对顾客的个性定位，也就是考虑把企业的产品如何销售给那些具有特殊个性的人。这时，企业应选择一部分具有相同个性的人作为自己的定位目标，针对他们的爱好实施营销策略，就可以取得最佳的营销效果。

针对顾客使用状况的定位也是一种值得提倡的方法。比如，牙膏的定位通常主打美白、护龈、抗敏或消炎等传统功效，环亚集团旗下的冰泉品牌强调使用场合定位，主打"口气清香"这一社交情感需求，以时尚的"口香"牙膏概念迅速走俏。

3. 侧重于竞争对手的定位

定位理论中提到，定位是刺向竞争者的刀子，必须寻找竞争对手的弱点，以对手的弱点为切入点。侧重于竞争对手的定位不是通过取悦顾客的策略获胜，而是根据竞争对手的策略，寻找其不足或空白之处，这样的策略才是成功的定位。

研究竞争对手的产品定位，可以通过排比图法进行。所谓排比图，就是将挖掘出来的各产品属性排列出来，在每一属性上分别分析比较各个竞争品牌的各自定位表现，找出各竞争对手产品定位所利用的产品属性，最后在此基础上确定本企业产品定位中应该避免利用的产品属性。

值得注意的是，侧重于竞争对手的定位表述容易触犯法律规定。比如，"抢占第一"一直被定位理论认为是成功的定位方法之一。但让品牌占据消费者心目中主要位置，必须严格遵守《中华人民共和国广告法》和《中华人民共和国反不正当竞争法》。《中华人民共和国广告法》规定，广告不得含有虚假或者引人误解的内容，不得欺骗、误导消费者。广告主应当对广告内容的真实性负责。此外，在表述方面，《中华人民共和国广告法》第九条规定，使用"国家级""最高级""最佳"等用语属于法律规定的禁止情形。在定位表述方面，营销策划人员需要深入研究相关法律要求，做到知法、懂法、守法。

思 考 与 操 作

问题思考

1. 党的二十大报告提出"倡导绿色消费"。请分析今后绿色消费发展带来的相关市场机会。

2. 如何划分消费者购买行为类型？其划分的意义有哪些？

3. 消费品市场细分的具体标准有哪些？

4. 如何衡量市场细分标准的有效性？

5. 简述市场定位战略与具体定位方法。

实务操作

安徽省黟县宏村是著名的古村落之一。村落建于南宋绍兴年间，现保存明清民居140余幢。这些白墙黛瓦的古民居浓缩了古代徽派建筑的精华，还包括私家园林、书院和祠堂等公共设施，建筑组群比较完整。各类建筑都注重雕饰，木雕、砖雕和石雕等细腻精美，具有极高的艺术价值。宏村在品牌建设中始终围绕着文旅融合，使得初期以宏村为核心的旅游建设，逐渐扩展到南屏、关麓等地，形成黄山古镇旅游的三大品牌。

宏村在旅游开发中也不乏广泛的宣传，以开展"发布会""展览会"等多种形式进行促销活动；充分利用现代传播媒体，印制精美的宣传品，扩大宏村古村落的知名度。宣传中还引入了故事性发展要素。故事的设计，一方面以传承的态度重构当地的人文景观，而不是完全地再造；另一方面在前一原则下努力创造新的品类，并在这一品类中建立竞争优势。宏村的旅游开发充分将宏村及周边地区的旅游资源挖掘出来。新的运营模式，加之一系列连续有效的营销推广，宏村逐步走上旅游开发的成功之路。

资料来源：王雅琴. 安徽特色小镇品牌定位与形象传播研究[J]. 洛阳理工学院学报(社会科学版)，2019(05)：31-36.（有修改）

要求：党的二十大报告强调"扎实推动乡村产业、人才、文化、生态、组织振兴"。请根据党的二十大精神，为宏村未来发展提供策划要点。

代餐食品定位：先进的饮食理念抑或营销噱头

随着消费升级，代餐行业的消费趋势向多样化与个性化发展，代餐食品的定位也五花八门、各有侧重。

据北京日报记者在主流电商平台上调研，代餐食品中最常见的就是冲泡式的固体饮料，而且以新兴的互联网品牌为主。有的定位主张突出产品本身特点，如强调高蛋白，声称每瓶提供的蛋白质相当于多少个鸡蛋蛋白的含量；有的强调植物提取，在代餐粉中加入一些植物成分；也有的定位属于功能和用途定位，如对长期看电脑、早起工作、出差倒时差等不同人群提供不同功能的产品。代餐食品的定位迎合了不同消费群体对产品功能与效用的追求。艾媒咨询数据显示，38.02%的用户对代餐食品的需求点主要是体重管理，然后是美容、睡眠、防脱发等多种其他功效需求。

从定位角度来看，代餐市场有进一步细分的必要。但是代餐食品不是普通食品，其定位方式与普通食品的定位方式应有区别。随着代餐食品迅速发展，该行业产品良莠不齐、乱象丛生。代餐食品定位通常理应不同于普通食品定位，但现在代餐食品依照普通食品定位标准定位，在产品主张、定位诉求上缺乏约束。究其原因，当前国内并没有关于代餐食品的强制性标准，中国营养学会颁布的《代餐食品》团体标准，仅作为行业参考标准。代餐食品目前仍按照普通食品来管理。

代餐食品市场是一个潜力巨大的市场。根据艾媒咨询《2021年一季度中国代餐行业发展及市场调研分析报告》，中国代餐市场规模巨大，且不断扩大。从供给看，截至2021年2月，我国代餐行业企业数量达2 371家。产品结构主要是以麦片、代餐粉、蛋白棒及肉制品等品类为主。从需求看，受访用户中有超过七成偏好麦片，其次是代餐粉，占比45.4%。2020年市场规模已经达到476.2亿元。今后代餐市场将日益细分化、个性化。

代餐食品能替代正餐吗？代餐食品的营养状况也是一个突出的问题。2020年8月深圳市消费者委员会曾对10款网红代餐食品进行了测评，仅有3款样品营养配比表现较好。相关专家警告：代餐食品不可能包含所有的营养物质，不能完全取代正餐。因此，消费者仍需注意饮食的营养均衡搭配，也需同步进行适当的运动，不可盲目通过代餐食品进行瘦身。

资料来源：（有修改）

[1]陈雪柠. 先进的饮食理念还是营销噱头？千亿代餐市场谁来规范[N].北京日报，2020-09-14.

[2]艾媒数据中心. 代餐行业数据分析：2021Q1中国29.4％代餐消费者购买鸡肉制品月均花费100～150元[EB/OL]. 艾媒网，2021-10-12.

思考：

1. 你认为目前哪些代餐食品的市场定位比较有特色？

_____

_____

2. 从定位战略出发，选择几种代餐食品进行进一步的营销策划。

_____

_____

_____

扫描二维码，获取本项目的学习课件。

学习课件	项目总结
	_____ _____ _____

项目 4
顾客满意与产品策划

 学习目标

1. 了解与把握顾客满意战略策划在产品不同生命周期营销策划中的特点。
2. 掌握产品线和产品组合策划。
3. 理解新产品开发策划的主要步骤。

扫描二维码，获取本项目的微课视频。

微课视频	预习笔记

 走进营销策划

桂林灵渠自秦代开凿至今已有2 200余年历史，是秦时三大水利工程之一，与都江堰、郑国渠齐名。素有"世界古代水利建筑明珠"美誉的灵渠，因其连通湘江与漓江——北连湖广、南接北粤，成为我国古代的水运交通枢纽，为秦始皇开疆拓土、统一中国作出了重要贡献，也为促进岭南各族人民同中原的经济、文化交流发挥了巨大作用。经过历朝历代多次维修和改建，灵渠已成为古代水利科学和工程技术的结晶，同时也是历代水崇拜文化、水工程文化和边疆民族融合的活化见证，于2006年成功入选世界文化遗产预备名单，2018年8月成功申报世界灌溉工程遗产，物质文化遗产价值和非物质文化遗产价值兼备。目前景区内主要进行的游览活动是参观古运河的水利工程及地方乡土风光，主要景点包括铧嘴、大小天平、南北渠、泄水天平和陡门等。但近年来，随着景区发展速度的不断增快，也逐渐出现诸如旅游产品陈旧、体验活动不足、文化气息淡薄等问题，制约了景区的进一步发展。

为了解游客满意度，构建了景区游客满意度感知因子指标体系，并进行了相关调研。通过分析游客期望与实际体验之间落差，找出旅游活动环节中的优势与短板（具体见下述参考资料）。

相关调查表明：游客年龄、职业、月收入和旅游目的对旅游环境体验产生了较为明显的影响，原因在于目前景区游客主要构成为青年段学生、中年段职员、商人和老年段的退休人员。学生群体收入虽不高，但有着强烈的游历和求知欲，以欣赏自然美景和参观水渠堤坝为主要旅游目的，对景区户外自然环境状况较为敏感；中年段职员收入水平较高，因长期处于城市高压工作环境，出游目的以山水观光和乡村休闲为主，对景区的生态环境和乡村风貌质量要求较高；离退休群体收入较高，在景区内主要以山水观光和历史文化体验为主，对环境质量和地方文化较为关注。

景区目前高收入游客群体多来自珠三角和区内大城市，该群体以自驾游为主要出行方式，与当天往返的参团游客不同，在体验深度、游览自主性上有着较高需求，更加关注景区的问询、讲解等服务设施水平。

资料来源：梅骏翔，白洁莹，郑文俊.历史文化遗产型景区游客满意度研究——以桂林灵渠景区为例[J].桂林理工大学学报，2019(3)：765—773.（有修改）

思考：桂林灵渠景区的营销策划如何针对不同群体进行谋划？顾客满意度调研对于营销策划有什么意义？

_____

_____

_____

学 习 任 务

任务1 顾客满意战略策划

导入任务

通过相关知识的学习，了解顾客满意战略和顾客满意度的影响因素，掌握顾客满意战略策划的基本要点。

一、顾客满意战略概述

(一)顾客满意的概念

当前，市场的竞争主要表现在对顾客的全面争夺上，而能否拥有顾客，取决于企业与顾客的关系，以及顾客对企业产品和服务的满意程度。顾客满意程度越高，企业竞争力越强，市场占有率就越大，企业效益就越好。"组织依存于顾客"，让

"顾客满意"成为企业的营销战略。

顾客满意战略（customer satisfaction）又称 CS 战略。顾客满意战略策划（简称"CS 战略策划"）即从顾客的角度出发进行市场营销组合设计，以提高顾客满意度为目标，进行企业营销活动，以顾客满意程度作为指标，评价企业营销活动效果的方法、措施、策略等。

目前，CS 战略策划无论在我国还是在西方国家，都已经开始渗透各行各业。2021 年，品牌评级机构 Chnbrand 发布的 2021 年（第七届）中国顾客满意度指数（C-CSI）品牌排名和分析报告显示，满意度经营和管理非一时之功，对于用户需求的把握、精细化的管理都需要企业基于长期的战略和视角来进行思考与布局。只有基于企业可持续发展原则，才能为满意度提升提供充足的动力，为用户创造更高的价值，为品牌带来更强大的生命力。[①] 日本在 1991 年开展的一项有关"产品、服务的顾客满意度"调查显示，在所有的行业中，满意度平均值超过 50％的只有运用 CS 战略策划较为广泛的汽车业一个。1994 年，美国质量控制协会等机构首次公布了顾客满意度这一经营指标，显示 40 个不同行业的质量改进设施与其投资收益间的关系，结果显示，名列榜首的也是运用 CS 战略策划较多的汽车行业。

所谓顾客满意，是指一个人对一种产品感知到的效果与他的期望值比较后，所形成的愉悦或失望的感觉状态。如果效果低于期望值，顾客就不会满意，引起顾客抱怨，甚至顾客投诉；如果效果和期望值相当，顾客就满意；如果效果超过期望值，顾客就会高度满意或欣喜。就像购买衣服，衣服的使用价值不言而喻（冬衣的保暖，夏装的透气和凉爽等），如果仅此而已，顾客反应会很平淡；但是，如果对服装进行时尚设计、塑造品牌文化，使顾客获得更多的惊喜，那么就会使顾客感到有意想不到的收获，顾客就会感到满意。

（二）企业顾客关系

CS 战略策划以全新的视角来定义顾客的含义。

企业内部的顾客关系。不能只是片面地理解企业内部的顾客关系。它旨在强调企业家作用的同时，打造与员工的利益共同体，以人为本，增加企业的凝聚力与员工忠诚；强调员工或其群体构成对外部顾客供给循环的一部分。如果企业内部没有达到协调一致，也没有达到一定的服务水平，外部顾客服务体验势必受到影响，从而引发外部顾客的不满甚至丧失顾客忠诚。

企业外部的顾客关系。凡是购买或可能购买本企业的产品或服务的消费者都是企业的顾客。按照与企业的关系的密切程度，可将顾客分为三种。

第一种，忠诚顾客。忠诚顾客与企业、产品有稳固的联系，顾客长期使用企业的产品，他们是企业的效益保证。

第二种，游离顾客。游离顾客是指处于游离状态的客户，他们使用企业的产

---

① 梁倩. 顾客满意度管理进入到精细化管理时代［EB/OL］. 经济参考报，2021-07-20.

品，但不是非该企业产品不买；他们经常购置其他企业的产品，是一个处于流动状态的顾客群。这是企业应竭力留住的那部分客户。

第三种，潜在顾客。潜在顾客并不购买该企业的产品，他们不是企业的现实客户，但企业通过营销努力可以将其变成将来的顾客。

📖 相关链接

企业为什么要实施顾客满意战略

顾客是企业利润的源泉，如果没有顾客，企业也就失去了存在的意义。同时，顾客满意度直接关系到顾客忠诚，只有顾客满意了，才会忠诚于本企业，才会重复购买本企业的产品。

有研究表明，高度满意或欣喜的顾客会：①忠诚于公司更久；②购买更多公司生产的新产品，并提高购买产品的等级；③为公司及产品说好话；④忽视竞争品牌，对本公司产品的价格不敏感；⑤向公司提出产品或服务建议；⑥由于交易的惯例化，降低了服务成本。

二、顾客满意战略研究

(一)顾客满意指标

顾客满意指标(customer satisfaction index)是指用以测量顾客满意程度的一组项目因素或属性。

1. 企业内部 CSI

提倡顾客满意包括企业内部"顾客"的满意。对企业内部"顾客"的满意测验可以帮助企业了解经营状态、福利水平和员工意见，对改进和提高企业管理水平大有益处。

2. 企业综合 CSI

企业综合 CSI 是排除具体的满意指标，而用几个主要的综合性数据来反映顾客满意状态的指标体系。企业综合 CSI 主要包括以下几个方面。

(1)美誉度。美誉度是顾客对企业的褒奖程度。对企业持褒奖态度者肯定对企业提供的产品或服务满意。企业借助美誉度指标，可以知道自己所提供产品或服务在顾客中的满意状况。

(2)知名度。知名度是指顾客对企业产品或服务的了解程度。知名度、美誉度与忠诚度息息相关。如果顾客对某种产品或服务非常满意，他们就会在消费过程中放弃其他选择，而只购买该种产品或服务。

(3)回头率。回头率是指顾客消费了该企业的产品或服务之后再次消费、如果可能愿意再次消费或介绍他人消费的比例。当一个顾客消费了某种产品或服务之后，如果他十分满意，那么他将会再次重复消费；或者虽然不能重复消费，但却向亲朋好友大力推荐，引导他们加入消费队伍。

(4)抱怨率。抱怨率是指顾客在消费了企业提供的产品或服务之后产生抱怨的比例。顾客的抱怨是不满意的具体表现，但顾客的抱怨通常不直接表现出来，因此，必须通过直接征询顾客及了解其抱怨率。抱怨率是衡量顾客满意度的重要指标。

（5）销售力。销售力是指企业产品或服务的销售能力。通常，顾客满意的产品或服务有良好的销售力，而顾客不满意的产品或服务就没有良好的销售力。销售力也是衡量顾客满意度的指标。

(二)顾客满意级度

顾客满意级度（customer satisfaction measurement，CSM）是指顾客在购买与消费了相应的产品或服务后所获得的不同程度的满足状态。在 CS 战略策划中，必须建立顾客满意级度来衡量顾客满意的不同状态，从而制定相应的营销对策。

综上所述，顾客满意度是一种心理状态，是一种自我体验。对这种心理状态也要进行界定，否则就无法对顾客满意度进行评价。心理学家认为情感体验可以按梯级理论进行若干层次的划分，一般把顾客满意程度分成七个级度。表 4-1 对这七个级度的特征及具体表现进行了描述。

表 4-1　梯级理论中七个级度的参考指标

满意度级度	特　征	具　体　描　述
很不满意	愤慨、恼怒、投诉、反宣传	很不满意状态是指顾客在消费了某种商品或服务之后感到愤慨、恼羞成怒、难以容忍，不仅找机会投诉，而且还会利用一切机会进行反宣传，以发泄心中的不快
不满意	气愤、烦恼	不满意状态是指顾客在购买或消费某种商品或服务后所产生的气愤、烦恼状态等。在这种状态下，顾客尚可勉强忍受，希望通过一定方式进行弥补，在适当的时候，也会进行反宣传，提醒自己身边的人不要去购买同样的商品或服务
不太满意	抱怨、遗憾	不太满意状态是指顾客在购买或消费某种商品或服务后所产生的抱怨、遗憾状态等。在这种状态下，顾客虽然心存不满，但想到现实就是如此，也只能接受
一般	无明显正、负情绪	一般状态是指顾客在消费某种商品或服务过程中所形成的没有明显情绪的状态。也就是对此既说不上好，也说不上差，还算过得去
较满意	好感、肯定、赞许	较满意状态是指顾客在消费某种商品或服务时所形成的好感、肯定和赞许状态。在这种状态下，顾客内心还算满意，但离按更高要求还差之甚远，而与一些更差的情况相比，又令人欣慰
满意	称心、赞扬、愉快	满意状态是指顾客在消费了某种商品或服务时产生的称心、赞扬和愉快状态。在这种状态下，顾客不仅对自己的选择予以肯定，还会乐于向亲友推荐，自己的期望与现实基本相符，不存在大的遗憾
很满意	激动、满足、感谢	很满意状态是指顾客在消费某种商品或服务之后形成的激动、满足、感谢状态。在这种状态下，顾客的期望不仅完全达到，没有任何遗憾，而且可能还大大超出了自己的期望。这时顾客不仅为自己的选择而自豪，还会利用一切机会向他人宣传、介绍、推荐，希望他人都来消费

顾客满意级度的界定是相对的，顾客满意作为一种重要的消费心理活动，虽然有层次之分，但毕竟界限模糊，不同级度之间并没有明确、客观的界限。这里的级度划分只是一个相对的标准，用来测量顾客的满意水平，为 CS 战略策划提供决策的依据。随着市场营销研究的不断深入，通过大量的实证研究和心理分析，顾客满意级度会更加趋于准确。

(三)顾客满意度的影响因素

影响顾客满意度的要素包括产品本身、服务和其他(如环保等)方面。

产品的顾客满意度要素为使用产品所带来的充实感。它包括产品的效用，如性能目的的一致性与有效性、性能水准、性能的信赖性；还包括产品的使用，如使用的经济性、便利性，调度的经济性、便利性等。

服务的顾客满意度要素为接受服务所带来的充实感。它包括情绪性服务，如信用度、理解度、舒适度、畅快性；还包括机能性服务，如信赖性(正确性)、迅速应对、安全性、邻近性、简便性等。

企业不能只注重产品环节，局限于产品功能、质量品位、价格等方面的研究。事实上，顾客从开始意识到要消费某种产品直到将用过的产品废弃，这个过程包括付款、货物运输、安装、退换、维修、储藏等各个环节，顾客对这些环节往往都有个性化的要求，但通常企业很容易忽略这些环节。在产品功能、质量相似的情况下，如果企业能注意到顾客对这些环节的各种需求，就能获得更多成功的机会。

(四)顾客满意度的衡量方法

1. 投诉和建议制度

一个以顾客为中心的企业应该为其顾客投诉和提建议提供方便。许多饭店和旅馆都备有不同的表格，请客人表达他们的喜好和不满。医院可以在走廊上设建议箱，向病人提供评议卡。2021 年(第七届)中国顾客满意度指数(C-CSI)品牌排名和分析报告显示，Z 世代(1995 年至 2009 年出生的人)的满意度得分最低。如何有针对性地提高不同年龄段消费者的满意度，是值得企业思考的问题。建立投诉和建议制度或许是一个了解不同人群需求，快速采取行动的有效策略。

2. 顾客满意度调查

顾客满意度调查普遍采用的方法是在现有的顾客中随机抽取样本，向其发送问卷或打电话询问，以了解顾客对公司业绩各方面的印象；或向买主征求对竞争者业绩的看法；或要求应答者描述他们期望一个什么样的产品属性，以及他们实际得到的是什么(引申出来的不满意)；或要求应答者列出他们在产品上发现的任何问题和他们能建议的任何改进措施(问题分析)；或要求应答者按产品各要素的重要性进行排列，并对企业在每个要素上的表现作出评价(重要性、绩效等级排列)等。

在收集有关顾客满意度的信息时，询问一些其他问题以了解顾客再购买的意图是十分有用的。一般而言，顾客越是满意，再购买的可能性就越高。惠普公司的前主要负责人约翰·杨指出："根据我们的调查，10 个感到非常满意的顾客中有 9 个表示他们将确定无疑或者十有八九会再次从惠普公司购买产品，这种满意就转化成了利润。"研究表明，创造一个新顾客所耗费的成本是保持一个现有顾客的 5 倍。

3. 以"顾客"身份进行体验

收集顾客满意度情况的另一种有效途径是企业调研人员或管理者以"顾客"身份进入他们不熟悉的公司的实际销售环境及竞争者的实际销售环境，亲身体验作为"顾客"所受到的待遇。经理们也可以采用另一种方法，他们可以打电话给自己的公司，提出各种不同的问题和抱怨，看他们的雇员如何处理这样的电话投诉。

4. 分析流失的顾客

对于那些已停止购买或已转向另一个供应商的顾客，企业应该与他们接触一下，了解发生这种情况的原因。企业不仅要和那些流失的顾客谈话，而且还必须控制顾客流失率，如果顾客流失率不断增加，无疑表明该企业在使其顾客满意方面做得不尽如人意。

(五)顾客满意的实施策略

1. 树立顾客满意的经营理念

顾客满意的企业经营理念可以作为企业发展的动力，同时它又可引导决策，团结企业中所有的部门共同为顾客满意目标奋斗。华为笔记本近年来在市场上营销成功的原因就是华为企业始终重视顾客，考虑他们可能遇到的各种场景，包括商务人士的工作效率、智慧办公，学生的学习、互动交流及娱乐等。

2. 开发令顾客满意的产品

顾客满意，即企业的全部经营活动都要以满足顾客的需求为出发点，把顾客需求作为企业开发产品的源头。因此，企业必须熟悉顾客、了解用户，要调查他们现实的和潜在的需求，分析他们购买的动机和行为、能力、水平，研究他们的消费传统和习惯、兴趣、爱好。只有这样，企业才能科学地预测顾客的需求走向，确定产品的开发方向。

3. 提供顾客满意的服务

热情、真诚为顾客着想的服务能带来顾客的满意，所以企业要以不断完善服务系统，以方便顾客为原则，用产品具有的魅力和一切为顾客着想的行为等方面去感动顾客。售后服务是生产者接近消费者的直接途径，它比通过发布市场调查问卷来倾听消费者呼声的方法要有效得多。由此不难看出，今后企业的行为必须以"消费者满意"为中心。

4. 科学地倾听顾客的意见

现代企业实施顾客满意战略必须建立一套顾客满意分析处理系统，用科学的方法和手段检测顾客对企业产品或服务的满意程度，及时反馈给企业管理层，为企业不断改进工作、真正地满足顾客的需要服务。目前，很多国际著名企业都试图利用先进的传播系统来缩短与消费者之间的距离。益海嘉里根据京东大数据的反馈，发现一些年轻人在尝试自己做馒头、包子时，由于经验不足，面团发酵经常失败。益海嘉里基于此研发了一种自发粉，帮助消费者解决了这个难题。

三、顾客服务满意策划

(一)顾客服务满意概述

服务满意的英文是 service satisfaction，缩写为 SS。顾客服务满意是指企业为使顾客感到满意并最终成为忠诚顾客而向他们提供与本企业产品销售、使用、保养、处置有关的一切劳务活动。

顾客服务与服务行业的服务不同，它不是一种独立于产品之外的、当作商品直接出售给顾客、以盈利为目的的劳务活动，而是以支持产品销售为目的。顾客服务中的一系列项目通常都是免费或仅以成本价提供给顾客的。

顾客服务的三要素——时间的迅速性、技术的准确性、承诺的可靠性，是衡量顾客服务质量水平高低的标准，也是体现顾客对服务是否满意的主要指标。

1. 时间的迅速性

时间的迅速性是指企业对顾客的反应灵敏度与行动的迅速性。从问题的产生开始，顾客对企业的不满往往也就随之产生。从心理学的角度来分析，不满的程度是和时间成正比的，时间拖得越长，对企业就越不满意。因此，企业必须把彻底消除不满的这一段时间控制得尽可能短。这就要求企业既能快速地掌握顾客遇到的问题，又能在发现问题后迅速予以解决。

2. 技术的准确性

这里的技术包括采用的方法、措施、策略等。因为顾客服务是建立顾客忠诚的有效手段，所以对企业是否能准确掌握顾客的需求，以及有的放矢地针对顾客开展活动提出了很高的要求，有的放矢才能取得事半功倍的效果。例如，长城汽车在2020年年初遇到新冠疫情带来的车企和用户线下沟通机会减少等问题时，先后对几款新车进行网上征名，最终以顾客喜欢的名字命名，并取得了不凡的市场表现。

3. 承诺的可靠性

承诺的可靠性是指企业对确定的服务内容是否严格执行。承诺的可靠性既是衡量企业顾客服务水平的指标，也是衡量企业管理水平的指标，它和企业的信誉与形象紧密联系在一起。因此，企业必须不惜代价地执行其承诺。可以这么说，顾客服务的成功很大程度上取决于承诺的执行与兑现。

(二)顾客服务的类型与内容

1. 顾客服务的类型

从销售服务的角度来讲，其顾客服务类型包括：①按服务时间与销售时间的关系，可分为售前服务、售中服务和售后服务；②按销售服务与产品技术的关系，可分为技术性服务与非技术性服务；③按顾客服务与商品买卖过程的联系程序，可分为基本服务、连带服务和附属服务；④按销售对象的不同，可分为消费者服务和企业服务；⑤按服务的地点，可分为定点服务和巡回服务；⑥按销售服务的收费要求，可分为免费服务与收费服务；⑦按顾客服务的作用，可分为可靠性服务、指导性服务、及时性服务和善后性服务；⑧按销售服务的时间，可分为终身服务、长期服务、中期服务和短期服务。

2. 顾客服务的内容

顾客服务的内容繁多，但归纳起来主要有以下几个方面：①接纳顾客和访问顾客；②咨询服务，包括业务咨询服务与技术咨询服务；③质量"三包"服务，即包修、包换和包退；④安装和调试；⑤产品配件供应；⑥技术培训；⑦巡回检修；⑧特种服务。

策划练习

我国顾客满意度指数呈现稳定发展趋势

根据 2021 年（第七届）中国顾客满意度指数（C-CSI）品牌排名和分析报告，我国顾客满意度指数（C-CSI）平均得分为 79.5 分，历经连续两年高速增长后，呈现稳定发展趋势。该报告由品牌评级权威机构 Chnbrand（中企品研）发布。

报告显示，消费者满意度最高的 20 个品类中，快速消费品占 55%，服务业仅占 30%，这些跻身于 20 强的服务业品类基本都是依托互联网迅速崛起的新兴服务产品，如手机银行、搜索引擎、地图类 App 等，其中第三方支付平台更是在全品类满意度得分中位居榜首。

不同人群的顾客满意度表现出明显的差异，"60 后"的满意度最高，而 Z 世代的满意度则持续处于较低水平。不同消费人群在满意度方面的差异要求企业进一步细分市场，进行精细化管理。企业为此需要从广度上对不同群体的需求进行广泛调研，需要从深度上不断深耕产品、服务、品牌，实现顾客满意度进一步提升。

资料来源：（有修改）

[1]永文. 2021 年中国顾客满意度指数（C-CSI）研究成果发布[EB/OL]. 中国日报，2021-07-21.

[2]吕红桥. 中国顾客满意度指数显示：服务业满意度最低，Z 世代最"挑剔"[EB/OL]. 央广网，2021-07-21.

做一做：

1. 收集互联网资料，找出消费者满意度低的品类进行分析，提出改进措施。

_____

_____

2. 找出 Z 世代满意度低的原因，提出解决对策。

_____

_____

任务2 产品概念与产品生命周期不同阶段的策划

导入任务

通过实践体验或市场走访，明确产品概念，了解产品生命周期理论，把握产品生命周期各阶段的营销策划。

一、营销策划角度的产品概念

产品的本义是"生产出来的物品"，是指人们通过生产劳动而直接获得的物质成果，如农产品、畜牧产品、水产品和工业产品等。后来被引申为"可以满足人们需求的各种成果"，包括物质产品和非物质产品。

在市场经济领域中，产品概念的内涵变得更加丰富，外延变得更加宽广。它不仅包括有形的、具有物质属性的实物，还包括无形的、能够满足人们某种需求的非物质属性的服务，如金融服务、旅游服务、咨询服务、教育服务和医疗服务等。因此，从营销策划的角度界来看，产品是指提供给市场，能够满足人们的某种需求，并且可供使用或者消费的某种东西，包括有形的物品、无形的服务和创意或它们的组合。

在现代市场营销观念中，产品是一个系统概念，即企业销售给消费者的不仅仅是产品本身，还包括与产品相关的一系列服务，从而构成现代市场营销的产品体系，习惯上称之为产品整体。菲利普·科特勒将产品整体分为五个层次：核心产品、形式产品、期望产品、延伸产品和潜在产品。五个层次从顾客价值需求角度形成一个有机组合的系统，更准确地体现产品整体概念的内涵与外延。

(一)核心产品

核心产品是指消费者希望得到的产品的基本效用或利益，是产品的核心价值或最主要的部分。从根本上说，每一种产品的实质都是为解决问题而提供的服务。消费者的买点或企业的卖点正是产品的核心价值所在，也正是消费者的需求所在。营销人员向顾客销售任何产品，最终目的是满足消费者的这种需求或愿望。例如，旅客购买航空服务，他们需要的不是乘坐飞机本身，而是为了快捷，如果延误了时间，就失去了乘坐飞机的意义。

(二)形式产品

形式产品是指产品核心价值或利益借以实现的形式，是企业提供给消费者的产品实体或服务的形式。对于实体产品而言，它包括产品的质量、形态、特征、数量、商标及包装等要素。例如，消费者在购买通信产品时，除了通信功能以外，还会考虑产品的外形、颜色、品牌等。

对于非实体性产品而言，它则包括服务质量、形式、程序、人员、时间、品牌等。

（三）期望产品

期望产品是指消费者在购买产品时，期望得到的与核心产品密切相关的一整套属性和条件。例如，旅客对旅游服务公司的期望除了导游将他们带到指定的景点外，还包括住宿、交通、用餐、解说、娱乐，甚至必要的购物环节。这些期望产品得不到满足，会影响顾客对服务或实物的再次购买。

（四）延伸产品

延伸产品是指消费者购买某种产品时所获得的各种附加利益的总和，包括产品说明书、质量承诺、免费送货、上门安装、售后维修、技术培训及赠品等。良好的延伸产品已经成为现代市场营销一个不可或缺的组成部分。

（五）潜在产品

潜在产品是指现有产品包括所有附加产品在内的，可能发展成为未来最终产品的潜在状态的产品。潜在产品是现有产品可能的演变趋势和前景。人工智能、大数据和云计算技术，向扩展现实、全息影像等技术发展，带来生产和生活新场景，产生虚实无界的超现实交互产品。

二、产品生命周期理论

产品进入市场后，它的销售量和利润都会随时间的推移而改变，有一个诞生、成长、成熟和衰老的过程，就如同人的生命一样，这就是产品的生命周期。产品生命周期（product life cycle，PLC）又称产品寿命周期，是指一种产品从试制成功后推向市场到被市场淘汰为止所经历的全部时间过程。产品进入市场标志着产品生命周期已开始，产品退出市场则说明该产品生命周期已结束。因此，研究和制定产品进入和退出市场的策略是企业生存发展的重要一环。

产品生命周期不同于产品使用寿命。产品使用寿命是指产品的耐用程度，是产品在使用的过程中，实体使用价值持续的时间，如磨损、消耗等，受产品质量、使用程度及维护保养等因素影响；而产品生命周期是指产品的市场经济寿命，是产品的经济价值在市场上的变化过程。产品生命周期的起点是该产品开始投入市场，终点是该产品退出市场或者被市场淘汰。

现代市场营销将产品生命周期分为四个阶段：投入期（introduction stage）、成长期（grouth stage）、成熟期（maturity stage）和衰退期（decline stage）。在产品生命周期内，销售额和利润额随产品进入市场时间的长短而发生变化，这种变化所形成的曲线被称为产品生命周期曲线。产品生命周期曲线及产品生命周期各阶段的特征，如图 4-1 所示。

（一）投入期

投入期的主要特点是销量低、成本高。新产品投入市场，消费者和经销商对产品还不了解，只有少数追求新奇的顾客购买，产品销售量很低。基于技术方面的原因，产品不能大批量生产，生产成本很高。为了扩展销路，需要大量的广告费用和其他促销费用，产品销售价格偏高，销售额增长缓慢。企业不但难以获得利润，反而可能出现亏

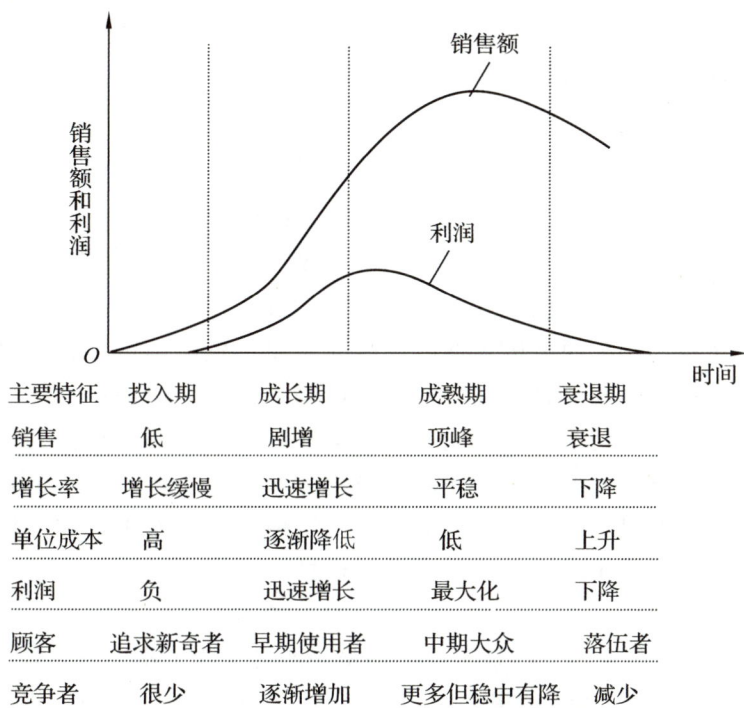

主要特征	投入期	成长期	成熟期	衰退期
销售	低	剧增	顶峰	衰退
增长率	增长缓慢	迅速增长	平稳	下降
单位成本	高	逐渐降低	低	上升
利润	负	迅速增长	最大化	下降
顾客	追求新奇者	早期使用者	中期大众	落伍者
竞争者	很少	逐渐增加	更多但稳中有降	减少

图 4-1　产品生命周期各阶段的特征

损，企业承受的风险较大。但是，这一阶段由于新品入市，竞争对手也比较少。

（二）成长期

成长期的主要特点是销售额剧增，利润增长迅速。消费者对产品已经熟悉，逐渐接受该产品，产品已经在市场上站稳脚跟，大量的新顾客开始购买，市场需求量不断上升，市场占有率逐步扩大，销售额迅速上升。产品大批量生产，规模效益开始显现，生产成本逐渐降低。随着产品市场声誉日益提高，促销压力也逐渐减小，形成相对稳定的顾客群，销售成本降低，利润也迅速增长。竞争者看到有利可图，开始进入市场参与竞争，同类产品供给量增加，开始出现少数仿冒造假者。

（三）成熟期

成熟期的主要特点是销售达到顶峰，增长平稳，利润最大化。新产品被广大消费者接受，产品进入大批量生产阶段并稳定地占据市场，产量和销售量都达到顶峰。随着购买产品的人数增多，市场需求趋于饱和，潜在的顾客开始减少，市场需求增长速度出现下降，销售额增长缓慢甚至下降，市场竞争逐渐加剧。企业为了巩固市场占有率，降低产品售价，增加促销费用，并且不得不在产品规格、花色、包装、服务等方面加大投入，使经营成本再度增加，利润下降。

（四）衰退期

衰退期的主要特点是销售衰退，利润下降。随着市场竞争加剧，消费者消费习惯发生改变甚至转向新的产品或替代品，产品在市场上已经老化，市场需求降低，产品的销售量和利润持续下降。为了维持生产和销售，产品价格降到最低水平，各种促销手段已经不再起作用，多数企业由于无利可图而陆续停止生产、撤出市场。至此，该类产品的生命周期基本结束。

三、产品生命周期各阶段的营销策划

（一）投入期策划

在产品刚推向市场的投入期，策划目标是开拓市场，创造产品和品牌的知名度，提高目标顾客的试用率。为此，在产品策划方面，一般只推出最基本的产品，产品的特色不多，产品的花色品种也不多；在定价策划方面，由于顾客往往会根据产品的价格去判断新产品的质量和性能，因此，要定较高的价格，通过价格来传达有关产品的质量和档次的信息；在分销渠道策划方面，一般采用选择性分销，强调所选择的渠道能指向早期使用者，这是因为早期采用者往往是舆论的领导者，他们对其他顾客群具有很强的影响力；在广告策划方面，在新产品上市之初，广告要有一定的声势，广告类型可以采用告知类广告，以便在早期使用者和经销商中建立产品知名度；此外，在营业推广方面，要大力促销，吸引试用。

（二）成长期策划

在成长期，营销策划的目标是实现市场份额的最大化。这一方面是为了迅速抢占市场机会，另一方面也尽量不给新进入者留下太多的市场空白，市场占有率往往也是一种市场壁垒。为此，在产品策划方面，在进入成长期之后，经过了一段时间的摸索，企业在技术方面有更多的积累，于是企业可以在提高产品质量的同时增加产品的功能和特色，这样，产品的花色品种也增加了，扩展了产品线的长度；在定价策划方面，可以采用渗透定价，这一方面是为了迅速占领市场，为新进入者设置最低规模壁垒，另一方面是通过产量的急剧扩张来迅速降低产品成本；在分销渠道策划方面，可以采用密集性分销，扩大渠道覆盖面，迅速占领各主要渠道，并巩固与渠道的关系，为新进入者设置渠道壁垒；在广告策划方面，由于大部分消费者已经听说过这种产品，广告类型要由原来的告知类广告逐步转向利益诉求类广告，在继续提高产品与品牌知名度和美誉度的同时，激发顾客的购买欲望，树立品牌形象；在营业推广方面，由于在成长期市场销售迅速上升，企业可以减少这方面促销的力度。

（三）成熟期策划

在成熟期，营销策划的目的是保护市场份额，争取利润最大化，在争取早日收回成本的同时，把利润投到一些新业务上。为此，在产品策划方面，企业可以改进产品，对产品进行更新换代，使品牌和样式多样化，具体包括质量改进、特色改进和式样改进；在定价策划方面，由于在成熟期，价格是维持市场份额、应对竞争的重要手段，产品定价在考虑产品的顾客感知价值的同时，为了竞争的需要，可以采用竞争导向的定价法，与竞争对手抗衡或击败竞争对手；在分销渠道方面，为了充分利用市场机会，企业一方面可以建立更密集的分销，从广度和深度上拓展市场，另一方面也可以在成熟期的后期考虑撤掉那些不盈利的渠道，把资源和力量转移到重要渠道上，以加强在重要渠道上的竞争优势；在广告策划方面，采用品牌形象诉求广告，强调品牌

利益和本品牌与其他品牌的差异性；在营业推广方面，应加大促销力度，以保留老顾客并吸引竞争对手的顾客，同时也应鼓励顾客购买本企业的新产品。

（四）衰退期策划

在衰退期，营销策划的目的是削减支出、降低成本，把现金流投向企业的新业务。为此，在产品策划方面，企业要对产品线上的各个品目进行梳理，逐步淘汰销售疲软的产品品目或产品线；在定价策划方面，衰退期产品的价格是市场竞争的主要手段，企业可以采用降价以保护和维持市场份额，避免过早被竞争对手挤出市场；在分销渠道策划方面，应采用选择性分销，逐步淘汰无利润的分销网点，并将撤出的资源投向盈利的渠道或全新产品的销售上；在广告策划方面，由于该阶段顾客对各个企业的同类产品都已非常了解，广告的作用非常有限，因此，应把广告减少到维持绝对忠诚者需求的水平；在营业推广方面，到了衰退期，顾客对价格非常敏感，企业可以维持一定的促销力度，以避免产品的大量积压。

产品生命周期理论对营销活动具有十分重要的启发意义，为营销策划提供了具体的指导。但是，在具体进行营销策划时，企业应结合自身和市场的实际情况灵活运用，不得盲目照抄照搬。

产品生命周期各阶段的营销策划，如表 4-2 所示。

表 4-2 产品生命周期各阶段的营销策划

策划目标和策略	投入期	成长期	成熟期	衰退期
策划目标	开拓市场，创造知名度，提高试用率	市场份额最大化	保护市场份额，争取利润最大化	削减支出，降低成本
产品策划	提供基本产品	提高产品质量；增加产品的功能、特色，扩展产品线	改进产品，使品牌和样式多样化，包括质量改进、特色改进、式样改进	逐步淘汰销售疲软的产品品目或产品线
定价策划	较多采用以顾客感知价值为导向的定价方式	渗透定价	与竞争对手抗衡或击败竞争者价格	降价
分销渠道策划	选择性分销	进入新的细分市场；密集性分销，扩大覆盖面	建立更密集的分销网络，从广度和深度上拓展市场；撤掉不盈利渠道	选择性分销，逐步淘汰无利润的分销网点；转投盈利渠道或全新产品的销售
广告策划	告知类广告：在早期使用者和经销商中建立产品知名度	利益诉求类广告；激发兴趣；在大众市场建立知名度；树立品牌形象	品牌形象诉求广告；强调品牌利益；强调与其他品牌的差异性	减少到维持绝对忠诚者需求的水平
营业推广	大力促销，吸引试用	减少促销	加大促销力度；鼓励品牌转换	维持一定促销力度

📖 案例分析

进入成熟期的平板电脑需要作出改变

根据中金企信国际咨询公布的《2022—2028年中国笔记本电脑转轴市场发展规划及投资战略可行性预测报告》，近年来，智能手机、平板电脑、笔记本电脑、智能穿戴设备等产业发展迅猛，推动了电子功能性器件的发展。智能手机、平板电脑、笔记本电脑等都开始进入成熟期，相对增速有所减缓，但产品更新换代、技术革新速度较快。进入成熟期的平板电脑市场同样存在增速放缓甚至下降问题，激烈的市场竞争也暴露出同质化问题严重、售后渠道不健全等问题，加上用户需求的变化，内外环境都需要对平板电脑作出改变。

从消费者需求方面看，消费需求的多样性，导致人们对电子类产品的外观、功能、体积、价格、品牌等的需求具有差异性，推动电子类产品向个性化、定制化、时尚化方向发展。

平板电脑的定位一直在变化。从平板的演变史来看，它始终处于笔记本电脑与智能手机之间，虽然最早iPad从形态上改变了笔记本粗重的形式，但平板在性能与用途上始终难以取代笔记本，转而以大尺寸智能手机抢占手机份额。智能手机进入成长期后，平板电脑转向大屏，主打"生产力工具"。平板电脑的市场定位一直变化不定，让人看不清未来。

从网络浏览、在线视频播放到移动办公，消费变化催生平板电脑的性能和定位作出改变。差异化的市场需求对平板厂商构成机遇与风险：用更全的产品线满足消费者应用需求，还是走向进一步细分化？这些问题都有待厂商解决。

资料来源：（有修改）

[1]洋梓科技.平板未来，洞见平板电脑的市场变化[EB/OL].搜狐网，2021-11-16.

[2]中金企信国际咨询.笔记本电脑转轴行业优势企业竞争战略研究及上下游全产业结构市场规模分析预测[EB/OL].搜狐网，2022-02-10.

思考： 从营销策划角度为进入成熟期的平板电脑提出发展建议。

🖌 策划练习

国内插座市场已步入成熟期，未来出路何在？

国内家电龙头企业的主营业务已步入成熟期。以插座市场为例，按照能否移动，可将插座分为移动式和固定式两大类，前者以各类接线板为代表，后者主要是墙壁插座。在移动式插座市场，公牛、小米、飞利浦等企业是主要的参与者，市场格局相对集中；在固定式插座市场，代表性企业有公牛、西门子、施耐德、罗格朗、西蒙、松下、正泰、德力西、欧普等品牌，市场格局相对分散。

就市场渗透而言，插座单价较低，消费者因需购买，渗透率已经较高，新增需求主要受新房建设和家庭拥有的家电数量增长所驱动。现阶段，我国房建市场和家电市场均已步入成熟期，增速有限，不足以驱动插座需求继续快速放量。因此，从发展前景看，插座市场已步入成熟期。

资料来源：薛洪言. 步入成熟期的家电龙头，还值得关注吗？[EB/OL]. 人民日报，2021-12-21.（有修改）

做一做：通过互联网资料收集，进一步了解国内插座市场的成熟期现状，为龙头企业规划下一步的发展方向。

_____

_____

_____

任务3 产品组合和产品线策划

导入任务

借助相关内容，了解产品组合的概念，掌握产品组合策划的基本方法。

一、产品组合的概念

现代企业为了适应消费需求和市场的变化，扩大销售额，分散经营风险，往往通过经营多种产品或业务来满足消费需求，增加利润。

产品组合是指一个企业在一定时期内所生产或销售的全部产品、产品项目的组合，也称产品的各色品种集合（product assortment）。它反映了一个企业生产和销售产品或经营业务的结构，由企业经营的全部产品线和产品项目构成。

相关链接

产品组合的相关概念

影响产品组合效益的因素有四个，分别是产品组合宽度、产品组合深度、产品组合长度和产品组合的相关度。下面以浙江正泰电源电器有限公司新产品组合为例加以说明，如表4-3所示。

表4-3　浙江正泰电源电器有限公司新产品组合

项目	产品组合宽度					
	变压器	启动箱	稳压电源	漏电保护器	电压互感器	调压器
产品组合深度	TDR系列电源变压器	XJZ1系列自耦减压启动控制箱	全自动补偿式单、三相电力稳压器	NJL2漏电保护器	JDZ6-1型电压互感器	接触调压器
	NSK系列三相干式变压器	JJ1系列自耦减压启动控制箱	直流电源	鉴相鉴幅漏电保护器	JDZ-1电压互感器	电动接触调压器
	三相干式变压器		交流精密净化稳压器		JDG4-0.5电压互感器	
	控制变压器		高精度全自动单、三相交流稳压电源			
	低压非晶合金变压器		挂壁式单相交流稳压电源			

产品组合宽度是指企业产品组合中产品线的数量。在表4-3中，该产品组合的宽度为6。

产品组合深度是指企业所经营的每一条产品线所包含的产品品种数目的平均数。在表4-3中，第1条产品线变压器有5个产品项目，第2条产品线启动箱有2个产品项目，第3条产品线稳压电源有5个产品项目，第4条产品线漏电保护器有2个产品项目，第5条产品线电压互感器有3个产品项目，第6条产品线调压器有2个产品项目。因此，该新产品的组合深度为$(5+2+5+2+3+2)\div6\approx3.17$。

产品组合长度是指企业产品组合中所有产品项目的总数。在表4-3中，该企业新产品的组合长度为$5+2+5+2+3+2=19$。

产品组合的相关度是指企业所经营的产品组合中各产品线的近似度或相似度，如产品的性质、最终用途、工艺或材质、目标市场等。

二、产品组合策划

一个企业往往不只生产一类产品。比如，娃哈哈集团的产品线涉及含乳饮料、饮用水、碳酸饮料、果汁饮料、茶饮料、保健食品、罐头食品、休闲食品等。企业在产品线策划的基础上要进行产品组合策划，以便使企业的所有业务组合更为合理。

在进行产品组合策划时，常用的工具是波士顿矩阵。该矩阵是由著名的波士顿咨询公司开发，如图4-2所示。根据这个矩阵，企业的业务可以分为四类：如果某项业务处在低增长的行业，企业的这项业务的市场占有率又低于竞争对手，这类业务称为瘦狗类业务；依此类推，其他三类业务分别是问号类、明星类和现金牛类业务。

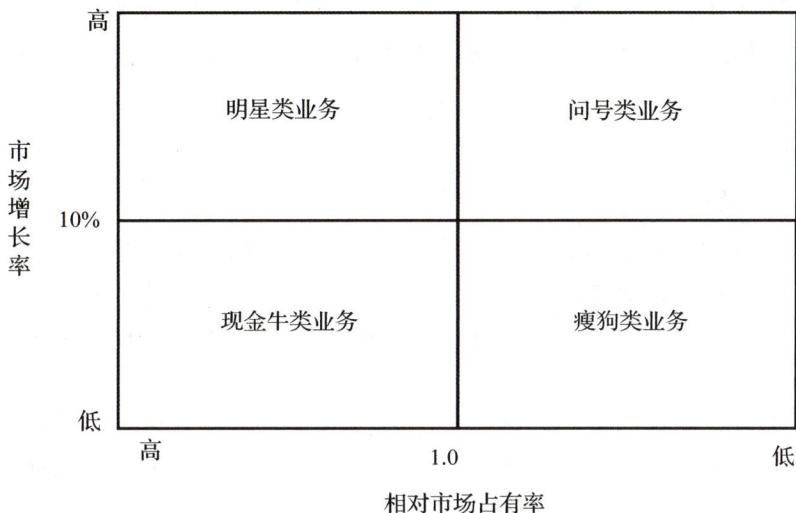

图4-2 波士顿矩阵

在此基础上，企业可以根据业务类型分配资源。

对于瘦狗类业务：一方面，企业不具备竞争优势；另一方面，企业所处的行业也没有发展前景（如夕阳产业）。企业可以对这样的业务进行清算或剥离，把获得的资源用于发展明星类业务。

对于问号类业务：它们处在高速发展的行业，但企业不具备竞争优势，如企业刚刚进入一个新行业。一方面，企业需要把一部分问号类业务发展为将来的明星类业务；另一方面，如果企业的问号类业务太多，将造成企业现金流的枯竭，导致财务危机。因此，应该有选择地进行处理，选择一部分最有潜力的问号类业务加以发展，剩下的问号类业务可以采取清算或剥离等处理方式。

对于现金牛类业务：一方面，企业占据明显的竞争优势，是市场领先者；另一方面，这些业务所处的行业已不具备更多的发展空间。鉴于这类业务的特点，企业不必再追加大量投资，但也要分配适当的资源以维持现状，把这类业务获得的正现金流投向明星类业务。

对于明星类业务：企业需要投入大量的资金来保持其高速增长和巩固其市场竞争地位，以击败其可能的竞争对手。所以，明星类产品是企业的现金消耗者而不是现金生产者，需要占用或投入较多的资金。一旦明星类产品的地位稳固后，它就可以成为企业的高盈利项目。因此，企业需要加大对于明星类业务的投资，以支持其迅速发展。

在决定企业的业务组合和资源分配的时候，波士顿矩阵是一个非常有用的工具，为企业的决策者提供了一个清晰的思路。但是，波士顿矩阵跟其他许多工具一样，也存在一些缺陷：第一，它用相对市场份额来代替企业的竞争优势，用市场增长率来代替行业的吸引力，不管是竞争优势还是行业吸引力，显然不能用单一指标来表示，应该分别采用指标体系。第二，市场增长率如果不跟 GDP 增长速度进行比较，也没有意义。总之，波士顿矩阵为企业业务组合策划提供了很好的思路，但是在具体应用中也要注意到该工具的缺陷。

三、产品线策划

(一)产品线的概念

在进行产品线决策的时候，应先了解两个概念：产品线和产品品目。所谓产品线，就是一组具有相同功能或相似功能的产品。比如，家电里面的洗衣机就是一个产品线。产品线由若干个产品品目组成。比如，洗衣机的不同规格、型号、花色等就是具体的产品品目。

产品线策划主要是关于产品线的长度的调整，即一条产品线所包括的产品品目的数量的调整。如果增加一个产品品目能增加利润，说明原来的产品线太短；如果减少某个品目能增加利润，说明这条产品线太长。

(二)增加产品线的长度

增加产品线的长度有以下两种方法。

1. 产品线延伸

(1)企业产品线向下延伸。企业产品原来处在高端市场，现在向下延伸。其原因或目的主要有：填补市场空白，否则，这个市场空白会吸引新的竞争对手；对竞争对手在高端市场发起的进攻作出回应；发现低端市场成长很快，对企业有吸引力。

(2)企业产品线向上延伸。企业产品原来处在低端市场，现在向高端市场延伸。其原因或目的主要有：高端市场发展快或者利润高，对企业很有吸引力；把自己定位为产品线完整的企业；向上延伸，提高产品的档次。

(3)企业产品线双向延伸。由中端市场同时向高端市场和低端市场延伸。

2. 产品线填充

在现有的产品线上增加新的产品品目。其原因或目的主要有：增加利润；让顾客有更大的选择空间；满足中间商的需要；有效利用过剩的生产能力；成为产品线完整的企业；填补市场空白，阻止竞争者进入。

(三)缩短产品线的长度

有时缩短产品线反而会使整条产品线的总利润上升，这是因为削减了占利润比重很小的产品品目，可以节约成本、集中优势发展占利润比重大的产品。一般是削减两类产品：一类是利润很低或不盈利的产品，另一类是处于竞争劣势的产品。

📖 **相关链接**

美的聚焦核心业务发展产品线

从 1993 年到 2009 年长达 17 年的高速扩张期，美的各个事业部发展速度迅猛。由于各事业部经营相对独立，如同一个个小发动机，在管辖业务范围内，可自行决定该产品项目并投资生产。美的所涉及的业务领域广泛、业务扩张快速。

制造业转型的本质是打造精致产品，为用户提供更好的产品与服务。聚焦核心业务，专注、专一才能做精品。为此，美的不盲目跟风斥巨资投入互联网，从多元化回归专业化，潜心聚焦产品创新、产业升级与效率提升。精简产品线后，美的产品型号大幅减少。大幅压缩产品线意味着即使研发经费总投入增加不多，但分摊到每一产品线的研发经费却大幅增加。研发强度（研发投入占总销售收入之比）的显著改变，使各事业部各产品线的产品和技术研发效率得到极大提升，新推出的爆款产品利润也明显提升。新品和爆款的推出与迭代频频提速，受到市场和用户的追捧。质量、规模、效益与效率的全面提升，为美的逆势飞扬打下了坚实基础。

资料来源：邵安菊. 美的：聚焦核心，先减后加[J]. 企业管理，2017(12)：64-66.（有修改）

🖊️ **策划练习**

我国自主品牌新能源汽车发展势头强劲

自 2021 年以来，随着海外市场需求逐步恢复，中国汽车品牌凭借日益提升的质量、技术和服务，在海外市场的出口量持续增长，"走出去"步伐明显加快。

现在中国新能源汽车不仅出口到南美、东南亚、西亚、欧洲市场，而且出口到比利时、英国、德国等市场的新能源汽车数量还在快速增长。

如今的汽车消费市场更加多元化，消费者更青睐自主品牌新能源汽车。在新能源汽车消费者中年轻人占很大一部分，他们对自主品牌更加信任。随着消费人群重塑及消费升级影响扩大，自主品牌有望借机摆脱以往的低端化形象。

借助新能源汽车的先发优势，中国汽车产业不再是被甩在后面的追赶者，部分企业已经成为全球新能源汽车领域的领跑者之一。

资料来源：刘瑾. 中国汽车走出漂亮上升线[N]. 经济日报，2021-12-27.（有修改）

做一做：从产品线角度分析我国自主品牌新能源汽车走向国际市场的营销战略。

任务4　新产品开发策划

导入任务

通过市场调查或访问，选择一个产品类型，根据生活的需要构想出该类产品的新品种或新功能。在此基础上了解新产品开发策略，掌握新产品开发的步骤。

一、新产品开发的战略意义

任何一个产品都有退出市场的时候，而且随着技术的发展和消费者需求的不断变化，产品生命周期日益缩短。企业要在市场竞争中站住脚，必须不断地研究和开发新产品。

新产品开发是现代企业最重要的活动之一。以我国自主品牌轿车在全球市场发展为例，在新能源时代，自主品牌轿车一反燃油车时代在核心技术上受制于人的劣势，紧紧抓住机遇，进行新产品开发。比如，2021年长城汽车在全球销售新车128万辆，同比增长15.2%。在技术研发领域的巨额投入，是推动长城汽车收入增长的一个核心要素。根据该公司制定的"2025战略"，未来5年其研发总投入将达到1 000亿元，着力提升电动化、智能化水平。

二、新产品开发的方式

(一)独立开发

独立开发是指企业独立进行产品的全部开发工作。这对企业的科研能力和技术力量提出了较高的要求，而且投资大、风险高。但若开发成功，则会给企业提供较好的发展机会。

(二)科技协作开发

科技协作开发是指企业与高等院校、科研机构协作进行新产品开发。这种方式花钱少、见效快，既能较好地利用外部科研技术，又能促进企业自身技术的进步，并保证产品的先进性，是企业新产品开发的一个重要途径。目前，这种方式已被大多数中小企业所采用，许多大型企业也很重视这种方式。

(三)技术引进

技术引进是指企业通过引进国内外的成熟技术进行新产品的开发。一般采取购买专利权、获得许可证或特许权、合资经营或直接收购其他企业等途径。这种方式有利于企业争取时间，缩短与竞争对手在技术上的差距，也有利于企业的产品迅速达到世界先进水平，从而进入国际市场。

三、新产品开发的策略

(一)挖掘消费者需求的开发策略

满足消费者需求是新产品开发的基本出发点。消费者需求可分为现实需求和潜在需求。企业开发新产品时，应把精力放在捕捉、挖掘市场的潜在需求上，并尽可能地扩大市场。

(二)挖掘产品功能的开发策略

挖掘产品功能的开发策略是指通过改进老产品，使其增加新的功能、新的用途，从而获得新生并重新占领市场。比如，智能手表在对用户的心率、睡眠质量等进行监测的基础上，加上监测血压、血糖、血氧等精细指标的功能。

(三)制定边缘产品的开发策略

边缘产品是跨行业的多功能产品，如既可书写又可计时的电子笔，结合洁齿与治牙痛等功效的牙膏等。边缘产品是各行业相互渗透的结果，能满足消费者的多种需求，因此，边缘产品有着广阔的市场。

(四)利用别人优势的开发策略

利用别人优势的开发策略是指通过购买专利权、许可证或特许权等方式获得其他企业现成的技术，为开发本企业的新产品提供服务。企业采用该种策略可以节省大量的研究时间，从而使产品能够尽快上市，获得先机。

相关链接

消费升级呼唤信息消费新产品、新业态

近年来，各地运用5G、人工智能等前沿技术，培育了一批信息消费新产品，形成新业态、新模式，以满足市民生活新需求。

宁波以信息消费示范城市建设为契机，为人们提供丰富的数字生活新体验。目前，宁波的公交地铁已经实现全地域、全线路"银联闪付"，移动支付建设水平走在全国前列。而在宁波和义大道停车场，一辆车缓慢地行驶，只见停车杆自动抬杆、放行。原来，停车场应用了中国银联的无感支付技术，用户在云闪付App的"智慧停车"中绑定车牌号和银联卡，在指定停车场即可通过车牌识别技术，快速自动扣费。

宁波本土首个零售生鲜电商平台"小6买菜"，通过大数据精准预测采购数量，提高采购效率，通过智能化分拣机制，实现严格的品控管理，配合智能化统筹调拨系统、配送路线智能规划系统确保交货质量，并将采购、品控、仓储、配送、售后等环节与平台一起纳入数字化管理。"宁波云医院"已实现配药功能，在网上完成就诊后，如果医生开了药，药品可以由患者到附近的药房去取，或者由平台直接配送到家。

资料来源：郁进东.宁波信息消费新产品、新业态、新模式不断涌现——快来体验智慧生活[N].经济日报，2021-10-23.(有修改)

四、新产品开发的步骤

(一)创意的产生

新产品开发从产生创意开始。一般来说，企业需要多个创意才能开发出一个好产品。在杜邦公司，3 000个创意才能产生1种成功的产品；在医药行业，则需要

6 000～8 000个。新产品创意主要来源于销售人员、顾客、竞争者、分销商、供应商等，其中以销售人员和顾客最为重要。这是因为销售人员长期活动在市场的第一线，对顾客的需要和竞争对手的产品非常了解。同时，顾客也会通过建议、抱怨等方式向销售人员传达其对企业产品的反馈。这些都是企业开发新产品的重要信息来源。

（二）创意的筛选

创意筛选是指删掉不好的创意，留下好的创意。新产品开发过程越到后期，成本会越高，因此，企业不得不淘汰掉大部分创意，只留下那些有可能转化为好产品的创意。

（三）产品概念的开发和测试

有吸引力的产品创意进入下一个阶段——产品概念的开发。产品概念与产品创意不同：产品创意仅仅是企业想向市场提供某种产品的一种设想，而产品概念则是用有意义的消费者术语来表达的一个详细的构想。产品概念开发出来之后，还需要对其进行测试。

（四）市场营销战略开发

产品概念测试结果如果令人满意，下一步就是营销战略开发。营销战略开发通常包括三部分内容：第一部分描述目标市场、定位，前两年预计的销量、市场份额和利润目标；第二部分概述产品的定价、分销和第一年的营销预算；第三部分描述长期的销售目标、利润目标和营销组合策略。

（五）商业分析

企业一旦确定了产品概念和营销战略，就可以进行商业分析，以评价产品概念的吸引力。商业分析是要评价这种新产品概念预计的销量、成本和利润，以确定这种产品概念是否符合企业的目标。

（六）产品开发

产品概念如果通过了商业分析，就进入产品开发阶段。在这个阶段，研发部门或工程部门会把产品概念变成实物产品。

（七）市场测试

产品如果通过了功能测试和消费者测试，下一步就是市场测试，即把产品和营销计划放在一个更为现实的市场环境中接受测试。测试内容包括定位、广告、分销、定价、品牌、包装和预算水平等。市场测试为营销者在花大量的费用把产品全面推向市场之前提供营销经验。

（八）新产品上市

市场测试为管理者最终决定是否要推出这种产品提供了依据。企业在推出新产品之前，要确定新产品上市的时间、地点和价格等。

📖 案例分析

海信冰箱推出新产品，构建冰箱新生态

2021年海信冰箱全力布局全形态全场景真空产品，推出一系列真空冰箱产品。

研究表明，在真空休眠下能够有效防止食材氧化，大大延长食材的储存时长。为此，海信真空冰箱解决用户的多重储鲜难题，针对不同食材储鲜温度的变化，设置了冷藏变温空间，果蔬、0℃、冰鲜三档调温，满足不同食材的存储需求。

"真空保鲜"这一概念已然成为海信冰箱的标签。海信未来致力于发展多种真空保鲜方式，布局新的产品线，满足不同用户的个性化需求。

思考：你如何理解海信的新产品开发理念？

_____

_____

_____

策划练习

卫龙是辣条行业的头部品牌，其生意虽然火爆，但也面临着市场竞争加剧等方面的问题。2017年，三只松鼠推出了"约辣"系列辣条产品，7个月实现销量480万份；良品铺子和盐津铺子也分别在2018年、2019年推出辣条系列产品。

但仍有不少消费者认为辣条重油、重盐、重糖，对健康不利。卫龙也曾努力扭转这一形象，邀请媒体、网红进厂参观，拍摄全自动流水线的加工过程；同时还开展花式营销，推出各种深入人心的辣条周边产品。

资料来源：刘欢. 卫龙上市再进一步，火爆辣条生意暗藏产品单一、渠道单一隐忧［EB/OL］. 新京报，2021-11-22.（有修改）

做一做：如果你是某一家辣条生产厂家的营销部经理，请根据辣条市场环境与竞争状况制订一份简单的产品策划方案。

_____

_____

_____

思考与操作

问题思考

1. 简述产品生命周期各阶段的营销策划。

2. 试述产品组合与产品线策略。

3. 试用波士顿矩阵来分析某个企业的具体业务。

4. 分析企业产品线向上延伸与向下延伸的优缺点并举例说明。

5. 简述新产品开发的步骤。

6. 如何进行顾客服务满意策划？

实务操作

格力电器产品在市场上获得高度认可，先后荣获"中国质量奖""卓越质量品牌""质量技术奖"等国内外质量相关荣誉。

自2004年起，格力电器围绕空调上游核心零部件先后布局了压缩机、电容、电工、电机、阀件、铸件、高端装备、芯片设计等业务。近年来，格力电器通过开拓新能源商用车配套业务，形成了从锂电池材料、锂电池、新能源整车、储能系统设备到动力电池梯次利用等产业链布局。

格力在技术创新与多元化发展的同时，也在不断提升服务水准。格力推出"十年包修政策"，直接把空调企业的竞争焦点拉回到产品品质和售后服务上，通过服务优势击败竞争对手，推动空调行业的良性竞争。从产品品质方面看，一台格力空调要经过8 000名质检员和862项质量检测程序才能下线出厂，以确保产品质量的极致化。

资料来源：（有修改）

[1]王强. 格力电器：入主盾安环境加速产业整合，多元化再迈一步[N]. 华夏时报，2021-11-20.

[2]梁振鹏. 率先十年包修，格力推动空调产业向价值链高端演进[EB/OL]. 腾讯网，2021-03-13.

要求：格力电器从哪些方面实现顾客满意？请对格力电器的顾客满意战略提出几条建议。

_____

_____

_____

课程思政

卖农产品也要增强消费者的情感体验

近年来农产品开始拥抱短视频、直播带货，形成农产品营销新潮流。在四川大凉山，盐源苹果从"养在大山人不识"到闻名遐迩的"网红苹果"，通过电商销售已经成功打造出亿级产业。孝感市"七仙红"桃产业直播基地，通过"抖音＋电商＋农户"的模式销售数量惊人的桃子。

中国农业大学智慧电商研究院和艾媒研究院联合发布的《2021年中国农货新消费发展研究报告》显示，中国农产品网络零售额2020年已达到6 107亿元。76.5％的消费者表示愿意在相同的线上农货消费平台消费，八成受访网民对中国农货消费发展持乐观态度。农货的网络消费与农村电商互相推动，形成良性循环。瞭望智库发布了《2021农村电商发展趋势报告》，报告称农村电商的发展不仅是一场重塑农业生产要素的革命，也是乡村振兴背景下实现国家现代化的一个重要历史机遇。在这样的历史机遇面前，农产品的营销也发生了革命性的变化。

农产品直播带货已经从一般短视频拍摄发展到促进消费者情感体验的营销艺术。成都市邛崃市固驿街道军田村新农人梁凯，从2021年7月下旬开始直播预售猕猴桃，短短一个月卖掉了9 000多斤。不仅如此，梁凯还通过短视频，与网友分享果园的景色和田间劳作的景象，同时介绍选购、保存水果的知识与方法。随着故事营销走俏，梁凯也掌握了讲好产品故事的重要性及技巧。他的直播间除了各种促销活动外，还通过"果树认领"方式让果树成长融入消费过程，引发消费者情感体验。

农产品线上销售平台不仅卖产品，也是弘扬乡村文化和传统文化的重要阵地。乡村文化在乡村呈现不同的姿态，广泛存在于农舍建筑、田间劳作、农产品与农作物以及民风民俗之中。农产品直播带货，可以展现乡村的文化传统，展现乡村新变化、新面貌、新成果，无论是乡村的建筑还是田园风光、乡土民俗，在农产品销售中都可以借机进行诠释，触发人们的情感共鸣。总之，农产品营销也是落实乡村振兴战略，加快推动乡村文化振兴的重要途径。

资料来源：（有修改）

[1]史晓露. 农产品"云端"走俏，直播变成"新农活"[N]. 四川日报，2021-10-06.

[2]魏际刚. 让直播融入农产品供应链[N]. 人民日报，2021-09-15.

[3]雷昊."数字＋农业"923农产品直播电商节为乡村振兴赋能[EB/OL]. 人民网，2021-09-28.

思考：

1. 为什么说农产品营销关系农民收入和亿万群众的美好生活？具体体现在哪些方面？

_____

_____

_____

2. 你认为农产品营销应该从哪些方面提升顾客的满意度？

_____

_____

_____

扫描二维码，获取本项目的学习课件。

学习课件	项目总结
	_____
	_____
	_____

项目 5

品牌战略与 CIS 策划

1. 了解和掌握品牌、品牌价值的内涵及其构成与评估。
2. 掌握品牌策划的类型及各个环节应把握的关键点。
3. 了解名牌的基本特征和名牌建设的重要性。
4. 掌握企业形象策划的内容、重点及流程。

扫描二维码，获取本项目的微课视频。

微课视频	预习笔记
	_____ _____ _____

走进营销策划

2021 年吉利汽车总销量为 132.8 万辆。自 2017 年以来，吉利 5 年蝉联中国品牌乘用车年销量冠军。

前不久，吉利集团发布"智能吉利 2025"战略，该战略的发布推动吉利走向智能化时代，开启吉利在新能源、自动驾驶、智能网联、智能座舱等核心技术领域的智能科技生态体系。5 年时间，吉利汽车集团旗下各品牌将推出超过 25 款全新智能新能源产品。吉利还将建立超过 2 000 家数字化智慧门店。

2022 年以来，吉利汽车与雷诺集团进行紧密合作，积极推动技术输出。

有业内人士认为，在中国汽车历史上，鲜有中国品牌的核心技术输出到发达国家市场，吉利汽车核心技术的输出，是中国本土汽车公司技术进步的佐证。

资料来源：唐柳杨. 雷诺与吉利成立合资公司，在韩国生产和销售 CMA 架构

车型［EB/OL］.第一财经网，2022-01-21.（有修改）

思考：引进国外技术是我国汽车市场发展的一大特征，外资品牌、技术通常被视为汽车产品宣传的亮点。吉利此举对于我国汽车工业发展有何启示？

_____

_____

_____

学习任务

任务1 品牌与品牌价值

导入任务

通过课堂学习，使学生比较全面地掌握品牌的概念、价值构成与作用，充分认识在经济全球化背景下品牌的重要性，了解品牌价值评估方面的内容，并能运用于营销实践活动。

一、品牌概述

（一）品牌的概念

企业的品牌战略与企业形象对于产品参与市场竞争并获胜有着至关重要的意义。首先，一个好的品牌本身具有识别商品的功能，为广告宣传等促销活动提供了基础，对消费者购买商品起着导向作用；其次，好的品牌形象会使品牌赢得好的声誉，有利于新产品进入市场；最后，名牌商品对顾客具有更强的吸引力，有利于提高市场占有率。企业为了在竞争中取胜，必然要精心维护品牌的商誉。创名牌的过程必然是产品质量不断提高和树立企业良好形象的过程，而企业在提高了知名度、美誉度的同时也促进了名牌建设。因此，企业形象策划与品牌维护、名牌建设是相辅相成的。

品牌是生产者或销售者用来表明自己产品或服务身份的名字、名称、标志、符号、设计或者它们的组合，其目的是识别某个生产者或销售者的产品或服务，并使之同竞争产品或服务区别开来。

（二）品牌价值的构成

所谓品牌价值，是指产品通过品牌所带来的收益。假设一种不使用品牌的产品，通过生产、销售能达到一定的利润，创造一定的价值，但这种产品在使用了品牌之后，产生使用品牌后的额外利润，与这部分额外利润相联系的价值即品牌价值。

品牌价值包括两个核心部分：一是品牌的外在消费价值，如某品牌质量有保障、有良好的售后服务，这样的品牌比较值得消费者信赖，意味着该品牌已经完成了外在消费价值的积累，这是品牌经营的立业之本；二是品牌内在的社会价值，可以满足消费者在精神上的需求，可以满足消费者在社会情感、自我表达等方面的需求，尽可能塑造品牌忠诚度，这是品牌经营的常胜之道。

(三)品牌的作用

1. 品牌是产品品质的延伸

品牌作为产品品质的延伸，已经得到了绝大多数顾客的认同。在购买一件商品时，如果这个商品的品牌尚未形成，不能对顾客快速作出购买决定起主导作用，我们可以视此商品仍停留在较低层面的经营格局，将来的重点是如何提高品牌认知度及满意度，使商品由较低级的品质竞争过渡到品牌竞争层面。同样，如果在某类商品中不存在明显的优势品牌，则说明这个市场存在着较大的市场机会，可以考虑通过差异化策略和 CS 策略占据市场。由此可以得出，品牌有代言商品品质的作用，这其实也暗示了品牌对于商品消费价值体现的重要作用。品牌往往蕴含顾客利益。

2. 品牌可以暗示顾客进行自我归属

顾客在对品牌进行选择时已经受到了来自品牌的暗示而自发地进行了自我归属。比如，吉利汽车的领克品牌，暗示其客户群体是互联网时代的都市年轻人。顾客在选择领克品牌的时候，就会受其品牌价值宣传的影响。对一个追求前沿设计理念和科技的人来说，如果购买吉利轿车，更大可能性是选择领克而不是豪越；而对于追求休闲(如喜欢垂钓)又讲求实惠的一族来说，显然豪越更适合。这就是品牌的核心价值所在，它可以暗示消费者对自己进行层次归属，品牌代表的就是你生活的"圈子"。

3. 品牌可以提升消费者的层次

品牌让消费者产生一种品牌价值联想——如果他消费了某品牌，他就置身于这个"圈子"之中了。

4. 品牌具有传播性

品牌传播是一个系统工程。通过品牌的有效传播，实现品牌与目标市场的有效对接，品牌为广大消费者和社会公众所认知并认可，得以迅速发展。品牌传播也是形成品牌文化的重要部分，本身就具有广告效应。品牌传播与品牌形象相互推动，形成品牌的活力，并赋予品牌经济价值。根据英国品牌评估机构 Brand Finance 发布的《2021 年全球品牌价值 500 强报告》，茅台品牌具有 453.33 亿美元的品牌价值。可见，优秀的品牌本身就代表着竞争能力与文化属性，能够给企业带来提升竞争力的效应。

二、品牌价值评估

品牌价值评估已经成为国际品牌竞争的重要领域。国际上对品牌价值的评估主要以货币价值评价为主。一些国际知名机构都开发建立了自己的品牌货币价值评估方法和模型。比如，国际品牌集团 Interbrand 在品牌评价方面创立了品牌评价标准，其主要评选年度"全球最佳品牌100强"，并在我国发布"中国最佳品牌50强"。品牌金融集团 Brand Finance 是英国知名的资产估值和市场品牌战略咨询公司，主要评价全球最具价值的品牌。

我国也有相应的国家标准和规定。2013年3月，国家标准《品牌评价　品牌价值评价要求》(GB/T 29187－2012)实施。该标准将品牌价值定义为"以可转让的货币单位表示的品牌经济价值"，并指出品牌的货币价值代表品牌在其预期的有效经济寿命期内所具有的经济利益。通常，货币价值应参照现金流进行计算，现金流应参考收入、经济利润或成本节约来确定。该标准规定了品牌价值的测算程序和方法的要求，规定了品牌评价的框架，包括目的、评价基础、评价途径、评价方法、合格数据源及假设，同时规定了评价结果的报告方法。

我国在品牌评价国际标准的基础上，进一步研究了影响品牌价值的重要因素，提出从有形资产、质量、技术创新、服务和无形资产五个方面对品牌价值进行综合评价。2021年11月，国家标准《品牌价值要素评价　第3部分：质量要素》(GB/T 29186.3－2021)实施。该标准规定了在品牌价值评价过程中对影响品牌价值的质量要素的评价要求，包括评价的基本要求、评价指标体系、指标测量和结果测算。

相关链接

"十四五"时期劳务品牌建设要迈上新台阶

劳务品牌是有着鲜明地域标记、过硬技能特征和良好用户口碑的劳务标识。劳务品牌多数集中在手工艺制造、建筑、家政服务、餐饮等劳动密集型行业，如"粤菜师傅"、山西"吕梁山护工"等；在品牌建设上，有的立足当地资源、挖掘当地传统工艺，如江苏"扬州三把刀"等；有的结合市场需求和农村劳动力转移就业需求，如陕西"紫阳修脚师"等；有的依托能人返乡创业、当地产业项目发展，如吉林"辽源织袜工"等。

人社部、国家发改委等二十部门印发《关于劳务品牌建设的指导意见》，对"十四五"期间劳务品牌建设提出三方面具体目标：一是建立一个支持体系，围绕增加品牌数量、提高品牌质量、发挥品牌效应，建立健全劳务品牌建设的促进机制和支持体系，创造良好环境；二是形成一个打造体系，省市县分层打造推出本地叫得响的品牌，在此基础上全国推出一批地域鲜明、行业领先、技能突出的领军劳务品牌；三是着力提升劳务品牌知名度、认可度和美誉度，树立劳务品牌良好社会形象。

　　资料来源：姜琳. 培育一批叫得响的劳务品牌——专访人社部负责人[EB/OL]. 人民网，2021-11-10.（有修改）

策划练习

　　近年来，随着我国居民收入水平的不断提高，创意小家电作为一种创造消费需求的升级产品，市场空间巨大。但随着众多家电厂商纷纷进入，使得市场竞争更加激烈。

　　小熊电器是以国内市场为主的小家电企业。作为小家电的后起之秀，小熊电器拥有超过60个产品品类、500多款产品型号，产品使用对象涵盖幼儿、青年、中老年等人群。小熊电器的新产品，从设计到上市，大概半年。爆款产品的频出，基于庞大的用户数据分析。

　　肠粉是广东最常见的街头小吃之一，小熊电器设计团队经过头脑风暴，决定设计一款肠粉机，让每个人在家里就可以做广式肠粉。产品设计出来并上市后，广东市场没有火，却在海外火了。2019年第一代肠粉机上市，海外1个月就销售近5 000台。肠粉机的成功，让小熊电器深刻意识到产品的背后是文化。比如，汽锅机的设计创意，就源自云南当地的饮食文化。

　　资料来源：刘宏宇. 小熊电器：洞察力有多深市场就有多大[N]. 经济参考报，2021-12-10.（有修改）

　　做一做：收集资料，为小熊电器制定国际化品牌发展战略。

_____

_____

_____

任务2　品牌策划

导入任务

　　通过案例分析和实践资料展示，掌握品牌策划的概念，了解品牌策划的主要类型及各个环节应把握的关键点，激发品牌策划的兴趣。

一、品牌使用策划

企业要不要给产品建立一个品牌？

最早的品牌大约出现在中世纪的欧洲，当时的行会组织要求手工业者在他们的产品上加印标记，以保护他们的产品声誉，并使消费者不受劣质产品的损害。随着现代经济的发展，品牌化趋势发展迅猛。过去，对于大米、面粉、食用油等产品，消费者已习惯购买无品牌的商品。但随着经济的发展和人民生活水平的提高，大米、面粉等农产品被加工成小包装，加品牌出售，消费者也已经认牌购物。而某些生产比较简单、选择性不强的小商品，大多数未加工的原料产品及那些不会因生产商不同而形成不同特色的商品仍然可以使用无品牌策略，这样可以节省费用，降低价格，扩大销售。

二、品牌归属策划

企业究竟是使用本企业（制造商）的品牌，还是使用经销商的品牌，或两种品牌同时兼用？

在这个问题上，厂商可以有以下四种选择。

第一种，厂商使用自己的品牌。

第二种，厂商把产品卖给中间商以后，中间商使用自己的品牌（也称商店品牌或分销商品牌），或者企业替销售商或其他生产厂家定牌生产。

第三种，厂商也可以使用特许品牌，即支付一定的费用，获得某种商标的使用权。比如，玩具生产商通过支付一定的费用，获得"迪士尼"这个品牌的使用权。

第四种，厂商还可以和其他公司一起，同时在一个产品上使用两家公司的品牌。这种情况经常发生在两个著名品牌兼并后，厂商舍不得放弃其中的任何一个品牌，于是干脆同时用两个品牌。

三、品牌战略策划

在品牌战略方面，企业究竟是巩固已有品牌，还是发展新品牌？

在这个问题上，企业有产品线延伸、品牌延伸、多品牌和新品牌四种选择，如图 5-1 所示。

		产品	
		老	新
老 品牌		产品线延伸	品牌延伸
新		多品牌	新品牌

图 5-1　品牌战略选择

比如，娃哈哈集团以前生产果奶，从一种果奶发展到好几种果奶，都使用"娃哈哈"这个品牌，这种品牌战略称为产品线延伸；进入饮用水行业后，还使用"娃哈哈"这个品牌，由于果奶和饮用水属于不同的行业，因此，这一品牌战略称为品牌延伸，即原来用在某类产品上的品牌，现在用在另一类产品上。至于多品牌战略，宝洁公司经常采用。比如，宝洁公司的洗衣粉在不同的国家采用不同的品牌，这是典型的多品牌战略。

四、品牌数量策划

是所有的产品使用一个或几个品牌，还是产品分别使用不同的品牌？在这个问题上，企业大致有以下几种决策方式。

一是统一品牌名称。企业的所有产品都使用同一种品牌。对于那些享有很高声誉的著名企业，选择采用统一品牌名称策略，可以充分利用其名牌效应，使企业所有产品畅销。同时，企业宣传介绍新产品的费用开支也相对较低，有利于新产品进入市场。

二是个别品牌名称。企业决定不同的产品使用不同的品牌名称。采用个别品牌名称，可以分散风险，企业的整个声誉不会因某种产品而受到影响。比如，一向生产高档产品的企业推出较低档的产品，如果这种新产品采用新的名称，企业就不会因为低档产品而影响其名牌产品的声誉。

三是各大类产品独立使用不同的品牌名称。企业使用这种策略，一般是为了区分那些容易互相混淆的不同大类的产品，或是生产同一大类的产品。企业是为了区别不同质量水平的产品而使用该策略。采用这种策略，企业可以将生产的不同大类的产品区分开来，以便在不同大类产品领域中树立品牌形象。

四是个别品牌名称与企业名称并用。企业决定其多种不同的产品分别采取不同的品牌名称，但在品牌名称之前加上企业的名称。企业多把此种策略用于新产品的开发。在各种不同新产品的品牌名称上加上企业名称，可以使新产品享受企业的声誉；而采用不同的品牌名称，又可使各种不同的新产品显示不同的特色。

五、品牌质量策划

决定使用自己品牌的企业，如何管理品牌质量？

品牌质量是指使用该品牌的产品质量，主要反映该品牌产品的耐久性、可靠性、精确性、易于操作和便于修理等有价值的属性。企业应根据不同的市场状况及消费者对产品的需求状况，决定是采用一般质量策略、高质量策略，还是采用优质量策略。

一般来说，企业的投资收益率会随品牌质量的提高而提高，但不是直线上升。企业应选择高质量品牌策略，即选择成本与收益最佳组合的质量水平。当企业选定最初质量水平后，如何管理品牌质量成为重要问题。企业根据市场的变化情况，既可以提高品牌质量，也可以保持品牌质量。在这一问题上，企业应做到灵活机动，及时调整品牌质量，以使企业收益最大化。

六、品牌名称策划

一个好的品牌名称有利于产品的成功，然而，取个好名字很难。企业要仔细地审视产品及其利益、目标市场和既定的营销战略。

一般来说，理想的品牌名称应该具备以下几个特点。

一是能使人联想起产品的利益和质量。比如青岛啤酒，其品牌名称就直接向顾客传递青岛是个啤酒文化植根深厚的、拥有悠久啤酒工业历史的城市。再如咸亨品牌，人们大都知道鲁迅小说《孔乙己》中有一个"咸亨酒店"，而就其字面意思来看，"咸"按照《尔雅·释诂》的解释是指"皆"，"亨"即通达顺利。这个品牌直接让人联想到顺畅欢快，很好地表达了酒的功能。当然，品牌命名必须遵守《中华人民共和国商标法》的有关规定。

二是容易拼写、识别和记忆。比如，长城汽车旗下的长城皮卡、坦克品牌，容易被识别与记忆。

三是独特。大连韩伟集团的"咯咯哒"商标就非常独特，不仅读起来朗朗上口，而且十分生动形象。

四是品牌的名称应该能容易翻译成外文。有的品牌名称的汉语意思很好，但当把它翻译成外文的时候，如果翻译得不好，容易出现灾难性的后果。

七、品牌重新定位策划

企业是坚持一贯品牌定位，还是采用新定位？

当企业的竞争者推出一个新的品牌而抢占了本企业的市场，使本企业的市场占有率下降，或者消费者的需求发生变化时，企业要进行品牌重新定位。品牌重新定位要在充分调查研究潜在顾客和竞争者情况的基础上，对本企业品牌进行再定位。

📖 案例分析

惠山泥人品牌让传统技艺焕发新的活力

惠山泥人是无锡三大著名特产之一。据传，无锡泥人始于宋代，以惠山脚下的泥土制成。此泥土细腻韧糯，可塑性强，难以折断。故无锡泥人又称惠山泥人。

作为无锡靓丽的文化名片，惠山泥人以"阿福阿喜"闻名，是一项精美复杂的手工艺品，在2006年被列入第一批国家非物质文化遗产名录后，涌现了大批惠山泥人从业艺人。惠山泥人让传统技艺焕发新的活力，坚持"旅游＋非遗互动体验"，集展览、互动、培训、销售于一体，年接待量达20万人次，激发了双创活力。惠山泥人推动了相关就业岗位的开发和地方经济的发展，当地相关从业人员达200人，年均带动就业2 500余人次，形成了一条规模化、专业化、特色化的产业链。

惠山泥人一方面打造了无锡的独特文旅特色，另一方面也带动了产业发展，在传承非遗技艺的同时，助推经济发展和百姓就业。

资料来源：人力资源和社会保障部. 打造一批叫得响的劳务品牌！来看看它们的故事[EB/OL]. 人民日报，2021-10-22.（有修改）

思考：像惠山泥人这类劳务品牌建设需要在哪些方面发力，才能实现"十四五"时期发展目标？

_____

_____

_____

策划练习

2001年，格兰仕的微波炉产量高达1 200万台。但是，微波炉在不断的"价格战"之后利润降低。此时，格兰仕深知微波炉业务难以支撑其持续成长的要求，须寻找新的利润增长点并伺机转型，跃上新台阶。2000年9月，格兰仕宣布：将投资20亿元进军空调及其他大家电行业。因为空调的市场容量比较大，利润也高，人们对空调的需求量不断增加。格兰仕试图通过产品多样化来降低投资风险、扩大企业规模，建立自己独特的市场地位。

资料来源：刘辉，马升梅，李川，许建华. 格兰仕专业化到多元化的战略回归分析[J]. 时代金融，2017(03)：199-200.（有修改）

做一做：20多年过去了，你对格兰仕当初的举措有何评价？请分析格兰仕品牌定位的变化。

_____

_____

_____

任务3　名牌建设与CIS策划

导入任务

通过相关内容的学习，了解名牌的基本特征；在市场调查的基础上，收集企业形象标识，掌握CIS策划流程。

一、名牌建设

随着市场经济的发展及竞争的国际化，我国企业已充分意识到名牌的作用，名牌意识逐渐加强，也形成了一批国内外知名品牌，如海尔、娃哈哈等。名牌的作用在于它的名牌效应——聚合效应、磁场效应和带动效应。名牌以此为基点，带领产品、企业向前发展。名牌作为企业资产，在市场开拓、资本扩张、人员聚合等方面都会给企业带来影响，是企业走向成功的"法宝"。

名牌具有以下几个基本特征：一是优越的质量和服务，二是较高的知名度与美誉度，三是较高的市场占有率，四是良好的经济效益和持续的发展势头。

由此可见，名牌是指在市场竞争中脱颖而出的、为广大消费者所认可的、具有优越的质量和服务、高知名度与美誉度、高市场占有率、高经济效益和持续发展势头的商品。

策划练习

国内汽车业"自主三强"积极拓展海外市场

经过多年发展，有着"自主三强"之称的吉利、长城和长安，在国内已经初步具备了与世界主流汽车品牌进行竞争的实力。

在国内市场积极需求品向上突围的同时，吉利积极开拓海外市场。吉利以其旗下各品牌的独立运作，扩大规模化效应、协同占领技术制高点，使各品牌在全球市场中更具竞争力。该品牌分别在比利时安特卫普、德国柏林、西班牙巴塞罗那、法国巴黎及意大利米兰等地陆续开设体验店。

"自主三强"都拉开进军国际市场的架势。在2021年慕尼黑车展上，长城旗下魏牌与欧拉正式发布欧洲市场战略，开启长城汽车全球发展新征程。

为了实现成为世界级汽车公司的目标，长安计划到2025年全产业链累计投入1 500亿元，加快构建软件和智能化能力，到2025年，智能化软件人才占比达到50%；同时大力引进领军人才，打造全球优秀人才聚集高地。

资料来源：王跃跃. 跃跃御市：长城、吉利发力欧洲，长安向世界级品牌迈进［EB/OL］. 中国经济网，2021-09-14.（有修改）

做一做：选择"自主三强"之一，为其制定品牌国际化发展战略，并列出战略要点。

二、CIS 策划

(一)CIS 策划的要点

1. 企业形象策划

企业形象识别系统(corporate identity system，CIS)，是指企业有意识、有计划地将企业自己的各种特征向社会公众主动地展示与传播，使公众在市场环境中对某一个特定的企业有一个标准化、差别化的印象和认识，以便更好地识别并留下良好的印象。企业形象策划也称企业形象管理(corporate image management)，即从形象的角度对公司和企业进行理念(mind)、行为(behavior)和视觉(visual)方面的规划和管理。

CIS战略的出现，使企业差别化战略摆脱了单纯依赖视觉差别设计的情况，成为企业整体的、全方位的、系统的经营战略。它由理念识别系统(mind identity system，MIS)、行为识别系统(behavior identity system，BIS)和视觉识别系统(visual identity system，VIS)三个子系统有机结合在一起，相互作用，共同塑造各具特色的企业形象。

2. 企业形象策划重点

（1）MIS。理念识别系统（MIS）是指一个企业经营理念的定位，是企业长期实践经验总结、升华而成的具有独特风格、规范全体员工的市场行为和社会行为的指导思想或信条，集中反映了企业最高决策层的意志和要求，是整个企业理念识别系统运行的原动力。理念识别包括经营原则、价值观、企业风格与方针策略等。

（2）BIS。行为识别系统（BIS）是指企业在明确完善的经营理念指导下所确立的一切生产、经营活动规范，具体表现为企业内部的制度及组织、管理、教育、生产、开发研究、公关、广告、营业推广等各个方面，通过这些具体的、富有人格化的活动来塑造企业的形象。

BIS的活动包括企业内部和企业外部两个方面。在企业内部，BIS的主要活动是先抓好干部教育、员工培训、工作环境、职工福利等工作规范，使职工对企业产生归属感，建立深厚的感情，愿意把自己的命运与企业的发展紧紧联系在一起，自觉地把企业的经营理念和信条通过自己的工作加以贯彻实行。而要使整个企业的经营活动有序、高效地进行，必须建立相应的组织机构和管理制度，以实现上下沟通，增强共识。

在企业外部，BIS的主要活动包括市场调研、产品促销，以及参与、资助文化或公益事业等公关活动。这些活动对于企业取得社会和公众的了解与支持，提高企业的知名度和美誉度，都是十分必要的。

（3）VIS。视觉识别系统（VIS）是指静态的企业识别符号，经由组织化、系统化而形成的视觉方案，其中包括企业标志、商标、包装、象征图案、户外招牌、室内装饰、办公用品、员工制服等，用以传播企业的理念识别和行为识别。在人们日常接受外界刺激所获得的信息量中，通过视觉感官所占比例为83％左右。因此，做好VIS，对企业形象进行统一的视觉设计，通过各种传播媒体，把企业的理念、规模、技术、产品、质量、价格、服务等信息用最为典型的形式，统一地、反复地传递出去。

理念识别、行为识别和视觉识别构成了一个完整的企业形象识别系统，三者既互相联系和渗透，又各具特点和重心。MIS的重点是精神，是BIS和VIS的内涵；BIS的重点是行为，是主观能动性的具体反映；VIS的重点是视觉印象，是信息传递的媒介和载体，BIS和VIS两者都是MIS的外在表现。如果这三者能够协调配合，就能在企业形象的塑造过程中有力地促进名牌战略的实施。

📖 相关链接

讲好品牌故事

讲好品牌故事，是企业形象策划很重要的一环。讲好品牌故事可以构筑消费者和品牌之间的情感纽带，不仅能够吸引消费者的关注，也能够赋予品牌更大的附加值。同时，讲好品牌故事也会产生传播本土文化、彰显文化影响力的作用。对于国货品牌而言，真正挖掘品牌背后的文化背景、内涵与优势，凸显品牌个性，是一个重大的课题。

党的二十大报告指出："增强中华文明传播力影响力。坚守中华文化立场，提炼展示中华文明的精神标识和文化精髓，加快构建中国话语和中国叙事体系，讲好中国故事、传播好中国声音，展现可信、可爱、可敬的中国形象。加强国际传播能力建设，全面提升国际传播效能，形成同我国综合国力和国际地位相匹配的国际话语权。深化文明交流互鉴，推动中华文化更好走向世界。"

近年来，中国品牌以飞快的速度发展。一大批优秀品牌的崛起离不开品牌背后的产品质量与文化。讲好品牌故事，不仅能够彰显品牌文化价值，而且能够产生传播文化的作用。今后，企业的形象策划要突破狭隘的视野，在理念识别、行为识别和视觉识别上，更要把握好传统文化与现代文化结合点，着力挖掘、提炼品牌背后精神标识和文化精髓，推动品牌走向全球，扩大中华文化的影响力。

(二)CIS策划的流程

1. 准备阶段

明确导入CIS的动机。以企业最高负责人为中心的筹划委员会，先研究CIS计划，慎重讨论企业必须实施CIS的理由，了解实施CIS的意义和目的，然后决定CIS计划的大概范围。

(1)组建负责CIS的机构。由发起人召集最初的参与人员，委托专业公司，由企业、专家顾问、专业公司三方组成CIS委员会，并设常务机构。

(2)安排CIS作业日程表。按照CIS作业的几个阶段，根据企业的具体情况拟定作业项目与进度安排，提交讨论并最后确定、制表。

(3)预算导入CIS提案书。仔细进行各项作业的预算，写出CIS预算书，提交企业主管与财务主管审核。

(4)完成CIS提案书。按规范完成CIS提案书，充分说明导入CIS的原因、背景、目的，负责机构的设置、作业安排、项目预算等，使推进方案与期待成果明确化。

2. 调查与分析阶段

(1)企业现状调查。企业内部的调查工作包括企业经营理念、营运方针、产品开发策略、组织结构、员工调查、现有企业形象等。企业内部调查的重点主要是和高阶层主管人员的沟通，深入探讨企业经营的现况、内部的组织、营运的方向等正反面问题，将开发设计引入正确的方向。员工对于内部作业环境、待遇福利、作业流程、管理体制等问题的反映与看法，也是开发新CIS最佳的参考资料。

企业外部调查应先找出消费者对于企业提供的产品或服务具有何种印象，然后再依照市场需求与未来走向设定相应的战略，并兼顾竞争企业的经营战略和形象定位，分析研判其相关经营问题，采取相应的措施，创造有利的经营环境。

调查工作是否完善，决定CIS的成败。因此，凡是想要引进CIS的企业，应先组织优良的调查系统，再根据调查结果进行设计开发作业，确定施行方针。

(2)企业形象调查。塑造良好的企业形象是CIS作业的主要任务之一。一般可以将构成企业形象的因素归纳为七种：①市场形象，认真考虑消费者问题，向顾客提供周到的服务，善于广告宣传，销售网络相当完整，国际竞争力强；②外观形象，具有信赖感，稳定性高，有优良传统，企业规模大；③技术形象，研究开发能力很强，技术优良，加大对新产品的开发；④未来性形象，合乎时代潮流，具有未来性；⑤经营者形象，经营者很优秀，有魅力；⑥企业风气形象，具有健康的形象，具有现代感，风气良好，员工和蔼可亲、有礼貌；⑦综合形象，一流的企业，具有创新精神，彰显自身的企业文化与品牌文化。

（3）企业现状分析。在调查的基础上，应充分利用所取得的资料，进行深入的分析。通过分析，对企业形象进行定位，以明确今后的方向。

企业现状分析主要包括以下几个方面。

一是理念分析。现有的企业价值观、经营方针还有哪些方面需要改进，以进一步符合社会公众的要求，为企业的发展提供观念上的动力。

二是经营分析。认真审视企业的财务状况、市场占有率和产品的市场竞争力状况，企业的现有地位和应有地位是否一致等。

三是企业形象。企业员工和社会对本企业形象的认知程度。企业形象是清晰的，还是模糊的。若是前者，还需要加强哪些方面；若是后者，应通过何种途径使其清晰化。

四是传播状况。企业向社会传播信息的方式和方法是否合理、有效，应采用何种方式和方法，才能更好地展示企业形象。

3. 策划方案编写阶段

编写CIS策划方案是企业实施CIS的关键一环。策划方案主要包括以下三个部分的内容。

（1）总概念报告。这是有关CIS的初级策划书，主要是根据企业的客观事实构建适合企业的企业理念，也可说是对企业最高主管的建议书。

总概念必须能针对调查结果，表达出正确的判断，进而提供有关CIS的活动指南和改良建议，深入浅出地指出未来企业应该具有的形象，并提出往后一连串的CIS作业和管理办法。

总概念的内容大致包括：①调查结果的要点，整理事前调查的结果，对其中的重点加以解说；②企业的CIS概念，包括企业未来的作风、理念、形象、活动领域、方针、重要概念等，对企业未来的概念作完整而扼要的叙述；③具体可行的策略，为了具体地表达上述概念，应列出实际可行的做法；④CIS的设计开发要领，具体而详细地记载CIS设计开发计划，使它能立刻展开作业；⑤CIS有关的补充计划，为了顺利达成CIS的目标，除了必须设计开发计划外，还必须配合企业对内、对外的信息传递计划，以及各种相关计划。

（2）策划方案的具体内容。一个完整的"引进CIS策划案"，必须包括下列项目：①标题；②提案的目的；③引进CIS的理由和背景；④引进计划；⑤CIS的计划方针；⑥具体的实施细则；⑦CIS计划的推动者、组织者、协办者；⑧实施CIS计划所需的费用与时间。

(3)执行工作大纲。良好的企业形象不是一朝一夕就能塑造出来的，而是需要经过长时间累积和培育而成的。在执行工作大纲时，应确定明确的主题及CIS的实施范围，拟定具体实施活动、实施办法、实施时间预定表；预计整个活动所需经费，包括调查费用及策划费用、设计开发费用、实施管理费用和其他费用（如推行计划时的花费、内部信息传递的经费等）。

4. 设计开发阶段

进入CIS的设计开发阶段后，前面各项所设定的识别概念、经营理念，都将在这个阶段中转换成系统化的视觉传达形式，以具体表现企业精神。即将前面总概念中设定的基本概念、识别概念等转换成行为和视觉表达形式，以具体表现企业理念。

企业行为设计既要有理论深度，又要具有可操作性。这使行为设计成为CIS策划中的一个难点，必要时可先进行小范围试点。行为设计的最高要求是具有科学性、规律性和可操作性，以及能够被员工所接受。

视觉识别设计可分为三个步骤：一是将识别性的抽象概念转换成象征性的视觉要素，并对其不断调查分析，直到设计概念明确化为止；二是创造以实体象征物为核心的设计体系，开发基本设计要素；三是以这个设计要素为基础，开展应用系统要素的设计。

5. 实施管理阶段

这一阶段的重点在于将设计规划完成的识别系统制成规范化、标准化的手册和文件，策划CIS的发布活动、宣传活动，建立CIS的推进小组和管理系统。在实施阶段，一般应进行的活动有以下几种。

(1)内部传播与员工教育。成立相关组织，制订内部传播的计划。准备教材教具，实施员工CIS教育。定期发行CIS通信，动员大家参与普及CIS知识的企业内部公关活动。

(2)推行理念与设计系统。按计划举办各种公关活动，对外树立企业新形象，扩大知名度与提高好评度；对内推行贯彻理念，鼓舞员工士气，发扬敬业精神。同时向企业有关部门、人士宣传新设计系统，督导应用，并定期检查。

(3)组织CIS系统的对外发布。制订对外发布计划、选择媒体、安排时间与频率、确定发布内容、合理预算、完成发布计划。

(4)落实企业各部门的CIS管理。将CIS计划落实到相关部门的实际工作中，融入日常企业管理的制度中。

(5)CIS导入效果测试与评估。制定督导与定期测试评估制度，定期完成对内对外企业形象建设效果测试，进行效益统计，并制订改进方案。

📖 案例分析

北京2022年冬奥会吉祥物冰墩墩受到外国运动员的喜爱

北京2022年冬奥会吉祥物冰墩墩因其可爱的形象受到了大量外国运动员的喜爱，美国雪橇运动员萨默·布里彻就在社交媒体上兴奋晒出了自己及多位美国代表团成员与冰墩墩的合影，还称自己"梦想成真"了。

资料来源：张霓．美国运动员兴奋与冰墩墩合影，称自己梦想成真[EB/OL]．第一财经网，2022-02-13.（有修改）

思考：请分析冰墩墩受喜爱的原因。

思考与操作

问题思考

1. 如何衡量品牌价值？
2. 品牌的作用有哪些？
3. 品牌策划步骤包括哪几步？
4. 名牌建设的意义何在？
5. 名牌的基本特征有哪些？
6. 企业形象策划的内容、重点有哪些？
7. 简述 CIS 策划流程。

实务操作

森马集团有限公司始创于 1996 年。森马实施多品牌战略，这些品牌涵盖成衣、童装、女装、内衣等。在森马众多品牌中，森马和巴拉巴拉是两大主要品牌。

森马集团以事业部制的形式独立运营森马休闲服饰和巴拉巴拉儿童服饰两大品牌，进行差异化市场定位。森马品牌定位于都市年轻人，其品牌核心诉求是"工作玩乐"，即在满足年轻人工作着装需要的同时，也满足工作结束后休闲娱乐的着装需要。巴拉巴拉品牌则占据童装市场，定位于儿童细分市场，主要针对 0～14 岁儿童，开发包括童装、童鞋、内衣、配件等数十个品类。

中商产业研究院预计，我国童装市场规模到 2025 年有望突破 4 525 亿元。森马看好童装市场，在全面放开二孩政策之前就开始布局童装业务，近年来在巴拉巴拉品牌上持续发力。儿童服饰的销售比例大大提升。

资料来源：（有修改）

[1] 刘晓颖．小小童装的资本局：政策利好，企业加码[N]．第一财经日报，2021-04-23.

[2] 崔妍．借力扩大内需东风，森马两大品牌开出双百店[EB/OL]．浙江新闻网，2018-10-08.

[3] 琥珀消研社．成为"全球最大的童装公司"，森马跨界、转型、翻身了？[EB/OL]．搜狐网，2021-05-10.

分析：

1. 试分析森马集团实施多品牌战略的原因。

_____

_____

_____

2. 森马集团在巴拉巴拉品牌上发力，与人口环境变化是否存在关系？请分析品牌战略与市场环境变化之间的关系。

_____

_____

课程思政

"中国制造"大踏步迈向"中国品牌"

中国产品正从"中国制造"迈向"中国品牌"。我国的品牌建设取得了丰硕的成果，品牌竞争力获得全面提升。2021年（第十一届）中国品牌力指数（C-BPI）品牌排名和分析报告显示，2021年中国品牌力指数调查覆盖的203个品类中，有151个品类第一品牌为中国品牌，占比高达74.4%。中国品牌在行业第一品牌的占比近年来稳步提升，2021年该占比较2014年提升了近10个百分点。

2021年度（第十八届）"世界品牌500强"排名中，我国有44个品牌入选。"世界品牌500强"的评判依据是品牌的世界影响力，包括品牌开拓市场、占领市场及获得利润的能力。我国排名继续保持第一的是汽车与零件行业，共有37个品牌入榜。2021年，国内品牌乘用车累计销售954.3万辆，占乘用车市场份额的44.4%，已经接近历年最高水平。国内品牌新能源乘用车销售247.6万辆，占新能源乘用车市场份额的74.3%。在经历多年的培育发展之后，中国品牌已进入可持续发展良性发展阶段。我国汽车行业"自主三强"（吉利、长城、长安）通过智能化、电动化、品牌向上的综合发力，取得了优异的成绩。

在我国产品从"中国制造"大踏步迈向"中国品牌"的同时，我们也要意识到与世界品牌的差距及自身的不足。品牌建设是一个长期久远的工程，需要持续深耕，通过努力进一步缩短我国品牌与世界品牌的距离。从营销角度分析，企业推动品牌持续的增长主要从以下三个方面发力。

第一，以顾客为中心，创造顾客价值，提高顾客满意度。打造品牌的最终的目的是满足人民群众美好生活需要的总目标。加快品牌发展，一方面推动经济高质量发展，另一方面不断满足人民消费升级的需要和对美好生活追求的需要。品牌只有在满足人民群众美好生活需要的总目标的前提下，才能真正成就品牌自身与实现企业高质量发展。

第二，发扬创新精神，提高企业的创新能力。比如，格兰仕在10多个国家设立了研发中心和分支机构，产品覆盖近200个国家和地区。企业家创建世界名牌，必须定位高远，立足创新，引进并充分利用国外先进的技术设备，加强与高校、科研单位的科技合作，建立有效的成果转化机制。此外，还需要大力培养本土具有全球化战略眼光与先进技术的高端人才。

第三，注重品牌价值传播。打造世界名牌离不开品牌价值传播。只有围绕品牌价值，将之渗透到产品、服务、营销等各个领域与环节，持之以恒地进行宣传，不断优化顾客体验，才能增加品牌价值、提升品牌影响力。当然，注重品牌价值传播必须与企业高质量发展、产品高品质生产相辅相成，才能使品牌之树常青，具有长远可持续发展的生命力。

资料来源：（有修改）

[1]金观平.国产品牌为何越来越火？中国市场需要自己的品牌[N].经济日报，2021-10-06.

[2]邱超奕，韩鑫.为高质量发展贡献品牌力量[EB/OL].人民网，2021-11-30.

[3]人民网.世界品牌500强揭晓44个中国品牌入选[EB/OL].人民网，2021-12-13.

[4]深海.合资品牌不再独领风骚，中国品牌必须在2022年"活出自我"[EB/OL].腾讯网，2022-02-11.

[5]吕红桥.2021年中国品牌力指数显示：中国品牌在第一品牌中占比超过74%[EB/OL].央广网，2021-04-20.

思考：

1.党的二十大报告指出："高质量发展是全面建设社会主义现代化国家的首要任务。"谈谈如何将高质量发展的要求贯彻落实到我国的品牌建设之中。

_____

_____

_____

2.如何进一步把"中国品牌"做强、做优？

_____

_____

扫描二维码，获取本项目的学习课件。

学习课件	项目总结
	_____ _____ _____

项目6
消费者成本与产品定价策划

学习目标

1. 了解消费者成本、消费者价值和消费风险的含义及其重要性。
2. 了解产品定价策划的影响因素。
3. 掌握产品定价策划的程序、方法和策略。
4. 理解变动价格策划的原因与技巧。

扫描二维码，获取本项目的微课视频。

微课视频	预习笔记

走进营销策划

在拼多多众多策略的运用中，低价策略对消费者来说是最具吸引力的。在其他电商平台，一件衣服可能卖几十块钱，而在拼多多平台上，9.9元包邮、19.9元包邮、29.9元包邮的衣服已经成为销售常态。总之，低价已经成为人们对拼多多的价值定义，它的低价策略也为电商界提供了一定的借鉴意义。

拼多多通过社交媒体开拓市场。比如，腾讯社交App的闲时用户多，多数人使用腾讯社交App是出于娱乐目的。相当多的人在拼多多买的第一件产品可能就是抽纸或食品这类便宜的快消品。这往往是人们通过社交圈的互动分享，慢慢地就培养了用户的购物习惯。

拼多多以惊人的速度成为电商界的新秀，虽然低价一直是其要走的营销路，但是，如果低价营销路要走得更远，那么必须加强监管，制定监管机制。对一些被投诉和违规的商家除了金钱惩罚之外，还应该纳入法律和诚信机制，以此来保障消费者的权益、保障商品的质量。

资料来源：（有修改）

[1]陈梦妮."拼多多"为何能快速崛起[J].通信企业管理，2019(03)：32-33.

[2]张华杰.拼多多电商平台低价营销策略探究[J].中外企业家，2018(17)：54.

思考： 请分析拼多多的低价策略下的商业模式及今后的发展对策。

学 习 任 务

任务1　消费者成本与消费风险

导入任务

了解消费者成本与消费者价值，掌握消费风险的构成，进一步采取措施降低消费风险。

一、消费者成本及相关概念

(一)消费者成本

消费者成本是指消费者为获得某种效用而必需的支出。效用即消费者对能满足其需要与欲望的产品有效性的主观综合评价。消费者总是希望获得最大效用的产品，但往往产品效用越大，消费者成本就越高。

消费者成本一般包括货币成本、时间成本、体力成本和精神成本。货币成本是指以货币表示的产品价格，时间成本是指消费者为获得某种产品所付出的时间价值，体力成本是指消费者为获得某种产品所要付出的体力，精神成本是指消费者因购买、消费或使用某种产品而在精神上的付出。

(二)消费者价值

消费者在选择产品时，既要考虑产品的效用，又要考虑因此要支付的成本，最后作出是否购买的决策。消费者效用与消费者成本的比值为消费者价值，即

$$消费者价值 = \frac{消费者效用}{消费者成本}$$

市场竞争就是赢得消费者的竞争，争取和保持消费者是企业生存和发展的基础。

企业要不断争取新的消费者，开辟新的市场，保持并提高市场占有率，就要致力于创造优于竞争对手的消费者价值。提升消费者价值应考虑以下几点：①关注消费者的感受及其对产品的看法、对企业的认知；②综合考虑消费者成本；③在关心核心价值的基础上关心消费者所获得产品的附加价值；④增加感知利得或减少感知利失。

二、消费风险

(一)消费风险的定义

消费风险是指在产品购买过程中，消费者因无法预料其购买结果的优劣及由此导致的后果而产生的一种不确定的感觉。消费风险来自两方面：一是对购买结果优劣的不确定，二是对购买失败后果的不确定。

企业应该通过市场调研，了解消费者对某产品的担心、存在的购买顾虑，间接了解消费者的感知风险，从而采取措施"对症下药"。

(二)消费风险的构成

消费者通常担心所购买的商品会给自己带来哪些风险？国外的一些学者经过深入研究，将消费风险分为以下六个构成因素：①时间风险，购买产品需要调整、修理或退换造成的时间浪费的风险；②功能风险，产品不具备人们所期望的性能或产品性能比竞争者产品差而导致的风险；③身体风险，产品可能对自己或他人的健康与安全产生危害的风险；④财务风险，产品定价过高或质量有问题等导致经济蒙受损失的风险；⑤社会风险，因决策失误而受到他人嘲笑、疏远所产生的风险；⑥心理风险，因决策失误而使消费者自我情感受到伤害的风险。

(三)降低消费风险的一般途径

关注消费风险的关键是研究消费者的感知风险。风险是客观存在的，重要的是消费者是否认为它存在或具有影响。因此，企业的主要任务是采取措施，让消费者感觉产品没有风险或风险很小。当感知风险降低到消费者可以接受的程度时，消费者便会作出购买决策。研究消费者的感知风险，是企业制定市场营销策略、开展市场营销活动的基础，也是企业发掘商机、开拓市场的一个重要切入点。

企业可以采取一些措施来降低消费者的感知风险：①退款保证；②可自由退换有缺陷的商品；③低价提供小包装产品；④专家认证；⑤政府部门检验；⑥免费试用；⑦借助可信赖的销售商的品牌信誉。

案例分析

家装直播卖货对顾客成本的影响

新冠疫情暴发以来，家装产业为了减少用户决策难题，运用直播成为行业新常态。

有调研表明，是否运用直播卖货，在顾客的决策时间上呈现差别。以前顾客可能要去卖场4～5次，现在通过直播，在线上充分了解产品，往往只要去卖场1～2次就可以解决问题，明显缩短了决策时间。家装直播比较专业，不是简单的直播卖货，而是用通俗易懂的语言让消费者了解家装信息，努力让消费者摆脱信息干扰，为消费者提供具有实际用途的专业知识。

家装直播在策略上也有讲究，需要在统一展示优秀样板作品的同时，采取一对一策略推荐产品。根据用户的特征、用户的个性需求，进行个性化的推荐。比如，用户看了材料的效果图，关注到材料的相关问题，企业可以通过优选方案进行针对性营销，效果明显超过千人一面的推荐。

资料来源：孔学劭. 家装行业借助直播、短视频自救！缩短用户决策时间，降低交易成本[EB/OL]. 南方都市报，2020-07-28.（有修改）

思考：家装直播卖货有何特点？对顾客成本有何影响？

_____

_____

_____

策划练习

收集网络资料，进一步仔细分析家装直播卖货对降低顾客成本的作用。

_____

_____

_____

任务 2　产品定价策划

导入任务

了解价格的构成及影响因素，掌握价格策划程序，进行定价方法策划、定价战略与调整方面的策划。

一、产品价格策划综述

（一）价格构成

价格构成是指组成产品价格的各个要素及其在价格中的组成情况。产品价格一般由生产成本、流通费用、税金和利润四个要素构成。

1. 生产成本

生产成本由生产产品所耗费的物质资料价值和劳动报酬两部分构成。生产成本是产品价值的主要组成部分，也是制定产品价格的重要依据。

2. 流通费用

流通费用是指产品从生产领域经过流通领域到达消费领域所产生的费用，由生产企业为推销产品而发生的销售费用和从流通领域发生的商业流通费用构成。流通费用发生在流通领域的各个环节，是产品价格的重要构成部分。

3. 税金

税金是国家参与产品分配的主要形式，按照国家法令规定的标准征收。税率的高低直接影响产品的价格。

4. 利润

利润是企业组织产品生产、进行各种经营活动的直接目的。产品价格减去生产成本、流通费用和税金后，剩下的便是利润。利润是企业发展壮大的主要资金来源。

(二)产品定价策划的影响因素

1. 企业定价目标

企业定价目标是指企业凭借特定的价格所产生的销售效果以实现其预期目的。企业的定价目标越明确，制定价格就越容易。企业可选择的定价目标通常有以下几种。

(1)利润目标。企业期望通过较高的价格，迅速获得最高的利润。采用这种定价目标的企业，其产品通常处于较有利的市场地位。需要注意的是，追求最高利润并不等于追求最高价格，利润的实现，归根到底要以产品能否较快售出为前提。

(2)投资收益率目标。投资收益率反映企业的投资效益。企业在进行投资时，一般都有一个明确的投资收益率与投资回收期。

(3)市场占有率目标。市场占有率是企业经营状况和产品竞争力状况的综合反映，保持或提高市场占有率是很多企业采用的定价目标。一般来说，在市场占有率既定的情况下，企业为了维持或提高市场占有率，要采用低价格策略。

(4)竞争目标。在市场竞争日益激烈的形势下，企业出于竞争需要，在定价前都要仔细研究竞争对手的产品和价格，以为自己的产品制定合适的价格，保持企业的竞争优势。除拥有特殊技术、产品独具特色的企业采用高于竞争对手的价格外，一般情况下，企业宜采用以等于或略低于竞争对手的价格出售产品的策略。

(5)企业形象目标。企业形象是企业的无形资产，为越来越多的企业所重视。企业定价有时并不仅仅为了产生利润，而且致力于树立良好的企业形象，取得消费者的信任。

2. 市场供求

供求规律是商品经济的基本经济规律，即产品价格与市场需求成反方向变化，与市场供给成同方向变化。市场需求对产品定价的影响通过消费者购买力、心理承受能力、需求强度和需求层次等反映。企业应根据市场供求状况灵活定价。

3. 产品成本

一般情况下，市场需求决定产品定价的最高界限，而成本则是最低界限。一般将产品成本分为固定成本和变动成本。企业定价必须使成本得到补偿，企业获利的始点是在产品单价与单位变动成本的差额累积余额等于固定成本之时。因此，在实际营销中，产品成本是影响定价的基础因素。降低产品成本可为企业定价提供极大的回旋余地，使企业掌握定价主动权。

4. 竞争状况

价格是竞争者关注的焦点和竞争的主要手段。定价是一种挑战性行为，竞争越激烈，对价格的影响就越大。如果企业产品的定价低于市场上同类产品的价格太多，会引起竞争对手的不满而遭到反击，甚至由此引起价格大战；如果新产品导入市场时定价过高，又容易因盈利大而诱发竞争者大量涌入市场。因此，企业应正确分析市场情况及本企业所处的市场竞争地位，制定对自己参与竞争较为有利的价格。

5. 分销渠道

如果产品销售需要中间商，企业定价时就应从长远利益出发，重视调动中间商的积极性。特别是采用长渠道销售的产品，要注意初始价格不能定得过高，以免因最终售价太高而影响产品的销售。

6. 消费心理

在市场上我们经常可以看到商品价格下降反而导致需求量减少这种违背需求规律的现象。其中的原因有很多，但主要是消费心理在作怪。例如，企业产品降价可能会引起消费者的猜测：降价是因为产品质量下降，还是因为新产品即将上市？产品是否还将进一步降价？

价格经常被认为是产品质量高低的指示器。有许多商品的质量很难辨别，消费者通常通过价格的高低来判断其质量好坏。另外，消费者往往有通过高档商品、时尚商品的消费来显示自己的消费层次和社会地位等心理，此时，高价反而会刺激需求量的增长。因此，企业在定价时应综合分析消费者的心理因素。

7. 政府干预

为了维护国家和消费者的利益，维护正常的市场秩序，各个国家都有相关的政策、法令、法规来约束企业的定价行为。企业定价必须符合国家法律、法规及社会整体利益。

(三)价格策划的程序

1. 确定定价目标

定价目标应与企业整体营销战略目标一致并符合目标市场的要求。定价目标在很大程度上决定定价方法和定价策略的选择。如果企业强调提高市场占有率，则采用低价策略；如果企业强调早日收回投资，则采用高价策略。

2. 核算成本

产品成本是产品价格的最低界限，价格必须高于总成本，企业才能获得利润。企业定价必须核算成本。就短期而言，产品的价格可以低于总成本，以单位变动成本或边际成本为依据定价。但就长期而言，产品价格应高于总成本，否则，生产越多，亏损越大，企业就难以生存。

3. 测定需求价格弹性和销售量

需求价格弹性是指因价格变动而引起需求量变动的比率。它反映消费者对价格变化的敏感程度。如果我们对某种产品的需求价格弹性有一个基本估计，就可据此预测，一个给定的价格变化会导致需求量如何变化及对企业总收入的影响。生活必需品、替代品较少等缺乏弹性的商品，提价通常能使总收入增加；而奢侈品、有多种替代品的商品则相反，降价能使企业总收入增加。此外，企业在预测产品销售量时，应考虑产品的特色、市场竞争状况等因素，以实现价格、销售量和利润的最佳结合。

4. 调查和预测竞争者的反应

价格是最为敏感的竞争因素之一，企业在制定价格策略时，必须充分考虑到竞争者的可能反应。竞争者的反应模式可分为四种类型：①从容型，无反应或反应不强烈；②选择型，只对某些攻击作出反应；③凶猛型，对所有攻击都作出强烈反应；④随机型，有时有反应，有时无反应。尽可能详尽地了解竞争者的可能反应，有利于企业调整与制定价格策略和其他营销策略。

5. 选择定价方法

企业在完成以上程序后，就要从企业的具体情况出发来选择合适的定价方法。可供选择的定价方法一般有成本导向定价法、需求导向定价法和竞争导向定价法。

6. 确定定价策略

在全面了解市场和企业内部各种影响因素的条件下，在确定定价方法的基础上，企业应明确制定价格的行动方针，即定价策略。可供选择的定价策略有很多，本书将在后续的定价策划中详述。

7. 制定具体价格

根据定价目标，采用一定的定价方法制定的价格，不一定就是该产品的最终价格。企业还应继续进行分析、判断、比较，确定一个既符合消费者期望又能使企业获得合理利润的具体价格。

8. 调整产品价格

企业所确定的价格并不是一成不变的，应根据市场环境的变化适时调整。比如，当竞争产品的价格大幅降低时，企业必须及时调整价格以应对竞争。价格调整的方向、时间、幅度、方法均要以市场为中心灵活决定。

二、产品定价方法策划

(一)成本导向定价法

1. 成本加成定价法

成本加成定价法是在产品单位成本的基础上，加上一定比例的目标利润来确定价格。习惯上把比例称为"成数"，因此，这种方法被称为成本加成定价法。其计算公式为：

$$单价＝单位成本×(1＋加成率)＝\frac{总成本×(1＋加成率)}{预期产量}$$

其中，加成率为目标利润与产品成本的比例。

例如，某鞋厂生产某种皮鞋的固定成本为 2 万元，单位变动成本为 80 元，预计销售量可达 4 000 双，企业欲获利 20％。则该皮鞋的单价为：

$$\left(\frac{20\ 000}{4\ 000}+80\right)×(1＋20％)＝102(元)$$

采用这种计算方法时，关键要做好两项工作：一是准确核算成本，二是根据产品的需求价格弹性及产品特点确定合适的加成率。

2. 变动成本加成定价法

变动成本加成定价法也称边际贡献定价法。边际贡献即销售收入与变动成本的差额。单位边际贡献等于产品单价与单位变动成本的差额。其计算公式为：

$$单位边际贡献＝产品单价－单位变动成本$$

例如，某塑料制品厂生产某产品的固定成本为 10 万元，单位变动成本为 5 元，预计销量可达 5 万件。此时市场同类产品单价为 6 元。判断在企业没有转产的可能时，是否该继续生产该产品。决策过程如下：

$$总成本＝固定成本＋变动成本＝100\ 000＋5×50\ 000＝350\ 000(元)$$
$$总收入＝6×50\ 000＝300\ 000(元)$$

总收入与总成本之差为－50 000 元，即企业出现 50 000 元的亏损。但如果不生产，企业又没有其他项目可选择，既定的固定成本支出会使企业亏损 100 000 元。这说明按变动成本定价可减少 50 000 元的损失，应该继续生产。此例中单价与单位变动成本的差额为 6－5＝1(元)，即为单位边际贡献。单位边际贡献是否为正值可作为企业生产决策的判断标准。

变动成本加成定价法一般在市场竞争激烈时采用。在产品降价出售时，是衡量保本或亏损的重要工具。

3. 投资收益率定价法

投资收益率定价法是指企业在投资基础上，按预期的投资回收期确定投资收益率，再计算产品价格的方法。其计算分为以下三个步骤。

(1)计算投资收益率：

$$投资收益率＝\frac{1}{投资回收期}×100％$$

(2)计算单位产品的目标利润：

$$单位产品的目标利润＝\frac{投资总额×投资收益率}{预期销售量}$$

(3)计算产品单价：

$$产品单价＝单位成本＋单位目标利润$$

例如，某厂生产 A 产品共投资 100 万元，确定 5 年收回投资，企业年固定成本为20万元，产品单位变动成本为80元，预期年销量为1万件时，确定产品的单价是多少。

$$投资收益率=\frac{1}{5}\times100\%=20\%$$

$$单位目标利润=1\ 000\ 000\times20\%\div10\ 000=20（元）$$

$$单价=200\ 000\div10\ 000+80+20=120（元）$$

使用投资收益率定价法时，必须保证销售量的实现。该方法一般适用于需求比较稳定、需求价格弹性较小的产品。

(二)需求导向定价法

1. 理解价值定价法

理解价值定价法是企业根据消费者对产品的价值理解度，而不是根据产品成本来制定价格的定价方法。

在现实生活中，由于消费者对某些新产品缺乏比较，进而无法评价价格高低。例如，有的企业已经采用低价策略，消费者仍然觉得定价偏高；有的企业采用高价策略，消费者反而认为价格便宜。这里存在一个"理解价值"的问题。为此，企业应当做好产品的市场定位，综合运用各种营销手段，突出产品个性，提高产品知名度，使消费者感到购买这些产品能获得更多的相对利益，从而提高他们接受价格的限度。企业必须通过广泛的市场调研，准确估计消费者对产品的理解价值，结合成本、收入和销量的分析，制定最终价格。

2. 习惯定价法

习惯定价法是企业依照长期被消费者接受和承认的已成为习惯的价格来定价的一种方法。消费者在长期的购买实践中，对某些经常购买的商品，在心目中已形成习惯性的价格标准，只要产品的基本功能和用途没变，即便是新产品，消费者通常也只愿意按以往的价格购买，减价和加价都易引起消费者的疑虑，从而影响购买。此时，习惯定价法不失为明智的选择。

3. 需求差异定价法

需求差异定价法是指产品价格的确定以需求为依据，根据不同消费者、产品、地理位置等因素制定不同的价格。

根据需求特性的不同，需求差异定价法分为以下几种形式：①顾客细分定价，同一产品对不同消费者制定不同的价格；②地点定价，同一产品在不同地点制定不同的价格；③时间定价，同一产品在不同时间制定不同的价格；④产品式样定价，同一产品，根据外观、花色、型号、规格的不同而采用不同的价格；⑤渠道定价，同一产品在不同渠道采用不同的价格。

4. 逆向定价法

逆向定价法就是企业根据消费者能够接受的价格和中间商愿意接受的利润水平反向推算出产品出厂价的方法。

例如，消费者对某冰箱愿意支付的价格为1 500元，零售商和批发商要求经营毛利分别为 20％和 10％。该冰箱的出厂价格应定为多少？

$$零售商可接受的价格＝1\,500×(1-20\%)=1\,200(元)$$
$$批发商可接受的价格＝1\,200×(1-10\%)=1\,080(元)$$

该冰箱的出厂价格应定为 1 080 元。

📖 案例分析

凯特比勒公司的定价策略

凯特比勒公司是生产和销售牵引机的企业。它对产品的定价方法十分独特，市场上一般的牵引机的价格均在 2 万美元左右，然而该公司却卖 2.4 万美元。虽然每台高出 4 000 美元，销售量却不因此减少，反而卖得更多。

当顾客询问为何该公司的牵引机要贵 4 000 美元时，该公司的经销人员会给你算以下一笔账。

20 000 美元——与竞争者同一型号的机器价格。

3 000 美元——因产品更耐用，价格增加 3 000 美元。

2 000 美元——因产品更可靠，价格增加 2 000 美元。

2 000 美元——因公司服务更佳，价格增加 2 000 美元。

1 000 美元——因保修期更长，价格增加 1 000 美元。

28 000 美元——上述总和应付的价格。

4 000 美元——折扣。

24 000 美元——最终价格。

思考：凯特比勒公司的定价策略有何特点？凯特比勒公司的定价策略对我国部分热衷于"价格战"的企业有何借鉴意义？

_____

_____

_____

（三）竞争导向定价法

1. 随行就市定价法

随行就市定价法是指企业按照行业的平均现行价格水平或竞争对手的价格来定价。

在有若干同行相互竞争的市场上，若销售某类产品的某个企业把价格定得高于现行价格，就可能减少销售量；反之，又可能迫使同行削价竞销，得利的只有消费者。在充分竞争的市场上，企业在定价时实际上并无多少选择余地，只能按照行业的现行价格来定价。

2. 竞争价格定价法

与随行就市定价法相反，竞争价格定价法是一种主动竞争的定价方法。这种方法是根据与竞争对手的产品进行综合分析比较后，确定本企业产品的特色、优势及市场定位，结合企业定价目标来确定产品价格，并跟踪竞争产品的价格变化，及时作出相应的价格调整。企业在制定价格时有较大的自由度，可根据具体的竞争状况制定高于、等于或低于竞争对手的价格。该定价法一般为实力雄厚或独具产品特色的企业所采用。

3. 密封投标定价法

密封投标定价法通常采用发包人招标、承包人投标的方式来选择承包者，确定最终承包价格。投标方在相互独立的条件下密封递价，通常是报价最低的投标者中标。一般来说，报价高则利润大，但中标率低；而报价低则中标率高，但利润却低。最佳报价应该是使预期收益达到尽可能高的价格。

$$预期收益＝（报价－直接成本）×中标率－失标损失×（1－中标率）$$

三、产品定价战略策划

(一)新产品定价策划

1. 撇脂定价策略

这是一种高价策略，即在新产品上市初期，将价格定得较高，以便在较短时间获得较大利润，犹如从牛奶中撇取奶油，因此称为撇脂定价策略。该策略一般适用于具有独特技术、不易仿制、生产能力很难迅速扩大或有专利保护的新产品。

企业采用这种价格策略的优点是不仅能在短时间内取得较大利润，而且拥有很大的降价空间，用来抵制竞争对手的进入；企业采用这种价格策略的缺点是不利于迅速扩大市场、增加销量，容易招来大量的竞争对手。

2. 渗透定价策略

在新产品投入市场时，以较低的价格吸引大量的消费者，从而迅速打开市场，提高市场占有率。作为一种长期的策略，渗透定价策略用于能很快大批量生产、技术简单、易仿制的新产品。

企业采用这种价格策略的优点是不仅能很快打开市场并从中获利，而且能阻止竞争对手的进入；企业采用这种价格策略的缺点是定价低、回旋余地不大，不利于塑造优质产品形象。

3. 满意定价策略

这是一种折中的价格策略，制定的价格介于以上两种策略之间，以获取社会平均利润为目标。

满意定价策略既保证企业有稳定的收入，又对消费者有一定的吸引力，同时也不得罪竞争对手，使三方都较满意。因此，该策略也被称为"温和定价策略"或"君子定价策略"。

(二)心理定价策划

1. 整数定价策略

企业在定价时，采用合零凑整的方法，制定整数价格，不带尾数，使消费者产生"一分钱一分货"的感觉，从而促进产品的销售。该策略一般适用于高档品、时尚品、奢侈品和需求价格弹性较小的产品。

2. 尾数定价策略

尾数定价策略是指企业利用消费者求廉的心理，给产品定一个零头结尾的非整数价格，而且常常以奇数做尾数，原因是人们普遍感觉奇数要比偶数小。同时，尾数定价还可以使企业在消费者心中树立企业定价认真、对消费者负责的良好企业形象。

3. 声望定价策略

声望定价策略是针对消费者"价高质必优"的心理，根据产品在消费者心目中的声望、信任度来确定价格的策略。这种策略能满足消费者显示其地位、财富等心理需要，一般适用于名贵商品的定价。

4. 习惯定价策略

对于某些销售已久的商品，消费者已经形成了一种习惯价格。比如，食盐、大众饮料等商品，涨价会引起消费者不满，减价会引起消费者对其质量的猜疑，不到迫不得已，不要轻易改变价格。

5. 招徕定价策略

招徕定价策略主要利用消费者的求廉心理，一般是有意将少数商品的价格定得很低，甚至亏本，以吸引消费者上门，从而带动其他商品的销售，如大型超市的特价品专柜。当然，也可以采用把价格定得非常高，利用消费者好奇的心理来吸引消费者，如高档商品专卖店即可采用该策略。

(三)地理定价策划

1. 产地交货定价策略

企业将产品运到产地的某运输载体上，即表明产品所有权和责任已转移到消费者手中，由各个消费者各自承担产品从产地到销地的费用。此方法能公平合理地分派物流费用，但会削弱产品在远地区市场的竞争力。

2. 统一运费定价策略

不论消费者所处地理位置的远近，企业都以出厂价加上平均运输成本来定价。该方法实际上是由近处消费者为远处消费者承担部分运费，比较不利于近处市场的开拓，通常在运输费用只占总成本较小比重时采用。

3. 区域定价策略

区域定价策略是介于前两者之间的一种定价策略。企业将销售市场划分为若干区域，同区域同价格，越远的区域价格越高。这样既避免了因产地交货定价所导致的价格悬殊，又避免了统一的运费定价。需要注意的是，应合理确定相邻区域的差价，以避免引起消费者不满。

4. 减免运费定价策略

企业全部或部分承担运费。使用该策略的目的是促进销售量增长，并借此降低成本，以补偿运费支出损失。市场竞争激烈的商品宜采用此策略。

5. 基点定价策略

企业选定某些城市作为基点，然后在原价上加上从基点城市到消费者所在地的运费来定价。有的企业为了提高灵活性，会选定许多个基点城市，按照消费者最近的基点计算运费，而不论货物实际运输距离的长短。这种方法可有效避免价格竞争，有利于企业扩大市场。

(四)价格折扣与折让策划

企业为了鼓励买主及早结清货款、批量购买、淡季采购及配合促销，可酌情降低其目录价格，给予买主一定的价格折扣与折让。常见的价格折扣与折让方式有以下几种。

1. 现金折扣

企业给予在规定时间内提前付款或用现金付款的买主的一种减价。例如，付款期为 30 天，若买主在 10 天内付款，将给予 2％的折扣。该方式可以加速企业的资金周转，降低财务风险。

2. 数量折扣

卖主为鼓励大量购买或集中购买，根据购买数量或金额，给予买主不同的折扣比率。

数量折扣可分为累计数量折扣和非累计数量折扣两种形式。累计数量折扣规定在一定时期内，如果购买总数超过一定数额，按总量给予一定的折扣，目的是鼓励买主集中向企业多次购买，建立长期合作关系。非累计数量折扣即规定买主一次购买达到一定数量或购买多种产品达到一定的金额所给予的价格折扣，目的是鼓励买主大量购买，降低卖主成本，增加盈利。

3. 功能折扣

功能折扣也称交易折扣，是指企业根据中间商在产品流转过程中所处的环节、所担负的功能不同，给予不同的价格折扣。一般情况下，批发商的折扣比零售商大，其目的在于刺激各类中间商充分发挥各自的组织市场营销活动的功能，同时保证不同环节的中间商的利润。

4. 季节折扣

季节折扣是指企业为解决淡旺季消费的供需矛盾，刺激非旺季商品销售而给予买方的价格折扣。季节折扣有利于企业减轻库存压力，促进资金流转，保证均衡生产。

5. 折让

常见的折让有推广折让、运费折让和以旧换新折让三种形式。推广折让即企业对中间商的各种促销工作给予津贴或减价作为报酬；运费折让即对距离较远的买主实施减价，以弥补其全部或部分运费；以旧换新折让即同意买主以旧货折价抵减新货的部分价款。

(五)产品组合定价策划

1. 互替产品定价

互替产品是指在性能和使用价值上能互相代替的产品。一般可供企业选择的互替产品定价做法有以下三种。

(1)降低一种产品的价格，不改变另一种替代品的价格，以扩大前者的销售量。一般原因是前者往往成本较低或生产要素较易组织。

(2)提高一种产品的价格，不改变另一种替代品的价格。

(3)降低一种产品的价格，提高另一种替代品的价格，以扩大前者的销量，突出后者豪华、高档的特色。

2. 互补产品定价

互补产品是指需要配套使用的产品。通常做法是起主导作用的产品（通常购买频率低，需求价格弹性大）的价格定得较低，其他连带品（通常购买频率高）的价格定得较高。比如，剃须刀架和刀片、复印机和色粉盒等均属该类产品。

3. 系列产品定价

企业在开发产品时，为了满足市场需求，一般都致力于生产系列产品。它们在工艺上和使用上既具有相似性，又在规格型号上各具特色，在定价时应合理确定其价格差额。具体方法有以下两种。

(1)分级定价策略。可按产品品种、档次、规格、花色、式样等的差异分别定价。

(2)配套定价策略。企业把相关的多种产品搭配成套，按套定价，一同销售。

四、变动价格策划

(一)企业主动调整价格

1. 提价

企业虽然明知提价会引起消费者、中间商和推销人员的不满，但成功的提价常常可以使企业的利润增加。

企业在以下情况下可考虑提价：①成本上升，生产要素价格的不断上涨，导致企业利润大幅下降；②产品供不应求，提价以减少和限制需求量。

2. 降价

企业在以下情况下可考虑降价：①企业生产能力过剩，又难以通过产品改进和加强推广工作来扩大销售；②在强大的竞争压力下，企业市场份额下降；③企业的成本费用比竞争者低，试图通过降价来提高市场占有率，以加强对市场的控制能力。

(二)企业被动调整价格

企业被动调整价格是指竞争者先调整了价格，迫使本企业采取适当的价格对策。

在同质市场上，如果竞争者降价，企业也必须跟随降价；如果某一竞争者提价，其他企业也可能会随之提价，但如果有一个企业不跟随，那么已经提价的企业不得不取消提价。

在异质市场上，企业对竞争者价格变动的反应则有更多的选择。因为在异质市场上，消费者还要考虑产品的质量、服务、可靠性等因素，对产品的价格敏感度相对较低。面对竞争者价格变动，企业可以选择以下方式应对。

1. 降价

产品市场对价格很敏感，在降价竞争中，企业不降价就会失去较多的市场份额。企业也可以选择维持原产品价格，在产品线中专门开发低价格产品，以应对竞争。

2. 维持原价

企业可以通过改善和加强与消费者的沟通，强调优于竞争对手的产品质量，以提高消费者的价值理解度，有时企业会取得比降价更好的效果。

3. 提价并改善产品质量

对企业品牌重新进行市场定位，用高质量证明高价格。企业也可以维持原产品价格，同时开发高价格的新品牌。

4. 运用非价格手段

企业可以选择改进产品、服务，使消费者能买到比竞争者更多的产品利益，效果可能比降价更好。

📖 案例分析

厂商如何应对折叠屏手机的降价

在竞争激烈、越来越同质化的手机市场，被誉为行业救星的折叠屏手机引人注目，但标价过万的定价使其销售对象受限于少数富裕人群。

市场调研机构 Omdia 发布的《2021 年第四季度智能手机型号市场追踪》报告显示，2021 年折叠屏智能机全年出货量达到 900 万台，同比增长 309%。2021 年数个国产手机厂商先后发布了新款折叠屏手机，并将价格拉到新低。

折叠屏手机价格会不会继续下降？有人期待折叠屏手机能降到两三千元的价格。从成本分析，一个普通高端手机的屏幕成本为 420～700 元。折叠屏手机屏幕更大，作为柔性屏，又受到产能的限制，其单块成本估计达到 1 000 元。从成本限制和手机厂商产品定位的需要来看，折叠屏手机价格降到两三千元估计短时间内难以实现。

资料来源：（有修改）

[1]刘凡. 折叠屏手机史诗级大降价，两三千的平民机什么时候有？
　　[EB/OL]. ZAKER 咨询，2021-12-26.

[2]Omdia：2021 年折叠屏智能机出货量达 900 万台，同比增长 309%[EB/
　　OL]. 环球网，2022-03-23.

思考：如果你是折叠屏手机厂商，在新产品不采用撇脂定价的情况下，将如何应对？你会推出平价折叠屏手机吗？为什么？

思考与操作

问题思考

1. 简述产品定价方法策划。
2. 心理定价方法有哪些？
3. 如何进行产品价格调整策划？
4. 如何做好互替与互补产品定价策略？

实务操作

医学级可穿戴设备的定价策略

根据前瞻产业研究院《中国智能手表市场前景预测与投资战略规划分析报告》，近年来可穿戴设备发展迅速，智能手表的出货量呈现增加趋势。2020年由于新冠疫情影响，全球智能手表出货量首次出现下滑，从2019年的9 240万块下降至9 140万块，同比下降1.1%。随着这个行业从疫情中逐步复苏，智能手表的销量有望得到恢复并进入增长通道。

智能手表市场竞争格局渐趋稳定，其市场规模增长速度也将放慢。其原因在于智能手表的供需矛盾已经走向平衡，但其未来的市场增长趋势毋庸置疑。经过初步估算，2026年全球智能手表的市场规模有望达到574亿美元，我国成人智能手表市场规模将达到272亿元。

国内成人手表市场今后的发展趋势为轻量智能化、价格差异化和场合融合化。智能手表市场需求变化，导致竞争的白热化，尤其在健康领域的竞争。智能手表在健康数据监测功能不断完善后，下一个阶段必然走向有着大量市场需要与临床需要的疾病预警。一些走在科技发展前列的厂商涉足心电图领域，做起了血压、心梗等疾病预警的生意。医学级可穿戴设备在新产品不断推出的同时，其价格策略是一个占领市场的重要因素。

资料来源：（有修改）

[1] 林姿辰，可杨，岳琦. 200亿美元的智能手表市场又起烽烟：号称能预测心梗、中风，健康预警手表真能救命？[EB/OL]. 每日经济新闻，2021-12-25.

[2] 前瞻经济学人. 2021年中国成人智能手表市场现状及发展前景趋势分析，市场规模逐渐扩大、未来发展面向三个化[EB/OL]. 前瞻经济学人，2021-09-22.

分析：

1. 在上述产业环境调研基础上，进一步收集数据，分析市场竞争状况与厂商定价策略的关系。

2. 具有血压、心梗等疾病预警的智能手表目前价格较高，你是否认同这种策略？对于这类手表价格的今后走向，你有什么建议？

课程思政

图书价格竞争呼吁行业规范发展

近10年来，图书"价格战"频繁，由于网络平台的打折销售，出版市场的价格竞争十分激烈。网络书店图书销售相当大一部分的折扣处于五折到八五折。在一些专场直播的图书销售中，甚至使用了秒杀策略，刷新了行业的认知。

图书是人类用来记录一切文明与成就的主要工具。图书是人类思想的产物，是知识传播的媒介，是文化与文明传承的载体。图书的定价不同于日用品或耐用品的定价。图书价格的"高定价、低折扣"造成图书价格与价值的背离，对图书实体商店、网络商城、出版社、读者都会带来巨大影响，形成恶性循环。有业内人士认为，图书贱卖会造成实体书店销售困境，甚至影响网络商城业务，对读者会产生心理影响。

在2020年两会上，全国政协委员谭跃、潘凯雄、于殿利在《关于立法规范图书零售价格竞争的提案》中提议，国家相关部门需要进行充分调研，以立法方式规范图书交易。强化执法检查，对违法者进行严厉制裁，以维护图书市场与产业的正常秩序及可持续发展。

图书销售一般在每年1月和2月处于高峰，2020年受新冠疫情影响，图书销量出现了大幅度的环比下降。出版机构在应对疫情带来影响的同时，进行直播销售、线上展示、打折促销等活动，也导致图书行业聚焦图书折扣带来的市场失衡问题。

图书行业要规范发展，的确到了需要运用法律进行价格立法的时候。国家新闻出版署公布的《出版业"十四五"时期发展规划》明确提出出版工作是党的宣传思想文化工作的重要组成部分，是促进文化繁荣兴盛、建设社会主义文化强国的重要力量。要规范网上网下出版秩序，加强出版物价格监督管理，推动图书价格立法，有效制止网上网下出版物销售恶性"价格战"，营造健康有序的市场环境。与此同时，要健全出版要素市场运行机制，全面促进出版市场消费，加快构建高效规范、竞争有序的出版市场。

《北京青年报》评论认为，期待"图书价格立法"能顺利落地，从而让图书定价有法可依。一方面保护创作者、出版商、实体书店的利益，另一方面有助于图书出版市场、文化产业更加规范地发展，进而形成全民阅读的潮流。

资料来源：（有修改）

[1] 张恩杰. 推动图书价格立法，制止恶性"价格战"[N]. 北京青年报，2022-01-06.

[2] 中版数字传媒. 全国政协委员谭跃、潘凯雄、于殿利：《关于立法规范图书零售价格竞争的提案》[EB/OL]. 中版数字传媒，2020-05-27.

[3] 吴赟. 为何会"买书人嫌贵，出版人嫌低"[EB/OL]. 光明网，2021-04-29.

[4] 陈谋. 直播卖书"亿元"专场最低一元一本！出版人士：心在滴血[EB/OL]. 搜狐网，2021-09-29.

思考：

1. 当前的图书价格竞争给你带来哪些思考？你认为现今哪些行业陷入了定价的"怪圈"？

_____

_____

2. 当前的营销策划中，要维持正确的价格策略，需要解决哪些突出的问题？

_____

_____

_____

扫描二维码，获取本项目的学习课件。

学习课件	项目总结
	_____
	_____
	_____

项目 7
消费者便利与营销渠道策划

学 习 目 标

1. 理解互联网时代渠道策划中"消费者便利"指导思想的意义。

2. 了解营销渠道的发展新趋势。

3. 掌握渠道宽长结构的设计原理。

4. 熟悉中国国情下渠道模式的策划技巧，重点关注对经销商的政策管理和对渠道的终端管理。

扫描二维码，获取本项目的微课视频。

微课视频	预习笔记

走进营销策划

国内服饰企业以全渠道建设拥抱新零售时代的到来

在新零售时代，国内服装行业开始涉足全渠道体系。近年来，服装企业从头部企业到中小企业都已经开始行动。所谓全渠道体系，是指以数字化体系做支撑、以用户为中心，把各个渠道融合在一起，不同渠道相互合作、相互弥补，产生"1+1＞2"的系统效果。

太平鸟与森马都成立于1996年。2017年，太平鸟与天猫合作，实现线上线下全渠道一体化，在品牌建设、大数据赋能、消费者运营等方面全面展开合作。森马自2012年涉足电商以来，一直重视线上线下结合发展。近年来，森马在产品、价格、渠道、促销等方面做了一系列改进，其中在渠道方面也构建了全渠道的零售体系。

太平鸟在打造智慧门店的同时，以天猫旗舰店作为主要线上渠道。森马构建全渠道的零售体系，包括街边店、商超百货、奥特莱斯、购物中心、电子商务等多种渠道类型，在不同渠道类型中，通过店面设计、货品陈列及店头广告等方面，进一步强化生活场景感。

资料来源：（有修改）

[1]钱瑜，李濛. 打造种子店铺，森马构建全渠道零售体系[N]. 北京商报，2019-07-24.

[2]杨越欣. 十三年稳居"双11"销售 TOP 榜，一个国潮品牌的电商往事[EB/OL]. 网易，2021-11-15.

思考：

1. 全渠道体系是不是就是线上线下融合？

_____

_____

_____

2. 新零售时代有哪些特点？

_____

_____

_____

3. 收集更多国内服装企业渠道策略的案例，分析其如何应对新零售时代。

_____

_____

_____

学习任务

任务1　营销渠道发展趋势与策划要素

导入任务

领会"消费者便利"这一渠道设计的指导思想，了解与把握营销渠道的发展新趋势，掌握营销渠道策划应考虑的因素。

一、营销渠道与消费者便利

（一）营销渠道

营销渠道也称产品营销渠道，是指产品所有权和实体从生产领域向消费领域转移的过程中，所经过的、由各中间环节联结而成的通道。它由所有参与使产品从生产领域向消费领域运动的组织和个人组成，主要包括生产者、批发商、零售商、代理商、储运企业及消费者。其中，批发商、零售商和代理商通常被称为中间商。制造商只有与中间商、中介机构一起，才能使产品从生产领域到达消费领域。

(二)消费者便利

所谓消费者便利(consumer convenience)，是指消费者在购买和消费产品或服务的过程中，对时间和努力的感受程度。时间和努力是一个普通人成为消费者所必须承担的非货币成本，是阻止人们从事其他活动的机会成本，但每个消费者所拥有的时间资源和所能做的努力都是有限的。因此，消费者在购买产品或服务时总是倾向于花费更少的时间和努力。如果消费者在购买和消费一项产品或服务的过程中所付出的时间和努力超出了预期，那么消费者就会感到不便利；反之，如果付出的时间和努力较少，则会感到便利。

由于市场营销的发展，原来的 4P 组合逐渐由 4C 组合取代，即"顾客、成本、便利、沟通"这四个要素的新的营销组合策略。在渠道建设方面，更多地强调便利，即为消费对象提供尽可能方便的消费通道，使消费对象的非货币成本降低。如今大行其道的商业综合体和网上购物，就是这一思想的体现。

在如今的竞争生态环境下，企业所有的渠道策划模式都应该先面对消费者。企业让消费者方便购买，其实也就是让自己的产品或服务更方便销售；企业的渠道策划离消费者越近，则让自己离竞争者越远。所以，在策划营销渠道时，应从传统的"厂商优先"思路向"消费者便利"的理念转化，以"消费者购物是否便利""是否为消费对象提供尽可能方便快捷的消费通道，降低其消费成本"作为策划的指导思想。

当然，对大多数企业而言，全面贯彻"消费者便利"这一渠道策划指导思想，是一个复杂的系统工程，因为这不仅仅是观念的改变，更涉及流程重组、组织重组。更要注意的是，这里强调的"便利"还要与"顾客、成本、沟通"三要素相结合，便利只是渠道策略的重要组成部分。

案例分析

快闪店行业的崛起

快闪店行业近年来发展迅速。《中国快闪店行业白皮书》数据显示，2020 年快闪店行业交易额达 3 200 亿元，其中，场地交易额突破 800 亿元，全国快闪店落地数量约 960 万场次。目前，快闪店种类日益增加，有跨界快闪店、主题快闪店、联名快闪店等。快闪店给顾客带来场景体验，如电影与品牌融合，增强沉浸式体验；快闪店在节日营销方面大有可为，如通过突出主题，以故事打动人心，产生情感营销的魅力；快闪店运用私人定制进行一对一营销，消费者可以挑选不同规格、款式及刻印字母等，带来更好的消费体验。快闪店的品牌化运作、场景化营销、数字化创意等往往引人瞩目。

一些快闪店已经延伸到文旅行业。2021年"十一黄金周"期间，南京有快闪店跨越品牌传播、实体零售、场景营销、时尚展演等领域，进行跨界组合与营销。随着人工智能、VR、AR等新技术在快闪店中的运用，快闪店在场景和体验上进一步优化升级。

资料来源：（有修改）

[1]张文景. 标杆mall的营销玩法变了"快闪店狂魔"竟是北京SKP[EB/OL]. 亿邦动力网，2021-10-11.

[2]张苗荧. 注重消费体验，把握旅游消费升级新趋势[N]. 中国旅游报，2021-10-18.

思考：以营销渠道的概念与原理为依据，分析快闪店这种业态的特点。

_____

_____

_____

二、营销渠道发展新趋势

(一)营销渠道日益缩短

美国著名未来学家阿尔文·托夫勒曾经预言："电脑网络的建立与普及将彻底地改变人类生存及生活的模式，而控制与掌握电脑网络的人就是人类未来命运的主宰。谁掌握了信息，控制了网络，谁就将拥有整个世界。"事实确实如托夫勒所预言的那样，随着互联网在20世纪90年代的异军突起，互联网技术的发展对社会经济生活的各个方面，包括企业的生产和经营都产生了巨大的影响。作为企业营销系统的一个重要部分，营销渠道及其结构形式在这种影响下也正在发生深刻的变化。可以这样说，由于互联网技术和移动终端的出现，传统营销渠道模式正在受到强烈的冲击。这场渠道革命的特点是销售渠道组织的变革，销售渠道重组，销售渠道越来越短。有些大制造商设立自己的销售公司，直接向零售商批发销售；同时零售商规模越来越大，大规模的零售商也越来越倾向于直接从制造商进货。

(二)营销渠道的扁平化

卖方市场向买方市场的转变使顾客拥有了更多的自主权，顾客的目标成为企业交易的价值所在，因而现代营销的核心也已经由对产品功能的诉求转变为对顾客价值的诉求。渠道扁平化作为一种销售模式，简化了销售过程，缩减了销售成本，使企业有较大的利润空间。

扁平化并非简单地减少哪一个销售环节，而是对原有的供应链进行优化，剔除供应链中没有增值的环节，使供应链向价值链转变。因为渠道扁平化的实质是削减冗长无用的环节，提高渠道运作的效率，在厂家、商家、用户间构筑一个完整、有机、高效的网络体系，使成千上万的用户通过这个网络，同厂家、商家进行信息的交流和互动。

(三)营销渠道的多元化

现在，越来越多的商品和服务是通过不同的渠道进入市场的，这就形成了营销渠道的多元化。多元化的渠道模式可能在今后的一段时间成为主流。现在的市场营销渠道正处于一个由厂商、代理商主导转为由零售商、运营商主导的过程之中，越来越多的厂商会考虑如何有效地规避各种渠道模式可能带来的风险，减少这些渠道模式可能带来的利润损失等问题。而多元化的渠道模式正是这个过渡阶段中的权宜之策。

(四)营销渠道的中心化

传统的产业链基本是以制造商为中心，由他们组织研发、生产和销售。但是，随着中间商的市场力量越来越强，将来他们可能会取代制造商今天的地位，成为产业链的组织者。

(五)营销渠道的创新

在传统的渠道中，美国的一位学者曾指出，在支离破碎的网络中松散地排列着生产商、批发商和零售商，他们在保持距离的情况下相互讨价还价，谈判销售条件，并且在其他方面自主行事。在这里，每个渠道成员都是机会主义者，都要追求个人收益的最大化，而这种个人收益的最大化必然引起渠道成员之间的冲突。

随着营销渠道的发展，一体化与代理制的推行改变了营销渠道的组织形式。营销渠道系统实行纵向一体化的实质就在于把市场交易内部化，降低交易费用。代理制使经销商和生产商以合同契约的形式订立协议，使工商企业形成了长期稳定的产销关系，便于生产商降低开拓市场、收集信息所花费的交易成本。

三、营销渠道策划应考虑的因素

(一)产品因素

不同的产品有不同的属性。产品的单位价值、重量、复杂性、易腐性、标准化、耐用性等因素不同，因此，在从生产领域向消费领域转移的过程中，所采取的营销渠道方式也会不一样。

一般来说，产品的单价越低，分销环节就越多；相反，价格较高的产品一般采用短渠道流通。

对于体大、物重的产品，要尽量使用少环节的短渠道，以减少装卸搬运费用；而对于体积小、重量轻的产品，则可根据需要采用长渠道流通。

对于技术性强、使用复杂的产品(如机器设备等)，往往要求生产企业提供较多的服务，宜用短渠道流通，以便生产企业向顾客提供一系列的服务；而对于使用简单、技术含量较少的产品，则可考虑采用长渠道流通。

对于易腐性和易毁性较强的产品(如鱼、蔬菜等鲜活产品和玻璃制品等)应尽量采用短渠道流通，尽快地将产品从生产领域转入消费领域；而对于耐久性强的产品，则可采用长渠道流通。

款式或式样经常变化的产品(如流行服装)宜采用短渠道流通，而款式和式样相对稳定的产品则可采用长渠道流通。

对处于投入期的产品，因为生产企业要收集大量的信息，以进一步改进产品的质量和性能，所以宜采用短渠道流通；而成熟期的产品由于质量、性能都已稳定，企业可根据需要采用长渠道流通。

(二)市场因素

1. 市场总体变量

(1)市场区域。市场区域主要考虑的是目标市场的地理分布状况。如果企业的产品卖给广大地区的消费者，这就要求企业通过长渠道流通；如果企业的目标市场比较集中，企业就可考虑使用短渠道流通。

(2)市场密度。市场密度是指单位面积产品覆盖面的大小。评估市场覆盖面主要从三方面入手：一是这一市场区域能否获得最大可能的销售额，二是这一市场区域能否确保合理的市场占有率，三是这一市场区域能否取得满意的市场渗入。

国外许多企业并不热衷于广阔的市场区域，而是力求打入人口密集、购买力强的中心区域。许多国家的主要购买力通常集中于某几个城市区域。当然，要打入购买力集中的城市区域势必遇到激烈的竞争。企业的产品与同类竞争产品相比，没有独特的优势，缺少相对优势，要打入这些区域是很困难的。

一个企业的产品，如果要有一个满意的市场覆盖面，关键在于大中间商愿意经营该企业的产品，因为这些大中间商具有很大的市场覆盖面。任何企业都希望选择市场覆盖面大的中间商，问题是大中间商不一定愿意接受该企业的产品。这就需要通过各种适当的促销手段，树立企业形象和产品形象，并给予中间商较多利益。

(3)市场控制程度。依据规模，不同企业对市场营销的控制程度会不一样。

一般大企业可以逐步扩大销售队伍，以开辟自己的营销渠道为主。如果企业自己拥有推销队伍，自己建立营销渠道，当然最有利于控制。但企业要建立自己的营销渠道，拥有自己的推销队伍和推销力量，那就需要很大的现金投资。如果使用中间商，现金投资可以大大减少，但存货投资不一定就能减少。通常有两种情况：一是将货物出售给批发商或经销商，他们购货后支付货款，不需要现金投资，也不需要存货形式的资本投资，但有时却需要向他们提供信贷；二是委托代理商出售，尽管不需要对代理商进行现金投资，但企业在代理商没有把货售出之前，先要提供大批量的货物，这是一种存货形式的资本投资。

除了财力雄厚的企业有能力进行大量现金投资、自己建立营销渠道之外，一般中小企业由于企业资源的限制，宜通过中间商销售自己的产品。一般来说，渠道越长，企业对于售价、销售量、推销方式等的控制能力就越弱。在大多数情况下，当产品需要长渠道时，企业应选择尽量让中间商来负责的方式。

2. 市场个体变量

(1)潜在顾客的数量。如果企业的潜在顾客较少，企业就可采用短渠道；反之，就宜采用长渠道，由批发商和零售商把产品卖给众多的顾客。

(2)顾客的购买数量。购买数量大的顾客(如生产资料用户)，生产企业可以直接供货；对于购买数量小的顾客就宜采用长渠道，通过中间商满足顾客的需要。

（3）消费者的购买习惯。对于便利品，消费者要求购买方便、服务迅速，这就需要有众多的中间商经销，通过大量的商业网点适应消费者的这种购买习惯；而对于选购品，尤其是特殊品，消费者愿意花较多的时间购买，所以，企业可以采用短渠道流通。

（4）消费的季节性。季节性较强的产品，需要中间商提供储存功能，调节产品生产和消费由时间的差异而引起的矛盾，宜使用长渠道；反之，则可使用短渠道。

（三）企业因素

企业的实力、声誉、市场地位及企业经营管理能力等因素都会影响营销渠道。

如果企业本身有足够的财力、销售机构和管理经验，而销售规模又较大的话，就可以考虑少用中间商，自派推销员开展销售工作，这比把产品交给中间商由他们把所有同类产品一揽子进行销售见效快。没有力量自己销售的企业，只能依靠中间商，但最好能找一家进货量大的大型零售商，使销售渠道尽可能短一些。

如果企业经营的品种较多，宜直接找大型零售商，因为零售商面向各种消费者。对一些大型零售商来说，也愿意找一家同时能供应多种商品的供应商。经营大宗原料或初级产品的企业，应找专业中间商或用户，争取订立保持长期供货的固定关系的协议。

（四）中间机构因素

中间机构因素主要包括中间机构的成本、服务水平及业态特征等。

1. 中间机构的成本

中间机构的成本是指在产品流通环节，为了有效地加快产品的流转而涉及的所有费用。如果中间机构的成本过大，就会严重影响企业开拓营销渠道的能力和效益。

2. 中间机构的服务水平

企业应对中间机构的资源、资信条件、经营能力和市场覆盖面等作出判断。这种判断概括起来有以下几点：①是否有足够的支付能力；②是否有一支训练有素的推销队伍；③市场渗透能力有多强；④销售地区有多广；⑤还经营哪些其他产品；⑥有无必要的销售设施；⑦是否愿意和本企业真诚合作；⑧在社会上的信誉。

3. 中间机构的业态特征

随着市场的发展变化，渠道中间机构也逐渐形成不同的业态特征，企业可以选择不同业态的中间机构进行合作。例如，家电业中形成了专卖店、总代理、连锁经营、特许经营等多种形式。

（五）竞争及环境因素

1. 竞争因素

竞争因素主要是指竞争对手的营销资源和营销策略、行业竞争激烈程度等因素。选用竞争产品所采用的营销渠道，通常会使企业比较容易地进入市场和占有一定的市场份额。但是，在激烈竞争的情况下，企业必须发展不同于竞争对手的其他渠道形式。例如，日本手表最初进入美国市场时，鉴于美国手表市场竞争十分激烈，他们选择了杂货店和折扣商店作为销售渠道。

2. 环境因素

环境因素包括经济、技术、文化、政治法律、企业发展历史等方面。不同文化背景下营销渠道的方式也可能不一样，企业的发展历史也会给企业营销渠道烙下深深的印记。另外，传统的营销习惯也会影响分销渠道。

（六）渠道连续性因素

灵活的渠道要比僵化的渠道更有效。渠道的连续性并不意味着原来的渠道一成不变，而是指一个企业的营销渠道应当连续、持久、不中断。这包含两层意思：一是对已发展的渠道中间商，只要符合本企业营销目标的要求，就不宜轻易变更，因他们已经具有了经营本企业产品的经验；二是大多数中间商在看到经营该产品能赚钱时就愿意经营，一旦获利不足就拒绝继续经营，这样会使企业丧失经销力量，这就要求企业必须慎选中间商，并不断加以鼓励，在中间商中建立品牌忠诚。

📖 案例分析

小米渠道策略的变革

渠道营销就是在适当的时间，把适量的产品送到适当的销售点，并以适当的方式呈现在消费者的眼前，方便消费者选择。近年来，智能手机行业受内外因素影响，竞争十分激烈。与此同时，销售渠道革命也在悄然进行。

2015年，北京当代商城的小米之家商城体验店开业。在这之前，小米主要强调线上电商渠道的高效率与低成本。与传统手机销售渠道相比，当时小米的网络销售方式节约了市场和渠道成本。但小米这一轮渠道变革力度巨大，体现在使用越来越完善的新零售业务构建全渠道销售体系。

小米的线下终端共有四种模式——小米之家旗舰店、专卖店、授权店和小米专营店。现在，小米将模式精简成了小米之家旗舰店、专卖店和授权店三种，所有门店线上线下价格同步。小米还通过调整中间商，实现更高效率，扭转其各级代理、经销线上线下不和谐的局面。

资料来源：（有修改）

[1] 杨锦. 小米线下提速：渠道商每周"报店"数百个，与华为、OV竞争胶着[EB/OL]. 搜狐网，2021-07-06.

[2] 李伟华. 小米手机品牌营销策略分析[J]. 营销界，2021(08)：19-20.

思考：

1. 实施线上线下协同联动的小米渠道策略对你有什么启发？

_____

_____

2. 你认为小米渠道今后应该如何发展？

_____

_____

_____

策划练习

渠道竞争已经成为左右市场份额的最重要因素之一。对于国产手机厂商来说，进入市场较晚，初期产品单一，采用与国外品牌同样的渠道策略，缺乏竞争优势。随着产销规模的不断扩大，包括华为、小米等在内的国产手机企业，纷纷调整渠道结构，以适应快速变化的市场，提高竞争力。

做一做：结合上例，试收集资料，为一个你熟悉的国产手机厂商设计渠道方案。

_____

_____

_____

任务2　营销渠道成员和结构策划

导入任务

了解不同渠道成员的作用，掌握渠道宽长结构的设计原理。

一、营销渠道成员

（一）消费者

企业在进行渠道建设的过程中，先应认清消费者在渠道建设中所扮演的角色，这点至关重要。相当多的渠道陷入困境，就是因为企业对消费者的角色认识不清。对于厂家和商家而言，将消费者置于渠道网络的中心绝对是一种明智的选择，其原因主要包括：①消费者是商品和服务的最终购买者；②"消费者主权"时代的到来使消费者对商品和服务有更多的选择权；③行业竞争的压力；④实施顾客满意策略已成为企业克敌制胜的"法宝"；⑤谁能最大限度地接近消费者，谁就能最先获得令人羡慕的丰厚回报。

（二）批发商

批发商的特点是通过采购活动取得产品所有权，并通过买卖活动从进销差价中获得利润。批发商能提供较为全面的销售功能，他们拥有一定面积的仓库、运输工具、相当数量的固定资金和流动资金，有能力大批量地向生产者进货，同零售商具有广泛的联系，有一定的经营管理经验。

批发商在渠道中所扮演的是承上启下的角色。早期批发商在商品流通中占有重要地位，制造商的产品需要由他们分销，小零售商的货源和周转资金也主要来自批发商。但20世纪下半叶以来，批发商的地位受到了巨大的冲击，主要原因有三个：一是大制造商越过批发商自设分销机构或直接面对最终消费者；二是零售业连锁店的发展催生了大批量、多品种、高周转的进货方式，使大零售商与供应商直接打交道；三是直销营销方式的冲击。

面对大制造商、大零售商及"零渠道"三种力量的夹击，批发商的日子的确不好过。那么，在渠道越做越短的今天，批发商是不是真的到了该退出舞台的地步呢？当然不是，批发商仍然具有自己的独特优势。

（三）零售商

零售商也像批发商一样具有通过采购过程取得产品所有权，从批零差价中获得利润的特点。但因多数零售商规模较小，他们一般不可能像批发商那样提供较多的销售功能。多数零售商仓库面积较小，运输能力弱，流动资金较少，只能采用批量采购、勤进快销的方式。零售商仅同消费者有着广泛的接触，能比较客观地了解消费者对特定产品的需求情况。

零售商的优势在于：①消费者的注意力是稀缺资源，谁能吸引他们的目光，谁就把握住了先机；②货架是一种稀缺资源，不是谁想上就能上的；③渠道竞争日趋白热化，柜台是最激烈的"战场"；④入驻知名度高的商场、争取更大的排面、更好的陈列是柜台竞争的主要目标；⑤零售商是有效的信息源，来自第一线的信息对厂家来讲是最有用的信息，终端功夫做足了，所掌握的信息会带来意想不到的收获。

（四）代理商

在国外，存在多种类型的代理商，按其职能的不同大体可以分为制造商代理（manufacturers agent or manufacturers reps，MA）、销售代理（sales agent，SA）、采购代理（purchasing agent，PA）、经纪人（broker）和进出口代理（import agent & export agent，IA 和 EA）五种类型。

1. 制造商代理

制造商代理通常为几个企业提供服务，其代理的产品往往是互相补充的，而不是互相竞争的。制造商代理利用这些来自不同企业的互补性产品，向顾客提供系统的产品服务。制造商代理的权限有限，只能在委托人指定的区域、按照委托人指定的价格和销售项目等进行销售。

2. 销售代理

销售代理通常只代表一个企业，并且负责该企业授权范围的营销活动。由于他们的职责范围比较宽，因此被授予的权限要比制造商代理的权限大得多。他们可以决定产品的价格、销售项目、销售区域等，并且可以在一些地方雇用其他类型的代理。

3. 采购代理

采购代理代表顾客，一般与买方建立长期的关系，为其采购商品，并经常为买方接收、检查、储存和运送货物。他们为顾客提供有用的市场信息，并帮助顾客以合适的价格买到最好的商品。

4. 经纪人

经纪人不是专职固定服务于生产者或顾客，而是谁雇用就为谁服务，并由雇用他们的一方付佣金。

5. 进出口代理

进出口代理是专门从事进出口业务的代理商。

(五)生产厂家

厂家在渠道中扮演重要角色，从某种意义上说，整个渠道就是按照厂家的意图运作的。具体来说，厂家的渠道功能主要体现在：①提供产品或服务；②制定渠道规则；③决定渠道政策；④管理渠道运作；⑤调整渠道运作模式。

事实上，绝大多数厂家都希望做渠道的主宰者，控制渠道，使其按照自己的意愿去运作。厂家在行使渠道功能时，应重点考虑：①提供热销产品或优质服务；②制定合理的渠道规则和政策；③促进渠道合作，激励渠道成员；④协调渠道矛盾；⑤协助中间商开拓市场；⑥不断创新；⑦以实力和影响控制渠道；⑧对渠道进行全盘规划。

二、渠道结构

(一)渠道长度

渠道长度是以渠道层次(中间环节)的数量来衡量的。在产品从生产领域流转到消费领域的过程中，每经过一个中间商就构成一个渠道层次。如果生产者直接将产品卖给消费者(用户)，没有中间商参与，这类渠道称为零层次渠道；若生产者先将产品卖给批发商，批发商又将产品卖给零售商，零售商最后将产品卖给消费者(用户)，由于这类渠道有两层中间商参与，所以这是二层次渠道；其余依此类推。

1. 消费品营销渠道

(1)零层渠道。零层渠道包括网上直销、上门推销、邮购、电话营销、电视直销、自有商店等。

(2)一层渠道。从制造商到零售商，再到消费者。

(3)二层渠道。从制造商到批发商，再到零售商，最后到消费者。

(4)三层渠道。从制造商到代理商，到批发商，再到零售商，最后到消费者。

2. 生产资料营销渠道

(1)零层渠道。从生产者直接到用户。

(2)一层渠道。从生产者到批发商，再到用户；从生产者到代理商，再到用户。

(3)二层渠道。从生产者到代理商，再到批发商，最后到用户。

与消费品营销渠道相比，生产资料营销渠道的一个重要特点是许多生产资料一般不通过零售商经销。这主要是因为生产资料用户一般是大批量购买产品，而且往往需要生产者提供一定的技术指导和一系列的售后服务。

每个生产企业都要对渠道层次的数量作出决策，即制定渠道长度决策。渠道的长短是相对的，一般把零层次和一层次渠道这两类渠道称为短渠道，二层次或二层次以上的渠道称为长渠道。

(二)渠道宽度

1. 广泛经销

广泛经销也称密集经销，即在某一市场范围内，生产者运用尽可能多的同层次中间商推销产品，通过众多的营销渠道将产品转移到消费者手中。

消费品中的便利品最适用这种策略，因为消费者对便利品一般不花较多的时间去挑选，主要追求购买方便、服务迅速。这就要求有众多的商业网点，通过大量的中间商把产品卖给消费者。

2. 独家经销

独家经销即在一定的市场范围内(如某一个城市)，生产者只选择一家中间商(批发商或零售商)经销自己的产品。生产者授予中间商经销产品的特权，但要求中间商不得经营竞争者的同类产品。

这种策略一般只适用于一些购买者较少、单价较高或技术较为复杂的产品。生产者采用这种策略是为了促使中间商更加积极地推销产品，更讲求推销技术，并有利于控制中间商在价格、促销、信贷和各种服务等方面的政策。

3. 选择经销

选择经销也称特约经销，这种策略介于广泛经销和独家经销之间。即在某一市场范围内生产者选择几个愿意经销本企业产品的中间商来经销自己的产品，并与这些中间商建立良好的协作关系，得到高于平均水平的推销努力。

这种策略既能避免企业采用广泛经销时精力过于分散的现象，能同被选择的几家中间商保持良好的关系，掌握一定的渠道控制权，又能避免企业采用独家经销时渠道太窄的弊端，使企业能有足够的市场覆盖面。因而，这是多数生产者所采用的策略，最适用于消费品中的选购品。

任务3　营销渠道模式策划

导入任务

了解不同渠道模式的优点和缺点，熟悉中国国情下渠道模式的策划技巧。

一、经销商模式

经销商模式在营销渠道中是一种最为常见的渠道模式。经销商模式主要由生产商、经销商、批发商、零售商等构成。在国外，比较大的生产企业，其选择的大多是这种经销商模式。宝洁公司在进入中国市场后，在中国各地选择经销商，从而利用经销商网络迅速实现产品销售。

经销商模式的优点是生产企业利用经销商现有的网络，组织渠道包括批发系统和零售系统，将商品从生产企业传递到消费者手中。在这一传递过程中，生产企业通过建立与经销商良好的合作关系，形成与经销商共存共荣的联合体。经销商的优势在于有健全的销售网络，能够完成生产企业在目标市场的销售目标。生产企业的优势在于能够为网络成员提供多方面的营销支持和优惠。

采用经销商模式的优势：①生产企业负责市场开发，销售网络负责商品销售，这对提高生产企业的市场开发能力、扩大销售网络的销售能力都有非常大的帮助；②比较大的经销商网络也成为企业最广泛的市场信息来源渠道。

采用经销商模式的劣势：企业对经销商难以控制，如果发生利益冲突，就可能使企业建立起来的网络陷入瘫痪。因此，企业利用一定的经销商政策对经销商加以管理与控制，是保证经销商顺利发挥作用的关键。

二、代理商模式

代理商模式是国际上通行的分销方式。其主要内容是通过合同契约的形式，取得生产企业产品的代理销售权或用户的代理采购权，交易完成后收取佣金。

(一)独家代理与多家代理

按照代理商在市场中是否有独家代理权，代理商模式可以分为独家代理与多家代理。独家代理是指在某一市场区域，厂商的某种特定的商品全部由该代理商代理销售。多家代理是指不授予代理商在某一地区、某产品上的独家代理权，代理商之间并无代理区域划分。

(二)总代理与分代理

按照代理商是否有权授予代理权，代理商模式可以分为总代理与分代理。总代理是指该代理商统一代理某一厂家某产品在某地区的销售事务，同时它有权指定分代理商，有权代表厂商处理其他事务。在总代理制度下，代理层次比较复杂，在某一市场中总代理为一级代理，分代理商可以是二级代理或三级代理。

按照与厂家的交易方式，代理商模式有佣金代理和买断代理两种。最为常见的是佣金代理，它是一种纯粹的代理关系。

代理商模式对于节省厂家的财力，提高销售效率具有重要的意义。生产企业选用何种代理方式，取决于产品的销售潜力、企业的营销基础设施、企业对代理商的管理水平等多方面的因素。

三、直销模式

与传统的分销模式相比，直销模式具有比较明显的优势。因为直销关注的是与顾客建立一种直接的关系，让顾客能够直接与厂家互动。通过这种互动，顾客可以方便地找到他们需要的产品，并随时得到专业的服务。厂家可以准确地了解顾客的信息，很好地跟踪顾客服务。

建立直销模式需要一定的条件，资产条件是最大的约束。首先，在广告上的投入，由于缺少面对面与顾客交流的机会和诸多的销售网点，直销厂商必须加大其他方面的宣传力度；其次，从表面上看，直销越过了中间商，节省了可观的销售成本，但事实是企业必须先拥有一个日益庞大和复杂的全球信息和通信网络；最后，拥有适合直销的高端产品也是一个重要的条件。

四、垂直式营销渠道网络

（一）公司式垂直营销渠道网络

公司式垂直营销渠道网络是由同一个所有者名下的相关的生产部门和分配部门组成。这种营销渠道网络之间是由产权互相联系的。一般是一个企业通过收购渠道企业的股权，达到彼此之间的利益相通而得以控制渠道企业。这种模式使用的前提是生产商要有一定的经营规模和资产规模。

（二）管理式垂直营销渠道网络

管理式垂直营销渠道网络不是由同一个所有者下属的相关生产部门和分配部门组织形成的，而是由某一家规模大、实力强的企业出面组织的。例如，名牌生产商通过其在市场中的地位，在商品展销、货柜位置、促销活动和定价政策等方面取得经销商的大力支持。显然，对于生产商来说，这种模式是依靠其强大的市场地位形成的。

（三）契约式垂直营销渠道网络

这是生产商以契约为基础统一渠道成员的行动，以求得比独立行动时更好的经济和销售效果。一般契约式垂直营销渠道网络主要有代理制与加盟营销渠道网络。

代理制是指制造商通过组织各目标市场的代理商，以契约连接的方式，建立批发或零售代理网络。

加盟营销渠道网络主要存在于服务业，一般是由一个服务公司组织整个系统，以便将其服务有效地提供给消费者。例如，麦当劳与肯德基，通过与加盟的企业订立契约，向加盟企业提供管理、技术、店面指导等服务，从而迅速扩大营销渠道网络。

五、水平式营销渠道网络

水平式营销渠道网络是指由两家及两家以上的企业联合起来的渠道系统。这种系统可发挥群体作用，共担风险，获取最佳效益。

采用这种模式，一般是因为这些企业缺乏资本、技能、生产或营销资源而独自进行商业冒险，或者承担风险，或者发现与其他企业联合可以产生巨大的协同作用。企业之间的联合既可以是暂时性的，也可以是永久性的。

六、多渠道营销渠道网络

越来越多的企业采取多渠道进入相同或者不同的市场。多渠道网络是为两个不同层次的顾客提供商品。一方面，企业利用经销商或代理商网络为一部分顾客提供商品；另一方面，企业又通过自建的营销渠道网络为一些重要客户直接提供商品。这样做的目的是企业可以不再单纯依靠经销商，而是通过自己的营销渠道和网络取得更好的营销业绩。这种多渠道的营销渠道网络如果管理不好，企业就非常有可能与经销商发生矛盾，并使整个营销渠道网络瘫痪。

在企业实际的市场运作中，选用什么样的营销渠道网络模式，要基于企业的条件，并且随着市场的发展、营销渠道网络的变化，使企业更接近市场。因此，关注网络变化的动态可以使企业在市场中更具有竞争力。

案例分析

格力公司实施基于互联网背景的渠道变革

相比格力的传统渠道，电商渠道的优势在于流程短平快、引流效果明显、互动性强、随时随地的购买体验等，其劣势是售后成本较高、损害传统渠道利益、可能造成平台依赖。

格力电器基于互联网背景的改革是为了实现如下目标：第一，升级传统渠道，抵御行业风险；第二，多元渠道发展，实现销售增量；第三，深入利用网络，构建场景化O2O；第四，线上、线下联动，实现服务配套。最终改革的愿景，是建立一个能够提供线上线下一体化，便捷、高效、有保障的O2O整合渠道。

资料来源：（有修改）

[1]王成. 格力渠道策略探析[J]. 商业经济，2014(14)：59-61.

[2]朱国超，刘凤军. 格力打造互联网渠道新格局[J]. 企业管理，2017(02)：68-70.

思考：

1. 格力为何下决心改变原来的渠道模式，实施渠道变革？

_____

_____

_____

2. 回顾国内知名空调厂商的渠道模式，分组用PPT汇报。

_____

_____

_____

策划练习

传统服装企业做电子商务，常会以为这是个新领域，自己可以尽情挥洒，但实际上，服装企业的网络工程却是一项"杂草丛生"的复杂系统。如何避免线下实体渠道与线上网络渠道的冲突，是传统服装企业首先需要考虑的一个问题。

做一做： 尝试通过百度搜索，至少归纳整理出三家传统服装企业在解决网络销售渠道冲突时的创新做法。

_____

_____

_____

任务4　营销渠道管理策划

导入任务

了解营销渠道管理策划的基本内容，尤其要关注对经销商的政策管理和渠道的终端掌控。

一、中间商的选择

（一）选择中间商的原则

1. 分销目的

对中间商的选择以企业属性和产业类别为基本出发点，按流通渠道的形成方式选择中间商作为合作伙伴。但是，由于企业的分销目的有很大差别，对中间商的选择并非按批发、再批发和零售环节逐一确定。

以拓展国际市场为目的，企业可选择国内出口企业或国外进口商；以发展全国性分销网络为目的，企业主要选择外埠的批发企业；如果为了占据更大的零售市场份额，则营销主体需要与经营能力强的零售企业建立合作关系。

2. 分销能力

根据企业的分销目的和自我分销能力，企业决定是否寻找合作伙伴，形成一定数量的分销合作机构。

由于资源和能力方面的限制，即便设立销售分公司更有利于分销管理，营销主体仍然可能选择中间商作为合作伙伴。制造商的生产能力强但分销能力有限，因而选择批发商作为分销伙伴。批发商缺乏零售能力，与远距离零售企业的业务往来不方便，因而可能选择本地零售商和异地批发商作为分销伙伴。

3. 竞争动机

某些中间商的经营能力强，竞争优势特别明显，对当地市场十分熟悉，地理位置条件也很有利。这些中间商一旦被竞争对手利用并与竞争对手建立合作关系，就会对营销主体的现有市场产生相当大的威胁。因此，防范竞争对手和保护现有市场，也是企业选择中间商的原因之一。营销企业应当与分销能力强的中间商建立稳定的尤其是排他性的分销合作关系。

（二）选择中间商的评价标准

在分销策划中，选择中间商的原则与确定合作伙伴的标准略有差异：前者作为一般的准则往往高度概括，后者针对具体的对象注重细节运作。根据选择中间商的基本原则，形成可供营销主体选择的一定数量的中间商。在此范围内，营销企业依据某些标准进行评价并择优确定合作对象。

1. 选择经销商评价标准

选择合适的经销商主要有以下标准：①经销商的市场范围；②经销商的产品政策；③经销商的地理区域优势；④经销商的产品知识；⑤预期合作程度；⑥经销商的财务状况及管理水平；⑦经销商的促销政策和技术；⑧经销商的综合服务能力。

2. 选择代理商评价标准

许多人将代理商和经销商混为一谈，实际上，两者是有严格区分的。代理是指企业委托代理商销售商品或完成其他特定行为，其中受委托方就相应地成为代理商；而经销商主要是指区域内批发商、零售商等中间商。

选择合适的代理商主要有以下标准：①代理商的品德；②代理商的营业规模；③代理商的销售网络；④代理商的业务拓展能力；⑤代理商的财务能力；⑥代理商的营业地址；⑦代理商的政治、社会影响力和背景；⑧同行对代理商的评价。

(三)营销渠道成员合作方式的选择

1. 交易业务合作

交易业务的分销合作方式有三种：一是经销合作，即营销主体以协议方式与中间商形成分销合作关系，经销商的数量在一定范围内有所控制，以比较优惠的价格或支付条件向经销商供货，并对经销商提出业务规范要求；二是代理合作，即营销主体在目标市场区域内寻找一个或若干个代理商，由代理商分销产品，在代理方式上，营销主体可采用总代理或一般代理两种方式；三是其他业务性合作，如营销主体以协议形式，利用中间商的场所、人员开展分销业务，以租金、提成或其他方式给予中间商一定的利益回报。

利用何种方式与中间商形成分销合作关系，这与企业的市场战略要求、目标市场重要性及企业的直接分销能力息息相关。品牌竞争力强的制造商往往采用代理方式发展分销合作关系，对代理商有严格的评价标准。缺乏品牌影响力的中小企业应重视经销合作关系，或在小区域范围内寻找代理企业。分销能力强的中间商希望获得区域总代理资格，并允许其发展下游环节的代理业务。

2. 投资合作

除了业务合作方式外，投资合作也普遍应用于企业的分销合作领域。为了稳定和拓展市场，营销主体与中间商可以共同出资组建分销公司，利用各自的某种优势建立合作分销机构，形成投资合作和品牌合作两种分销合作方式。

投资合作以利益分享、风险共担为原则，合作双方的交易关系稳固。在具体分工上，营销主体提供货源，分销公司负责产品销售，投资合作需要的资金主要由营销主体承担，因此，分销合作的拓展速度较慢。在某些重要的目标市场，除了设立分公司或寻找总代理商外，营销主体也可考虑采用这种合作方式。

营销主体以何种投资方式发展分销合作伙伴，主要取决于投资能力和品牌价值。一般制造商经常采用投资合作方式发展分销合作伙伴，品牌优势明显的制造商和连锁企业倾向于采用品牌合作方式发展分销合作伙伴，以增强分销能力。

二、经销商政策管理

(一)分销权及专营权政策

制定此政策的目的是确保经销商的专营权。限定经销商的销售区域，规范分销规模，防止窜货或占着市场不经营。其内容主要包括经销商区域限定、授权期限、分销规模和违约处理。

(二)返利政策

制定返利政策的目的是激励经销商，调动他们的积极性。其内容包括返利的标准、返利的时间、返利的形式、返利的附加条件等。

(三)年终奖励政策

这一政策实际上是返利政策的一种。很多经销商和厂家都比较看重这种形式，因而将其从返利政策中分离出来，但其主要内容与返利政策一样。在应用此政策时要防止经销商为了拿年终奖励而干扰市场价格，所以应注意时间上的应用。

(四)促销政策

制定促销政策的目的是促进销售，激励经销商，调动他们销售的积极性。其主要内容包括设定促销目标、设计促销力度、确定促销内容、设计促销的时间、对促销费用的申报管理、促销活动管理及促销考评。

(五)客户服务政策

制定客户服务政策的目的在于尽最大努力做到使客户满意。其主要内容包括客户投诉处理程序、售后服务政策、配送制度、订/发货程序、员工礼仪、客户接待制度等。将这些详尽的制度通报给客户，从而确保实现客户满意。

(六)客户辅导培训政策

制定客户辅导培训政策的目的在于提高经销商的经营能力，促进企业和经销商之间的沟通。其主要内容包括确定培训对象、内容、时间、地点等。

三、渠道终端管理

(一)确定渠道终端的覆盖面

渠道终端的覆盖面关系企业分销网络整体布局的均衡状况。覆盖面太低，可能不利于企业占领市场；太高则有可能增加企业的销售成本。因此，确定适当的分销网络终端的覆盖面很重要。确定企业终端覆盖面可选择的方案有以下三种。

1. 密集网络终端

企业尽可能将大量的、符合最低信用标准的零售点都纳入企业的终端，最大限度地与消费者面对面接触。但这种方式的销售成本比较高、不易控制。

2. 选择性终端

生产企业在特定的市场通过少数几家精心挑选的、最合适的分销商来销售本企业的产品。这种方式容易控制，成本较低，但覆盖面不广。

3. 独家终端

对于专业性和售后服务要求高的产品，独家终端能比较好地解决专业服务的问题，但市场覆盖面较低。

(二)布置网络终端

终端市场建设在当前的发展趋势就是标准化，即企业对产品陈列位、陈列面、产品结构、产品库存、POP、落地陈列(堆头)及维护方面作出具体的标准化规定。也就是说，要求终端销售点按照企业一定的标准进行产品陈列和布置，企业销售人员也在拜访客户时给予销售终端以指导和帮助。

(三)促进市场生动化

渠道终端是直接与消费者面对面接触的地点。消费者能不能注意到产品、认同产品，很大程度上取决于产品在陈列时留给顾客的印象，所以使销售点市场生动化很关键。所谓生动化，是指在销售点进行的一切能够影响消费者购买产品的活动。

生动化原则的内容包括三方面：一是产品及销售点广告的位置，二是产品及销售点广告的展示方式，三是产品陈列及存货管理。

四、客户管理

(一)利益管理

企业要管理好客户，应先确保经销商能够赚到钱。让客户赚到钱不仅取决于企业的产品留给客户的差价有多大，更取决于企业的市场开拓与市场管理能力，看其能否为产品营造一个畅销的局面。为销售创造一个良好的秩序，是让客户赚到钱的前提。

(二)支援和辅导经销商

支援和辅导经销商，即厂家为经销商提供与销售有关的指导和帮助。为经销商提供支援和指导的内容比较多，主要有培训经销商及对经销商经营管理提出意见，提供经营信息给经销商，广告、公关等方面的指导与援助，指导经销商的店铺装修、产品陈列，以及对经销商进行培训等内容。

(三)建立良好的客情关系

建立与经销商或者客户良好的关系是促进与客户接触的重要前提，感情可以弥补利益之不足。这是建立与客户双向沟通的重要条件。

(四)风险控制

经销商与生产企业有着各自不同的经济利益，有些经销商会为追求一己私利而置厂家利益于不顾，从而给企业带来风险。例如，窜货引起的市场混乱、低价抛售冲击市场、拖欠货款造成资金风险等。企业必须通过法律、经济方法与手段，以及客户关系来控制风险。

五、对营销渠道的评价和改进

营销渠道建设的质量直接关系企业营销能力的高低，评价营销渠道网络对于企

业改进营销网络具有重要的意义。

评价营销渠道网络主要包括以下几个方面：①企业内部是否建立了有效的销售管理组织，这是企业能否给销售网络以迅速、有效的支持的关键；②企业是否有健全的客户管理制度，包括客户档案的建立、客户支持和指导管理制度、有效防范风险的机制等方面；③企业是否建立了客户铺货管理制度，其目的是掌握铺货率，降低铺货风险；④企业是否拥有良好的客情关系；⑤企业是否开展了持续有效的促销活动。

思考与操作

问题思考

1. 试述"消费者便利"理念在现代营销渠道策划中的指导意义。
2. 简述现代营销渠道发展的新趋势。
3. 什么是营销渠道的宽度和长度？
4. 比较垂直式营销渠道网络模式与水平式营销渠道网络模式的异同。
5. 经销商政策应包括哪些基本内容？
6. 企业在进行终端管理时，应如何使市场更生动化？

实务操作

农夫山泉在 2017 年开始实验"大经销"制，2018 年在部分区域深度实践。农夫山泉选拔了一批优秀的经销商，经过深度沟通后，双方在发展思路、模式、目标上取得了高度一致。

农夫山泉首先扩大该经销商的市场范围，给经销商更大的权限，由经销商按照厂家要求的模式操作市场并达到目标。与以往不同的是，经销商对费用的使用效率、业务单人产值都达到了极高的水平。经销商不仅完成了目标，还获得了超额的利润。

农夫山泉还实施营销信息化管理。公司组织开发了营销管理短信平台，借助GPS 服务和全球定位增值业务，把每一个经销商、终端门店及终端业务员的销售数据集中起来管理。借助手机终端，农夫山泉实现了对业务代表和销售人员的实时监控、管理，公司的管理触角直接由一级经销商扩展到零售门店，甚至直达终端消费者，牢牢掌握了渠道。而以电子数据流作为依据，从订单到收货，农夫山泉也能够随时查询、分析所有的数据信息，为决策提供支持。

资料来源：（有修改）

[1]崔婧. 农夫山泉思变[J]. 中国经济和信息化，2013(07)：71-73.

[2]陈思廷. 轻易放弃深度分销，才是你跳过最大的坑[J]. 营销界，2019(27)：83-85.

分析：

1. 农夫山泉启用移动商务系统，使渠道管理发生了哪些变化？

_____

_____

_____

2. 农夫山泉和经销商的合作呈现哪些新特点？

_____

_____

_____

课程思政

家电企业的多渠道发展与资源整合

2020年12月海信在青岛开设品质之家，之后在全国铺开品质之家会员店和智慧生活馆，按照"一城一店"的原则实施开店计划。

家电作为耐用消费品，其流通渠道具有短渠道特点。尽管人们喜欢线上购物，但线下逛店仍然是必不可少的一环。中国家电研究院发布的《2020中国家电行业线上消费趋势报告》显示，家电产品向智能化、健康化、高颜值、集成化等方向发展，家电流通渠道也在从传统的线下实体店销售向线上电商平台销售转移。但线下购物可以进行现场体验，增强感性认识。该报告指出线上线下相融合的运营方式正在成为恢复消费、促进增长的最为有效的方法。

疫情影响了人们的线下购买行为。根据《2021年中国家电创新零售白皮书》，疫情期间有超过40％的消费者加大了在线购物的频率。其中，送货到家是获取商品的主要方式，社区团购和其他线上应用的购物方式也相应激增。为了更好地满足消费者的需求，家电创新营销新模式开始兴起。

海信的品质之家会员店和智慧生活馆提供一个比较好的解决方案，它一方面展示海信品牌及子品牌的商品，另一方面创建智慧家庭智能化体验场景。这一举措无疑迎合渠道发展方向。最近几年，家电渠道呈现线上与线下结合、日益缩短的趋势。与此同时，网络平台也努力构建产销直接连接的渠道。比如，京东家电致力于促进家电生产端和销售端的紧密联系，实施"推新卖高"战略。所谓"推新卖高"战略，是指平台企业与家电企业共同创造新兴品类、推广高价值产品。

《人民日报》有评论提出，商贸流通行业的现代化，需要推动流通领域上下游环节的数字化、智能化。要鼓励线上企业发挥技术和数据优势，赋能传统流通企业，积极推动线上线下融合发展。《"十四五"现代流通体系建设规划》十分强调流通对商品和资源要素配置的组织作用，鼓励流通企业和平台资源整合，从而更好地衔接供需两头，推动产业链高效运行。

　　家电企业的多渠道发展与中间商合作两者之间并不对立。《经济日报》有评论十分精确地分析了厂商、中间商、消费者的关系，同时指出，资源的整合力、流程的优化率、流通业态都影响流通的效率。

　　《"十四五"现代流通体系建设规划》提出，支持现代流通企业网络化发展……推动现代流通企业一体化发展，促进商贸物流融合，深度嵌入工农业生产各环节，打造跨界融合发展新业态。厂商与渠道的跨界融合必然是家电企业未来发展趋势，在多渠道发展态势下，厂商与中间商的关系应该是共赢互利、共谋发展。

　　资料来源：（有修改）

[1]倪红福，冀承. 加快建设现代流通体系[N]. 人民日报，2022-01-04.

[2]丁俊发. 加快建设高效的现代流通体系[N]. 经济日报，2020-09-30.

[3]毕磊. 产业观察：家电业多渠道融合成常态，创新零售应势而动[EB/OL]. 人民网，2021-04-04.

　　思考：

　　1. 以家电企业的营销渠道建设为例，简述"消费者便利"对营销渠道发展的影响。

_____

_____

　　2. 按照《"十四五"现代流通体系建设规划》，未来企业营销渠道应当如何发展？

_____

_____

　　扫描二维码，获取本项目的学习课件。

学习课件	项目总结
	_____ _____ _____

项目 8
促销与沟通策划

学习目标

1. 了解促销组合的方式及特点。
2. 掌握影响促销组合的因素及促销组合策划的内容。
3. 了解企业新闻策划的概念及特点。
4. 掌握企业新闻策划的内容。
5. 了解整合营销的概念及要点。
6. 把握整合营销策划的内容、实施过程和方法。

扫描二维码，获取本项目的微课视频。

微课视频	预习笔记
	_____
	_____
	_____

走进营销策划

新国货的营销模式创新

近年来，以"新国货"为代表的新一轮国货消费全面崛起。根据《百度 2021 国潮骄傲搜索大数据》报告，近 5 年来，中国品牌搜索热度占品牌总热度的比例从 45％提升至 75％，是海外品牌的 3 倍。总体来看，新国货消费进入爆发式增长新阶段，成为消费提质升级的新引擎，为数字经济时代供需高水平动态平衡提供新路径。

新国货创新发展紧密依托电商平台、社交平台、直播带货等数字渠道，通过对大数据信息的分析和挖掘，精准识别新需求、创造新供给，从而不断发现新的市场机遇。例如，一家新锐气泡酒品牌在 4 个月内，利用数字平台将 14 个新产品对

10 000名消费者进行了测试，上市后产品实现了远超预期的销量。

随着中国电子商务市场成为全球创新最活跃、规模最大的市场，新国货抓住机遇，在市场竞争中培养成熟的互联网"流量"运营能力，创造了包括社交电商、直播带货、短视频运营等直接触达消费者的新营销模式，为国内品牌构建起现代流通的新优势。

新国货品牌的一大特点就是诞生时间短、品牌势能相对低。从崛起的新国货品牌的具体实践可以看到，在传播上，他们更加注重内容营销、社交"种草"。靠短期营销和流量运营只能取得一时的佳绩。只有那些认真打磨产品、用心聆听消费者心声、专注品牌价值的国货品牌才能取得长远发展。

资料来源：（有修改）

[1]王念，李汉卿，苏诺雅，王微. 新国货爆发式增长，中高端市场竞争力如何提升[EB/OL]. 澎湃网，2022-01-25.

[2]周怿. 购买新国货缘何成为新潮流[N]. 工人日报，2021-08-17.

思考：进一步收集资料，分析新国货营销创新下的促销手段及组合促销方法。

学习任务

任务1　促销组合策划

导入任务

通过相关知识的学习，明确促销组合的方式及特点，把握影响促销组合的因素，掌握促销策划的程序和促销组合策划的内容。

一、促销组合及其影响因素

（一）促销组合的方式及特点

1. 广告

广告是企业以付费的形式，通过一定的媒介，向广大目标顾客传递信息，达到扩大销售目的的有效方法。广告是一种应用范围广、传播速度快的促销工具。

在现代社会中，可供选择的广告媒介越来越多，除了报纸、杂志、广播、电视四大媒体之外，企业还可以利用邮寄、电影、招贴、橱窗、路牌等多种手段进行广告宣传。尤其值得一提的是，在互联网日益发达的今天，利用网络进行广告宣传是一个重要的手段。

相关链接

新媒体广告

新媒体是指利用数字技术，通过互联网、无线通信网等渠道，以电脑、手机和电视为终端，向用户提供音频、视频、语音数据服务、远程教育、在线游戏等集信息和娱乐服务于一体的一种传播形式。

当前所指的新媒体包括如下七类媒体形态：一是互联网，这是新媒体中发展最早，也是影响力最强的一类；二是手机，这是当前新媒体中发展速度最快的一类媒体形态；三是移动数字电视，包括无线的、车载的及公共交通上的；四是交互式网络电视（IPTV）；五是有线数字电视；六是楼宇电视；七是网络广播。

新媒体有些是相对于传统媒体的不同形态，如互联网、手机等；有些则是传统媒体的数字化形态，如楼宇电视，它与传统媒体在传播方式与服务方式上没有本质区别，仍是以"电视＋广告"的盈利模式支撑运营。

资料来源：黄志华. 形象思维的延展：全媒体时代广告创意探索[M]. 北京：电子科技大学出版社，2018：181-182.（有修改）

2. 人员推销

人员推销又称人员销售，是指企业通过派出推销人员或委托推销人员亲自向顾客介绍、推广、宣传，以促进产品的销售。人员推销可以采用面对面交谈、电话交流和信函交流等方式。

人员推销具有联系直接、机动灵活、现场洽谈、及时反馈、选择性强等特点，有利于建立良好的人际关系。但该种方式的绝对费用较高，而且企业较难聘请到优秀的推销人员。

3. 营业推广

营业推广是由一系列具有短期诱导性、强刺激性的战术等组成的促销方式，是指企业在特定的目标市场中，为迅速地刺激需求和鼓励消费而采取的一种短期促销手段。其具体形式有以下三类。

（1）针对消费者的营业推广，主要是为了刺激消费者的购买欲望，提高重复购买率，推动新产品销售，扩大市场占有率，如进行有奖销售、举办展销、现场表演等。

（2）针对中间商的营业推广，主要是为了鼓励中间商大量进货、代销、加速货款回收，如购货折扣、经销竞赛等。

（3）针对经销人员的营业推广，主要是为了鼓励推销人员积极工作、努力开拓市场，增加计划期内的销售量，如开展竞赛和奖励活动。

4. 公共关系

公共关系是指企业为了谋求社会各方面的信任和支持，树立企业信誉，通过有计划的长期努力，影响团体与公众对企业及产品的态度，营造良好的企业经营环境的手段。

综上所述，四种促销组合方式的特点，如表 8-1 所示。

表 8-1　四种促销组合方式的特点及促销形式

促销方式	特　点	主要促销形式
广告	受众广泛，重复传播，讲求艺术性	电视、广播、网络、报纸、杂志、宣传册、海报、传单、户外广告牌、车身广告、微信和微博这类自媒体广告等
人员推销	信息双向沟通，灵活性大，针对性强，信息收集反馈能力强	业务洽谈、上门访问、商品展销会、卖场推销、产品推介、售后服务、顾客调查等
营业推广	吸引顾客，刺激购买，短期效果好，方式多样	折扣、竞赛、游戏、样品赠送、抽奖、优惠券、示范表演、直播带货、商品搭配、展览会、会员卡、广告特制品等
公共关系	消费者容易接受，可信度高，有利于提高企业整体形象	媒体宣传、整合传播、招待会、座谈会、茶话会、捐赠、公益广告、舆论调查、民意测验、投诉处理等

(二)影响促销组合的因素

1. 促销活动的目标

促销活动的目标既可以是短期的买卖活动，也可以是传递企业营销的促销信息和产品信息。促销目标不同，选择使用的促销组合方式也不同。

(1)如果企业的促销目标是在同一市场树立企业的良好形象，以便企业产品今后能占领市场，取得市场竞争的领先优势，则企业的促销目标应当是进行长期的信息传递，树立良好的企业形象，所选择的促销方式应当是以公共关系为主，辅以人员推销和商业广告。

(2)如果企业的促销目标是增加短期的业务量，如短期的或季节性的价格折让、新产品上市促销等，所采用的促销组合方案则侧重于商业广告和营业推广，配合以公共关系等促销方式。

2. 产品类型

不同类型产品的消费者在信息的需求、购买方式等方面是不相同的，因此企业需要采用不同的促销方式。

(1)同质性高的产品应注重品牌形象建设，营造品牌差异化。同时采用适当的营业推广方式，增加消费者的购买量、购买频次，培养消费习惯，使消费者成为产品的忠诚使用者。此类产品的促销策略有凭证优惠促销、会员俱乐部营销等。

(2)如果要使消费者试用企业的产品，则可根据不同的市场环境，采取免费试用、联合促销、抽奖促销等方式；如果要提高消费者的购买量和购买频次，则可采用吸引订阅、发送电子邮件、增强消费者黏性、提供季节性优惠、对相关产品进行再营销等方式。

3. 市场特点

在地域广阔、分散的市场，广告有着重要的作用。如果目标市场窄而集中，则企业可以使用更有效的人员推销方式。

4. 产品的市场生命周期

各种促销方式在产品的市场生命周期的不同阶段起着不同的作用。

(1)在导入期，商业广告和公共关系中的宣传报道对促销最为有效，可以广泛地向消费者传播新产品的消息，刺激消费者的购买欲望。

(2)在成长期，广告和公共关系中的宣传报道仍然有效，但此时消费者已经对产品有了一定的了解，促销的重点应逐渐转为营业推广。

(3)在成熟期，市场竞争激烈，要用广告及时介绍产品的改进，同时使用营业推广来刺激消费者的购买积极性，吸引尽可能多的消费者前来购买。

(4)在衰退期，营业推广的作用更为重要，同时配合少量的广告来加强顾客的记忆。

5. 目标市场的环境

不管企业采用何种方式开展促销活动，都要对目标市场的营销环境进行充分的市场调查，有针对性地开展促销，正确认识目标市场中目标顾客的消费倾向、消费理念和消费能力。如果企业不对目标市场的营销环境认真加以分析，而是盲目地开展促销，是不可能获得理想的促销效果的。

6. 促销预算

促销预算也是影响促销组合的一个重要因素，它是企业未来一定时期内各种促销方式的费用支出。企业一般采用的促销开支原则：以企业自身的财力、过去或预计销售量的百分比、竞争者花在促销预算上的百分比来确定本企业的促销预算。

(1)预算费用越大，促销组合方式越多，促销的效果就越好。但促销费用的开支一定要与收益成比例，盲目而无休止地投入不一定会取得成比例的促销效果。

(2)如果在促销费用上投资过少，无异于浪费投资，因为这样根本无法吸引顾客的注意。

二、促销策划的程序

(一)确定促销活动的目的和目标

确定促销活动的目的和目标是为整个促销活动确定一个总体构想，为制订的工作计划、方案创意、实施和控制、评估促销效果提供一套标准和依据。没有目的和目标，促销活动就不能做到有的放矢，以后的所有促销活动将会失去方向。一般说来，促销有以下几个目的：一是新产品上市，二是扩大市场份额，三是清理库存。

（二）进行资料收集和市场研究

通过直接调研和收集二手资料，了解市场促销环境、竞争对手的促销策略与促销方案、顾客的消费心理与消费行为等方面的情况，可以提高促销活动的针对性和成功率。

（三）提出促销创意

有了好的促销创意，促销便成功了一半，创意对促销的重要性不言而喻。策划人员应在市场促销环境、竞争对手促销策略与方案、消费者心理与消费行为研究的基础上，策划出具有针对性、能够吸引消费者兴趣、激发消费者购买欲望且便于操作的创意方案。

（四）编写促销策划书

促销策划书又称促销方案，是实施促销活动的指导性文件。促销活动必须严格按照促销方案执行。

促销方案一般包括：促销活动的目的，促销活动主题，促销活动宣传口号或广告词，促销活动的时间、地点，促销活动的内容，执行促销活动的人员，促销活动准备的物资清单，促销经费预算，促销活动注意事项等。促销方案编写要尽可能周全、详细、具体，越详细具体，越便于操作实施。

（五）试验促销方案

如果促销创意、方案一经制订就直接拿去市场上操作，一旦失败，损失将很难弥补。所以，为了降低促销活动失败所带来的损失，试验促销程序必不可少。通常的做法是在一个比较小的市场上进行一次短期操作试验；或者由企业内部一些专家，如营销经理、一线市场人员等，对促销活动的各个方面的问题进行讨论。

（六）改进完善促销方案

对试验促销方案进行总结，修改促销方案中不妥或不完善的地方。

（七）推广实施促销方案

促销活动方案在通过试验改进和完善之后，进入正式推广实施阶段。在这个阶段，要注意严格按照促销方案和预算执行。促销活动负责人的主要职责是监督、指挥、协调和沟通。

（八）总结评估促销方案

在促销活动过程中或促销活动完成后，参与促销活动的人员要对该次促销活动进行总结评估。总结评估的主要内容包括：①活动的目的、目标是否达到；②经费预算的执行情况；③促销活动中的突发事件；④避免问题再次出现的方法。促销活动评估总结要形成完整的书面报告，为下次进行促销活动做好准备。

三、促销组合策划的内容

（一）广告策划

广告策划是根据广告主的营销计划和广告目标，在市场调查的基础上，制订一个与市场情况、产品状态和消费群体相适应的、经济有效的广告计划方案，并加以实施、检验后，为广告主的整体经营提供良好服务的一种策划。广告策划是对整个广告活动的全面策划，主要内容是对广告环境进行分析和对广告目标、广告媒体、广告时机、广告设计要素等进行策划。

1. 广告目标的确定

广告目标是广告活动要达到的最终目的，也是企业对广告活动的要求和控制广告活动的标准。广告目标可分为信息性目标、说服性目标和提醒性目标。

(1)信息性目标。信息性目标就是向公众提供有关产品的各种信息，如产品名称、用途、性能、生产厂家、价格、服务等，以便消费者对该产品有一定的了解并产生初步的需求。

(2)说服性目标。说服性目标就是说服消费者购买和使用本产品，提高品牌忠诚度。

(3)提醒性目标。提醒性目标就是提醒老顾客继续购买本产品并使之确信自己的选择很正确。

在确定广告目标时，要考虑企业因素(企业资金、企业形象、企业规模)、产品因素(产品的不同生命周期)、市场因素(市场的种类、市场的竞争状况)，要使广告目标明确，符合企业整体营销的战略目标，并具有可控性和可行性。

2. 广告媒体的选择

广告媒体的选择是广告工作中的重要一环。广告宣传要想达到预期的效果，就必须选择适当的传播媒体。在选择广告媒体时应当综合考虑以下几个方面的因素。

(1)目标市场的媒体接触习惯。不同的人有不同的媒体接触习惯，如有些青少年喜欢听广播、上网；而有些中老年人相对而言更喜欢读报纸、看电视。有针对性地选择广告对象易于接收的媒体，是增强广告促销效果的有效方法。

(2)产品。选择广告媒体，应当根据企业所销售的产品或服务的性质与特征而定，因为各类媒体在展示、解释、可信度、注意力与吸引力等各方面具有不同的特点。比如，服装、化妆品类的广告要求色彩鲜艳、美丽动人，应当选用印刷精美的杂志或彩印报纸的广告媒体；而彩电、冰箱等家用电器，人们更需要了解其性能和规格等，在报纸或电视中做广告显然比选择其他媒体的效果好。

(3)广告内容。广告媒体的选择受广告信息内容的制约。如果广告内容是关于第二天的销售活动，则报纸、电视、广播媒体最及时；如果广告信息中有大量的技术资料，则宜登载在专业杂志上或邮寄广告媒体上。

(4)广告传播范围。如果企业想把产品销往全国，则应在全国性的报纸、电台、电视台上做广告；如果是为了打开某一区域市场，则应该选择地方性的报纸、电台、电视台等媒体作为传播渠道。

(5)成本。不同媒体的广告成本不同。广告媒体的选择应当考虑广告主的经济负担，分析广告成本，比较广告费用与广告预计效果，使广告效果最大化，即以最小的广告成本获取最好的效果。

3. 广告时机的选择

广告时机的选择是对广告推出的时间、频率所作的具体安排，也是广告媒介策划的重要组成部分。企业的竞争环境总是处在变化之中，媒介传播必须善于抓住机

遇，适时推出广告信息，取得最佳的传播效果。

（1）选择广告时间。广告时间选择的策略包括集中时间策略、均衡时间策略、季节时间策略和节假日时间策略。

集中时间策略是指在短时间内对目标市场展开突击性的广告攻势，迅速提高产品和企业的知名度。这种策略通常运用于新产品上市、企业开张、广告竞争激烈及产品销量下降时。

均衡时间策略是一种反复地、有计划地对目标顾客开展广告宣传的策略，目的是保持和加深消费者对产品的印象。

季节时间策略主要用于季节性强的商品广告，为销售旺季的到来做好准备。

节假日时间策略即在节假日前将产品、服务、价格等信息用快捷的方式传递给消费者，以达到节假日提高销售量的目的。

（2）确定广告频率。广告频率是指一定周期内广告发布的次数。一般来说，频率越高，就越能引起人们的注意。但频率也要有限度，过分地简单重复，会使人们产生厌烦与逆反心理。在广告频率的运用中要讲究策略，以不断变换的形式给人以新鲜感。

广告媒介使用的频率策略包括均衡策略、变化频率和交叉协调。均衡策略是在某一单位时间内（如以一周为单位）使用某种媒介的次数和每次使用的时间。变化频率是在广告次数的安排上随时机的变化而变化，适时灵活，抓住机会。交叉协调是根据媒介组合方案，合理安排各类媒介的播出时间、频率、间隔、交叉与相互协调，形成综合性最强的广告效应。

4. 广告设计的基本要素

广告设计的基本要素包括主题、创意、文案、图形和衬托等要素。充分掌握广告设计的要素与基本技巧，是设计出优秀广告作品的前提。广告设计就是创造性地组合上述诸要素，使其成为一件完整的广告作品。

（1）主题。广告主题是广告的核心，它决定广告设计的其他要素的运用，决定广告的格调和价值。突出广告主题，使消费者一接触广告时就能理解广告所表达的内容。确定广告主题，必须要体现和突出广告战略决策，集中反映广告特色，并符合消费者的心理。

（2）创意。创意是形象化地表现广告主题的新颖构思，是广告具有说服力和感染力的重要因素。缺少构思或构思与主题不协调，就无法引起消费者的注意，难以取得良好的广告效果。

（3）文案。文案是广告作品中用于表达主题和创意的语言文字，是广告的主体。广告的语言文字部分不管其字数多少，都要表现广告主题。广告宣传要做到用最少的语言与时间来完成最好的表述，就必须具备良好的语言艺术素质。如何用精练准确、通俗易懂的语言文字来表达广告主题，是广告设计者必须具备的基本功。

（4）图形。图形是展示广告主题的有效方法，是提高视觉效果的重要手段。它能更准确、细腻、生动地表现广告主题，是广告真实感和美感的源泉。广告形象中的插图在大多数广告作品中比文案占据更多的位置，在促销商品方面与文案有着同样的作用，有时甚至比文案更重要。

（5）衬托要素。广告为了突出主题，有时往往还要利用各种衬托要素来表现，强化广告的感染力，使静寂变成热闹、孤立变成完整，迅速而生动地形成一系列的感觉、知觉、联想、共鸣等，从而提高广告的注意度、理解度和记忆度。

相关链接

广告策划的原则

1. 求实原则

真实是广告的生命。真实不仅是对企业的利益负责，更是对消费者的利益负责。无论什么时代、什么场合、什么媒体、什么商品，不真实的广告只能失去社会公众的信任和支持，无论其设计得多么巧妙，均摆脱不了失败的命运。广告策划必须基于真实的广告信息，不能夸大其词，不能欺骗消费者。即使蒙混一时，也不可能持续多久。

2. 效益原则

讲究效益是广告策划的基本要求。企业进行广告策划时，除了考虑策划的目的外，还必须考虑企业的资源状况。任何一个广告活动都应考虑投入与实际收益。经过广告策划的广告活动必须获得广告效益。广告效益包括经济效益和社会效益。

3. 可行原则

一切广告策划不能只停留在表面上，为策划而策划，其最终目的是应用于实际，指导广告活动的操作过程。因此，广告策划必须具备可操作性，使策划的环节明确、步骤具体、方法可行。

4. 合规原则

广告作为一种社会文化传播活动，会对民众的意识形态产生一定的影响。因此，广告必然要受到法律法规的制约。在广告策划的过程中，必须坚持法律与道德的原则。广告策划过程中不得加入损害民族尊严、反动、迷信、淫秽等内容。除此之外，在策划过程中不可侵犯他人的知识产权，这样才能使广告业健康、持续地发展。

5. 科学原则

正确的广告决策来源于科学的构思与超前的预测。正是广告策划的这种科学化的构思，才能保证正确的广告策略，这就要求事先处理好广告活动的各个环节及广告策划人员相互之间的有效配合问题。

资料来源：王冠韬，王琦. 广告策划[M]. 成都：西南交通大学出版社，2017：22-23.（有修改）

（二）人员推销策划

1. 人员推销组织策划

人员推销组织策划是指设计人员推销的组织结构体系，合理安排推销人员之间的权责关系。它包括建立合理高效的组织结构和确定推销人员的规模两部分。

（1）建立合理高效的组织结构。建立合理高效的组织结构是促销任务顺利完成的组织保障，组织结构的设置会直接影响人员促销工作的效率。人员的组织结构可按企业的销售区域、产品、顾客类型及这三个因素的组合来设计。建立合理高效的组织结构主要有以下几种方法。

一是区域组织结构法。企业将目标市场划分为若干个销售区域，每个推销人员负责一个区域的全部销售业务。销售区域的确定可根据销售潜力或销售工作量相等的原则划分。要充分考虑区域的自然地理状况、顾客的分布状况、推销成本、便利程度等因素，以减轻推销人员的工作负荷，降低成本，取得最高的推销效率。

二是产品组织结构法。企业将产品分成若干类，每一个推销人员或每几个推销人员为一组，负责销售其中的一种或几种产品。这种组织形式适合于产品种类多、技术性强的情况。

三是顾客组织结构法。企业也常常按顾客类别（如所属行业、规模大小、新老客户等）来分配推销人员，每个（组）推销人员负责向同一类顾客开展推销活动。这种结构能针对不同顾客采取不同的推销策略。但是，一个推销人员可能要横跨若干省份或大区域，整个销售队伍有可能重复交叉出现在同一个地区。

四是综合型结构法。企业综合考虑产品、区域和顾客等因素，来组成推销人员队伍。采用这种结构时，每个推销人员的任务都比较复杂。

（2）确定推销人员的规模。推销人员的规模与销售量和成本密切相关，因此，必须合理确定推销人员的规模。确定推销人员规模的方法有以下三种。

一是销售能力分析法。这种方法是先决定预测的销售额，然后估计每位推销人员每年的销售额。推销人员规模可由预测的销售额除以每个推销人员的销售额得出。

二是推销人员工作量分析法。根据每个推销人员的平均工作量及企业所需要拜访的客户数目来确定推销人员的规模。每类顾客的数量乘各自所需的访问次数就是整个地区的访问工作量，将总的年访问次数除以每个推销人员的平均年访问次数即得出推销人员的规模。

三是销售百分比法。企业根据历史资料计算出销售队伍的各种耗费占销售额的百分比及推销人员的平均成本，然后对未来销售额进行预测，从而确定推销人员的数量。

2. 人员推销管理策划

拥有合格的推销人员是人员推销成功的关键。推销人员能力及态度的好坏直接影响人员推销工作。因此，要对推销人员进行选择、培训、激励、考评，使之能很好地完成销售任务。

(1)推销人员应具备的条件。第一，推销人员应具备良好的思想道德和业务素质。一个好的推销人员需要留给人良好的印象，这就要求推销人员必须具备良好的素质，包括思想道德素质和业务素质。仪表端庄，热情大方，谦逊有礼，能够与各种各样的人打交道；善于倾听和说服，熟悉企业产品的情况，了解市场上同类产品的基本情况并能正确地进行比较和鉴别；能及时回答顾客的提问，给人以诚实、守信、热情、耐心、周到、细致和业务精湛的印象，才会得到顾客的信任。

第二，推销人员应有健康的心理、顽强的意志。心理健康者对现实世界及他人的认识是客观的，很少受主观偏见的影响，善于与他人接近，能和大多数人和睦相处，经常表现出友善、耐心和合作的愿望。推销人员要与各种各样的顾客打交道。从了解顾客、与顾客接洽到成交，每一步都可能会遇到各种困难，对于吃闭门羹之类的事要坦然面对，不卑不亢，无惧无畏。

(2)推销人员的培训内容。推销人员的培训内容主要包括：企业简介(包括企业历史、经营目标、组织结构设置、主要负责人、主要产品、销售量等)、企业文化简介、品牌简介、产品简介(包括产品制造过程、技术含量、功能、用途等)、推销人员素质要求、行为规范、标准促销技巧、推销程序和责任、问题反馈程序、个人待遇、个人投诉程序、企业促销管理方式、促销管理内容、各种表格的用途及使用方法等。

(3)推销人员的评价和报酬。推销人员的评价是企业对推销人员工作业绩考核与评估的反馈过程。它不仅是分配报酬的依据，更是企业调整市场营销战略、促进推销人员更好地为企业服务的基础。

推销人员的报酬主要有两种形式：一是销售定额制，即规定推销人员在一定时期内应销售多少数额的产品，然后把报酬与定额完成情况挂钩；二是佣金制，即企业按销售额或利润额的大小给予推销人员固定的或根据情况可调整比率的报酬。佣金制度能鼓励推销人员尽最大努力工作，并使销售费用与现期收益紧密相连。同时，企业还可根据不同产品、工作性质给予推销人员不同的佣金。但是，佣金制度也有不少缺点，如管理费用过高，导致推销人员存在短期行为等。所以，它常常与薪金制度结合起来运用。

3. 人员推销的步骤

(1)事前准备。在走出去推销之前，推销人员必须知己知彼，掌握三个方面的知识：一是产品知识，即关于本企业、本企业产品的特点、用途、功能等各方面的情况；二是顾客知识，包括潜在顾客的个人情况，所在企业的情况，具体用户的生产、技术、资金情况，用户的需要，购买决策者的性格特点等；三是竞争者知识，即竞争者的能力、地位和他们的产品特点，同时，还要准备好样品、说明材料，选定接近顾客的方式、访问时间、应变语言等。

(2)寻找顾客。寻找潜在顾客的途径有很多，可以通过现有顾客的介绍，以及

其他推销人员介绍、查找企业名录、电话号码簿等方式寻找潜在顾客。

（3）接近顾客。登门访问，与潜在客户进行面对面交谈。在这一阶段推销人员要注意给顾客留下一个好印象，并引起顾客的注意。因此，穿着、举止、言谈、态度等都应大方得体。

（4）介绍。这是推销过程中的重要一步。任何产品都可以也必须用某种方式来介绍。即使是那些无形产品（如保险、金融、投资业务）也可以采用图形、坐标图、小册子等形式加以说明。介绍时要注意通过顾客的视、听、触摸等感官向顾客传递信息，其中视觉是最重要的。在介绍产品时，要特别注意说明该产品可能给顾客带来的利益，要注意倾听对方的发言，以判断顾客的真实意图。

（5）处理异议，即克服障碍。推销人员应随时准备处理不同意见。顾客在听取介绍的过程中，总会提出一些异议，如怀疑产品的价值，不认同交易的条件。这就需要推销人员具有与持不同意见的买方洽谈的语言能力和技巧，做好解释、协商工作，随时有应对否定意见的措施和论据，但不要争辩。

（6）达成交易。接近和成交是推销过程中两个最困难的步骤。在洽谈、协商过程中，推销人员要随时抓住能够成交的机会。有些买主不需要全面的介绍，介绍过程中推销人员如发现顾客表现出愿意购买的意图，应立即抓住时机成交。在这个阶段，推销人员还可以提供一些优惠条件，以尽快促成交易。

（7）售后追踪。达成交易不是推销的结束，而是下一轮推销的起点。如果推销人员希望顾客满意并重复购买，希望他们传播企业的好名声，则必须坚持售后追踪。售后追踪访问调查的直接目的是了解顾客是否满意已购买的产品，发现可能产生的各种问题，表达推销人员的诚意和关心。另一个重要的目的是促使顾客传播企业及其产品的好名声，听取顾客的改进建议。

相关链接

推销的分类

1. 人员推销

由推销员和消费者直接见面，消费者发出需求信息，推销员发出供给信息；消费者接收推销员的供给信息，推销员则接收消费者的需求信息。因而，双方既是信息的发出者，又是信息的接收者。人员推销包括上门推销、设店推销等。

2. 非人员推销

非人员推销是信息的单向沟通，即由卖方发出信息，买方接收信息。比如，企业通过报刊、广播、电台、电视等渠道的宣传，以及通过寄送商品目录、橱窗陈列等方式的宣传。

资料来源：周玫. 现代企业人员推销学[M]. 北京：经济管理出版社，1996：1-2.（有修改）

（三）营业推广策划

1. 建立营业推广的目标

营业推广目标总体上受到企业市场营销总目标的制约，是这一总目标在促销策略上的具体化。在不同类型的目标市场上，销售促进的特定目标因目标市场的不同而有所差异。针对消费者，推广目标可以确定为鼓励经常和重复购买者、吸引新购买者、改进和树立企业品牌形象等；针对中间商，推广目标可以确定为吸引中间商购买新的产品和提高购买水平，鼓励非季节性购买；针对推销人员，推广目标可以确定为鼓励推销新产品、促进他们开拓新市场、鼓励提高销售水平等。企业营销部门要通过多因素的分析，确定一定时期内销售促进的目标并尽可能使之数量化。

2. 选择营业推广的工具

营业推广的工具是多种多样的，各有其特点和使用范围。企业在选择营业推广的工具时必须充分考虑以下因素。

（1）市场类型。市场类型不同，对营业推广工具的要求也不同。例如，当生产者市场和消费者市场的需求特点与购买行为有很大的差异时，所选择的营业推广工具必须适应企业所面对的市场类型的特点和相应的要求。

（2）营业推广目标。特定的营业推广目标往往对营业推广工具的选择有着较为明确的要求和制约条件，从而规定了选择范围。

（3）竞争条件和环境。对企业本身在竞争中所具有的实力、条件、优势与劣势，以及企业竞争者的数量、实力、竞争策略等因素进行分析，选择最适合企业的营业推广工具。

（4）促销预算分配及每种推广工具的预算。总的市场营销费用中有多少用于促销费用，其中又有多少份额用于营业推广，往往也对推广工具的选择形成一种硬约束。

3. 确定营业推广的形式

（1）对中间商的营业推广形式。对中间商的销售促进，目的是吸引他们经营本企业产品，维持较高水平的存货，抵制竞争对手的促销影响，获得他们更多的合作和支持。

相关链接

针对中间商营业推广的主要形式

销售津贴：销售津贴也称销售佣金，它是最具代表性的销售促进方式。它是企业为了感谢中间商而给予的一种津贴，如广告津贴、展销津贴、陈列津贴、宣传津贴等。

列名广告：企业在广告中列出经销商的名称和地址，告知消费者前去购买，提高经销商的知名度。

赠品：赠品包括赠送有关设备和广告赠品等。前者是企业向中间商赠送陈

列商品、销售商品、储存商品或计量商品所需要的设备，如货柜、冰柜、容器、电子秤等。后者是一些日常办公用品和日常生活用品，上面都印有企业的品牌或标志。

销售竞赛：这是为了推动中间商努力完成推销任务的一种促销方式，获胜者可以获得现金或实物奖励。销售竞赛开始前应先向所有参加者公布获奖条件、获奖内容。这一方式可以极大地提高中间商的推销热情。

业务会议和展销会：企业每年举行几次业务会议或展销会，邀请中间商参加。在会上，一方面介绍商品知识，另一方面现场演示操作。

（2）对消费者的营业推广形式。对消费者的销售促进，是为了鼓励消费者更多地使用产品，促使其大量购买。其主要方式有赠送样品、提供各种价格折扣、消费信用、代金券、服务促销、演示促销、包装促销、购物抽奖等。如果销售促进目标是抵制竞争者的促销，则可设计一组降价的产品组合，以取得快速的防御性反应。如果企业产品有明显的竞争优势，目标在于吸引消费者率先采用，则产品样品可作为有效的销售促进工具。

相关链接

针对消费者营业推广的主要形式

赠送样品：企业免费向消费者赠送商品的样品，促使消费者了解商品的性能与特点。样品赠送的方式可以是派人上门赠送，也可以是通过邮局寄送；可以是在购物场所散发，也可以是附在其他商品上赠送等。这一方法多用于新产品促销。

有奖销售：这是通过给予购买者一定奖项的办法来促进购买。奖项可以是实物，也可以是现金。常见的有幸运抽奖，顾客只要购买一定量的产品，即可得到一个抽奖机会，多买多奖。或当场抽奖，或规定日期开奖。也可以采取附赠方式，即对每位购买者另赠纪念品。

现场示范：利用销售现场进行商品的操作示范，突出商品的优点，显示或证实产品的性能和质量，刺激消费者的购买欲望。这属于动态展示，效果往往优于静态展示。现场示范特别适合于新产品的推广，也适用于使用起来比较复杂的商品。

廉价包装：在产品质量不变的前提下，使用简单、廉价的包装，而售价则有一定降低。这种方式很受长期使用本产品的消费者欢迎。

代金券：这是可以以低于商品标价购买商品的一种凭证，也可以称为优惠券、折扣券等。消费者凭此券可以获得购买商品的价格优惠。代金券既可以邮寄，也可以放在其他商品的包装中。

4. 制订营业推广方案

在制订营业推广方案时，要考虑以下几点。

(1)比较和确定激励程度。要使推广取得成功，一定程度的激励是必要的。激励程度越高，引起的销售反应也会越大，但这种反应也存在递减的规律。因此，要对以往的推广实践进行分析和总结，并结合新的环境条件，确定适当的激励程度和相应的开支水平，以达到使企业成本最低、效益最佳的目的。

(2)选择营业推广对象。在选择营业推广对象时要考虑以下问题：营业推广是面向目标市场的每一个人还是某一类团体？范围控制是多大？哪些人是推广的主要目标？这种选择的正确与否会直接影响推广的最终效果。企业在选择营业推广对象时要尽量限制那些不可能成为长期顾客的人。

(3)选择营业推广的媒介送达方式。即企业营销人员必须考虑通过哪种媒介，才能达到理想的推广效果。比如，选定赠券这种推广工具，就有几种媒介送达方式，不同的媒介送达方式又涉及不同的接受率和费用开支水平。因而必须进一步确定有多少用来放在包装中，多少用来邮寄，多少放在杂志、报纸等广告媒介中。

(4)选择销售促进的时机。销售促进从何时开始，持续多长时间效果最好，是需要企业认真研究的问题。持续时间过短，一些消费者可能无法重购，或由于太忙而无法利用促销的好处；如果促销时间太长，则消费者可能认为这是长期降价，而使促销失去效力。按照有关研究，每个季度举办三次左右的推广活动为宜，每次的持续时间以平均购买周期的长度为宜。

(5)确定销售促进的预算。销售促进总预算可以通过两种方式确定：一是自下而上的方式，即市场营销人员根据全年销售促进活动的内容、所运用的销售促进工具及相应的成本费用来确定销售促进总预算；二是按习惯比例来确定各项促销预算占总促销预算的比率。

5. 实验、实施和控制营业推广方案

营业推广方案应经过实验，以确认所选用的工具是否适当，刺激程度是否理想，现有的途径是否有效。实验可采取邀请消费者对几种不同的可能的优惠方法作出评价，给出评分，也可以在有限的地区范围内进行试用性测试等方式。当实验结果同预期效果相近时，便可进入实施阶段。在实施中，要密切注意和观测市场反应，及时对推广范围、强度、频度和重点进行必要的调整，保持对推广方案实施的良好控制，以顺利实现预期的目标。

6. 评估营业推广的效果

企业可用多种方法对营业推广结果进行评价。评价程序随着市场类型的不同而有所差异。企业在测定对零售商促销的有效性时，可根据零售商销售量、商店货架空间的分布和零售商对合作广告的投入等进行评估。企业可通过比较销售绩效的变动来测定消费者促销的有效性。

测定销售促进效果的另一种方法是在目标市场中找一组样本消费者进行面谈，

以了解有多少消费者还记得促销，他们认为效果如何，有多少人从中获得利益，促销对他们以后的品牌选择和行为有何影响等。这种方法常用于有选择地研究某种营业推广工具对消费者的影响。

（四）公共关系策划

公共关系策划即公关策划，是指公关人员通过对社会公众进行系统分析，利用已经掌握的知识和手段对公关活动的整体战略与策略进行运筹规划。公共关系策划的目的是让公众了解企业，树立企业形象，增强公众的好感和信任，从而乐于接受企业的产品、服务、价格。

公共关系策划主要包括以下几个方面的内容。

1. 收集公共关系信息

在公共关系策划中，主要收集的信息包括政府决策信息、新闻媒介信息、立法信息、产品形象信息、竞争对手信息、消费者信息、市场信息、企业形象信息和销售渠道信息等。对所收集的信息要经过整理、加工、分析、提炼，从而为制定公关决策提供依据。

2. 公共关系目标策划

公共关系的总体目标是树立企业良好的形象。有了总体目标之后，还要制定具体的、定量化的目标。具体目标服务于总体目标，有确定的内容，通过一段时间的公关活动可望达到理想的效果。确定目标时要考虑企业自身性质、所处的特殊环境与面临的实际问题。公共关系主要是利用信息沟通的原理和方法来开展活动，因此，不同时期的公共关系的具体目标是不相同的。

3. 公共关系对象策划

确定与企业有关的公众是公共关系策划的基本任务，否则就不能有效地开展公关工作。一般来说，公共关系对象策划有以下两个步骤：第一，要鉴别公众的权利要求，公共关系在本质上是一种互利关系。一个成功的计划必须考虑到互利的要求，要做到这一点，就必须明确公众的权利要求。第二，对公众的各种权利要求进行概括和分析，找出各类公众权利要求中的共同点和共性问题，把满足各类公众的共同权利要求作为设计企业总体形象的基础。

4. 公共关系策略策划

（1）运用自媒体及其他媒体。通过自媒体进行宣传或吸引其他媒体进行宣传，它能给企业带来许多好处。它能比广告创造更大的宣传价值，有时甚至具有轰动效应，而且更能鼓舞企业内部员工的士气和信心。一个企业或者产品能作为新闻报道而受到赞扬，无疑是一种有力的激励。

（2）积极参与社会活动、注重人际交往。企业在从事生产经营活动的同时，还应积极参与社会活动。企业公关人员直接参与或举办各种社会性、公益性、赞助性的活动来扩大企业的社会影响，提高其社会声誉，赢得公众的信任和支持。

（3）组织宣传展览。在公共关系活动中，企业可以印发各种宣传材料，如介绍企业的小册子、业务资讯、图片画册、音像资料等,还可以举办形式多样的展览会、报告会、纪念会及有奖竞赛等。通过这些活动使社会公众了解企业的历史、业绩、名优产品、优秀人物、发展的前景,从而达到树立企业形象的目的。

(4)咨询和游说。咨询主要是由公关人员向企业管理人员提供有关公众的意见。咨询的内容主要是企业定位与形象等方面的劝告和建议,也可以包括回答和处理顾客的问题、抱怨和投诉。游说的对象主要是有关机构和人员。与他们打交道的目的是在一定范围内获得企业生存与发展的稳定环境。

(5)导入 CIS 战略,树立良好的企业形象。通过改变企业形象,吸引外界的注意,从而提升业绩,达成预期目标。一个企业除了生产优质产品和做好经营管理之外,还必须重视创建良好的形象和声誉。在现代社会经济生活中,一旦企业拥有良好的形象和声誉,就等于拥有了可贵的资源,就能获得社会广泛的支持与合作。

5. 公共关系时机选择

精心选择时机有利于提高公共关系活动的成功率,如选择重大节日或纪念日,利用社会热点开展公共关系活动等均能收到较好的效果。

6. 公共关系决策与效果评估

公共关系决策就是对公共关系活动方案进行优化、论证和决断,是一项公共关系策划活动成功的关键。公共关系方案的优化过程就是提高方案合理性的过程。方案的优化可以从三个方面去考虑:一是增强方案的目的性,二是增加方案的可行性,三是降低耗费。评估内容主要是检查公共关系目标是否能实现,核定计划实施的效益,评估公共关系活动的效果。通过评估,公共关系活动呈现一个完整的过程。

案例分析

疫情期间上汽通用五菱的"五菱口罩"上热搜

2020 年年初由于突发的疫情,口罩一下子变得供不应求。上汽通用五菱在这一年的 2 月抓紧上马生产医用口罩,并且喊出响亮的"人民需要什么,五菱就造什么"的口号。上汽通用五菱生产口罩一事,受到媒体关注与讨论,并登上微博热搜。

2020 年 2 月 16 日,央广网以《战疫情,中国制造跑出中国速度》为题,报道了疫情发生后全国有数千家企业开展"口罩、防护服、消毒液、测温仪、医疗器械"等生产业务,赞扬了一些以自身优势进行跨界转产的汽车企业,点名表扬上汽通用五菱。该企业在 2 月底可以达到每天 200 万只口罩的产能,以及正在安装中的11 条口罩生产线。人民网也称赞了五菱的举措,在国内疫情防控工作最吃紧的时刻,五菱工业公司积极"跨界"生产口罩和口罩机。

此外,几大门户网站也报道了疫情期间上汽通用五菱与产业链伙伴携手同行,共克时艰的作为。还有媒体称赞上汽通用五菱帮助供应商伙伴缓解资金压力。上汽

通用五菱的公共关系活动被作为 2020 年度公共关系典型案例广为人知。

资料来源：（有修改）

[1]李慧纳. 五菱工业公司获得医用口罩双证书[EB/OL]. 人民网，2020-06-29.

[2]拱千舒. 出钱又出力，上汽通用五菱助力产业链复产[EB/OL]. 网易，2020-03-04.

[3]央广网. 战疫情，中国制造跑出加速度[EB/OL]. 央广网，2020-02-16.

思考：请分析"五菱口罩"上热搜的原因。上汽通用五菱这一公共关系宣传与活动的特色有哪些？

_____

_____

_____

策划练习

美国有一家百货公司，曾一度积压了上千万美元的商品。为使公司走出困境，转危为安，该公司推出了市场"连锁"促销策略。

具体方法：以公司最为畅销商品为促销的龙头，让利 8%，并且只要是在本公司购买该产品，公司便发给顾客一张优惠购物券。顾客如果拿着这张购物券在公司再度购物，便会得到 15% 的优惠价。然后公司再给顾客一张购物券，拿此券再去公司购物，便可得到 20% 的优惠价。如果顾客能三次购买该公司出售的商品，便可得到这个公司发给的奖券一张。顾客拿着这张奖券便可参与公司根据购物价值级别而设立的各种抽奖活动。中奖者可得到公司销售的冰箱、彩电、录音机、电熨斗等。

该公司的销售额因此直线上升，公司从此名声大振。

做一做：根据类似思路，为某超市撰写一个促销策划方案。

_____

_____

_____

任务 2　企业新闻策划

导入任务

通过相关知识的学习，明确企业新闻策划的含义与特点，掌握企业新闻策划的具体内容。

一、企业新闻策划的含义与特点

(一)企业新闻策划的含义

企业新闻策划和广告、人员推销、营业推广、公共关系等，都是一种营销沟通手段。企业新闻策划主要包括企业策划人员通过自媒体宣传或吸引其他媒体进行宣传。为此，需要结合企业实际，根据企业营销需求，按照新闻规律，整合企业优势资源。

企业新闻策划与媒体的新闻策划虽然概念不同，但也有共同点，都需要坚持正确的舆论导向，坚持新闻真实性原则，遵守法律法规。无论是策划人员还是自媒体工作者，需要不断提高自身的思想道德修养，为传播对象和行业传播专业的、准确的信息，禁止虚构或制造新闻，抵制低俗、庸俗、媚俗的内容，反对和抵制各种有偿新闻。

(二)企业新闻策划的特点

1. 企业新闻策划可以吸引人们的关注

企业新闻策划是在遵守法律与新闻规律、道德的前提下，借助一定的事件、人物、产品等，发现或挖掘与企业发展相关的新闻信息，然后通过媒体传播方式吸引人们的关注。企业通过自己的网站、微信公众号等，推送有新闻价值的文章，可以吸引转发，产生较好的效应。

2. 企业新闻策划是维系更好的公众关系的方式

企业新闻策划不是利用新闻炒作或是对事件的营销。企业通过新闻策划工作的开展，从企业的新奇产品、特殊人物、成功经验、行业动态和社会活动中找到亮点与热点，为媒体提供更为丰富的新闻信息与资源，使企业与公众的关系、消费者关系更加友好。

二、企业新闻策划的内容

(一)企业自媒体传播策划

企业运营自媒体，就是企业借助官网、微博、微信、App 等各种互联网工具，发布相关信息，加强自身与客户、粉丝的互联互动。企业自媒体是客户了解企业形象的重要途径，也是企业形成自身文化的重要载体。

企业通过自媒体发布的信息与大众媒体发布的新闻有所不同。自媒体发布的信息也遵循新闻规律，但却可以更好地提高人们的关注度和参与度。企业自媒体通过策划，可以借助更多社群，努力拓展品牌的传播范围，突破自媒体传播的局限性。

(二)企业外宣策划

企业外宣是指企业顺应新媒体、自媒体、社会媒体的发展需要，积极推动企业信息沟通、品牌和形象传播，起到对内凝聚人心，对外增强吸引力、影响力的作用。目前仍有不少企业擅长做"内宣"，不擅长做"外宣"。要改变这一现象，企业需要通过策划，重视媒体关系，积极与各方沟通，以更加开放的心态传播企业相关信

息，重视舆情监测和反馈，改善舆论环境。

1. 记者招待会策划

企业召开记者招待会通常是有重大新闻价值的事件发布，如郑重宣布企业的某项重大发明、新产品上市等。企业要开好记者招待会，需要做充分的准备工作，如确定主题、确定记者名单、选择适当的时机、确定主持人、准备发言稿、遴选会议工作人员、布置会场、准备好通信设施、安排好会议程序等。

2. 新闻发布会策划

新闻发布会是有关企业重大发明和重大决策的会议，如新产品上市、公司人员重大调整、扩大生产规模、取得最新纪录的销售业绩等，向社会公布以期引起关注。企业在召开新闻发布会之前要进行充分准备，如诚邀参会人员、选好场地、配备好通信设施、安排并控制好会议时间等。特别是新闻发言人面对媒体时要自然、放松，最好事先彩排并录像，反复播放彩排录像，让新闻发言人注意自己的表情、体语效果。

(三)新闻宣传内容策划

新闻宣传内容策划与策划人、自媒体运营者的价值理念、文化素养及其对社会的认知密切相关。从自媒体运营角度看，虽然自媒体不是传统意义上的媒体，但企业自媒体从业人员要以新闻从业人员素养来严格要求自己。企业要加强新业态新岗位的职业道德建设。自媒体传播要坚守事实、真实不可逾越的底线，在宣传内容上做到真实、准确、全面、客观。

一般来说，企业值得向社会传播的新闻内容主要有以下几类：①企业采用新技术、新设备、新工艺开发及研制出新产品和取得的新成就，这一切都给公众或消费者带来了益处；②企业产品质量的改进，产品种类、产品项目的增加，功能的增加等；③企业重要的专项活动(如记者招待会、参观、展销)，企业的奠基、开业、重大纪念日、各种庆典等；④产品在市场上的反应、产值、销售额、市场占有率等方面的重大突破；⑤企业在竞争中采取的新决策、新战略或新措施；⑥企业、产品所获得的各项荣誉，企业为社会福利事业作出的贡献和参与社会公益事业所付出的努力等。

策划练习

小米公司刚刚成立的时候，资金并不雄厚，所以小米选择了采用门户网站和科技网站结合的网络广告，运用在网站上的深度宣传，提高公司的知名度。小米在一些大型网站和与电子产品有关的专业网站上，先后发表了多篇关于小米手机的文章，吸引了网民的关注。小米当家人巧妙运用自身的效应，在微博上与粉丝进行互动，小米信息迅速在一个小范围的"发烧友"圈中传播。小米公司和电信、联通合作，举行产品发布会，在微博上直播后，很多主流网站将他们的合作作为新闻头条，小米借着联通、电信的知名度开始被人们关注。小米手机发布时，采用门户网站、视频网站、BBS等相结合的方式传播，取得了不错的宣传效果。

资料来源：常亚南．小米手机网络广告营销策略探索[J]．产业与科技论坛，2015，14(15)：14-16.（有修改）

做一做： 请你根据这一思路为某个企业做一个新闻策划文案。

_____

_____

_____

任务3　整合营销策划

导入任务

通过相关知识的学习，明确整合营销策划的含义与特点，掌握整合营销的内容、实施过程与媒体选择策略，明确整合营销传播的实施条件。

一、整合营销和整合营销策划

（一）整合营销理论

20世纪90年代以来，以美国为首的西方发达国家经济转入了高速发展的后工业时代。在同一卖场上销售不同品牌的同类产品，售前、售中、售后服务都如出一辙。消费者难分优劣，市场竞争日趋激烈。良好的营销战略成为企业战胜对手、立足市场的有效保障。在这一残酷形势下，全球营销战略相应发展出了许多新概念，最为引人注意的是整合营销战略(integrating marketing strategy)。

北卡罗来纳州立大学教授罗伯特·劳特朋(Robert F. Lauterborn)在《广告时代》杂志上发表的文章中，提出了用4C取代传统的4P理论的观点。传统的以4P(产品、价格、渠道、促销)为核心的营销框架，重视的是产品导向而非真正的消费者导向，即制造商决定制造某一产品后，设定一个能够收回成本且达到一定目标利润的价格，从企业的角度确定销售渠道策略，然后对企业销售进行相当程度的促销。也就是说，传统营销是一种由内向外的营销，制造商的经营哲学是"消费者请注意"。面对20世纪90年代市场环境的新变化，企业在营销观念上要逐渐淡化4P，突出4C。所谓4C，包括顾客(customer)、成本(cost)、便利(convenience)和沟通(communication)。这个理论框架说明了客户需要的是价值、低成本、便利和沟通，而不是促销。

整合营销理论在1997年前后开始传入我国，并在一些大型企业中得到应用，对我国企业经营界、企业咨询界、广告界的影响都极为深刻。

（二）整合营销的内涵

整合营销又称整合营销传播，其中心思想是通过企业与消费者的沟通，以满足

消费者需要的价值为取向，确定企业统一的促销策略，协调使用各种不同的传播手段，发挥不同传播工具的优势，充分调动一切积极因素以实现企业的传播目标。

整合营销的关键在于真正重视消费者的行为反应，认真了解客户的需求和欲望，通过双向沟通，建立长久的、一对一的关系营销，并在设计、制造、销售、服务的全过程中满足客户，为客户量身定做全过程的服务，在市场上树立企业品牌竞争优势，从而提高顾客的品牌忠诚度，提高企业的市场份额。

（三）整合营销策划

整合营销策划是指企业对将要在实现与消费者沟通中的传播行为进行超前规划和设计，以提供一套统一的、有关企业传播的未来方案。整合营销策划具有以下几个特点。

1. 以顾客价值为导向

以顾客价值为导向的整合营销传播，不仅要求把消费者作为整个传播活动的始点和终点，更要求把消费者作为整个营销传播过程中每一环节的焦点并继续贯穿下一次整合营销传播的始终。在此基础上，使顾客、企业、环境构成的价值系统不断增值。

2. 统一的传播风格

整合营销传播是以沟通和满足消费者需求为核心，重组企业行为和市场行为，综合、协调地使用各种形式的传播方式。它以统一的目标和统一的传播形象，传播一致的产品信息，迅速树立品牌形象，实现与消费者的双向沟通，并建立起长期密切的关系，从而更有效地达到广告传播和产品营销的目的。

3. 循环沟通

整合营销传播真正的价值在于其本身的循环沟通。它从建立消费者资料库开始，进行多方信息传播活动，并对消费者的反应加以收集和分析，再利用另一种形式的沟通来引起消费者的再次反应，然后再将整个流程循环下去。这就是真正的关系营销，它能够使消费者与厂商实现双赢。

4. 突破时间、空间的限制

整合营销传播方式是多层面的，时间的差异、地域的远近都不能成为传播的障碍。

二、整合营销策划的内容与实施

（一）整合营销策划的内容

1. 水平整合

（1）信息内容的整合。企业的所有者与消费者有接触的活动，无论其方式是媒体传播还是其他的营销活动，都是在向消费者传播一定的信息。企业必须对这些信息内容进行整合，根据企业想要达到的传播目标，向消费者传播一致的信息。

（2）传播工具的整合。为了达到信息传播效果的最优化，节省传播成本，有必要对各种传播工具进行整合。企业要根据不同类型顾客接受信息的途径，衡量各个传播工具的传播成本和传播效果，找出最有效的传播组合。

(3)传播要素资源的整合。企业的一举一动、一言一行，从电话的接听方式到商品包装、广告及售后服务，都无时无刻不在将自己的信息传递给那些关系着企业成功与否的群体(顾客、商家及其雇员等)。应该说传播不仅仅是营销部门的任务，也是整个企业所要担负的责任。因此，有必要对企业的所有与传播有关联的资源(人力、物力、财力)进行整合，这种整合也可以说是对接触管理的整合。

2. 垂直整合

(1)市场定位的整合。任何一个产品都有自己的市场定位，这种定位是基于市场细分和企业的产品特征确定的。企业营销的任何活动都不能与企业的市场定位相矛盾。

(2)传播目标的整合。有了确定的市场定位以后，就应该确定传播目标。想要达到什么样的效果，多高的知名度，传播什么样的信息……这些都要进行整合，有了确定的目标才能更好地开展后面的工作。

(3)品牌形象的整合。品牌形象整合主要是品牌识别的整合和传播媒体的整合。名称、标志、基本色是品牌识别的三大要素，它们是形成品牌形象与资产的中心要素。品牌识别的整合就是对品牌名称、标志和基本色的整合，以建立统一的品牌形象。传播媒体的整合主要是对传播信息内容的整合和对传播途径的整合，以最低的成本获得最好的效果。

(二)整合营销策划的实施

1. 准确发现目标消费者的需求

大部分卖不出去的产品的首要原因是销售定位错误。定位不仅仅是给产品确定一个口号或者标签，而是对产品的消费者利益进行认真分析，找出消费者真实的需求。大部分企业往往从自己的产品出发，武断或者盲目地认为消费者应该有什么需求，并根据这种假想需求进行营销宣传活动，其结果必然失败。

2. 向消费者作出独特的利益承诺

在确定消费者需求后，需要准确地向消费者传递出能给他们带来什么样的价值信息，将产品卖点与消费者利益点进行统一。

3. 给企业和产品取个有助于信息传播的名称

将对消费者利益的承诺，变成一个简单醒目的名称，无疑会大大提高营销沟通的效果。

4. 事件行销，营造声势

企业可以借助一些事件的行销策划来造声势。例如，捷达轿车1996年推出"60万公里无大修"的宣传，一下子就将捷达轿车的优势传播出去，结果到1998年年底，捷达轿车在深圳和珠海两地出租车市场占有率迅速上升。

5. 媒介创新，实现"乘数"传播效果

现代营销研究发现，人们喜欢看一些新奇的东西，因此，媒介创新成为营销活动的重要内容。企业进行整合营销时，需要在媒介种类与使用方式上进行大胆创

新，才能使自己的信息与众不同，达到最佳的传播效果。

6. 接触管理，实现和消费者的双向沟通

要成功推出一个品牌，就必须在每一个消费者接触点上，将企业希望表达的信息与创意通过有力的形式进行报道。接触管理之所以重要，原因有两点：一是它可以保证企业的信息接触到消费者；二是它能够在较短时间内，通过扩大接触的方式，赢得足够多的消费者的注意。

在运用接触管理中还要注意的是，要针对不同人群进行独特宣传，即对主要购物人群，进行有针对性的沟通。随着现代信息技术的发展，营销日益虚拟化，企业与顾客关系发生重大变化，接触管理比以往任何时候都显得复杂与重要。

(三)整合营销传播的实施条件

1. 整合营销传播必须由高层往下开展

不论企业组织结构或形态如何，整合营销传播计划必须是由高级管理层开始拓展，并向下渗透到整个组织，而无法由中层或基层开始。这种由上而下的方向和领导非常重要，它不仅能在财务上保障整合营销传播计划的实施，而且能以更积极的态度和方式排除传播障碍，使企业员工都能了解整合营销传播的重要性并付诸实施。

2. 消费者导向的营销

为了使整合营销传播有效运作，厂商必须密切关注各阶层消费者，获取有关资讯，以便了解及满足消费者需求，使其营销计划更能适合消费者。这是营销传播成功的必备条件。

3. 传播必须成为一个实际有效的竞争优势

为了使整合营销传播达到效果，所有的组织都应认清传播必须成为实际有效的竞争优势。当产品具有同质性、渠道类似、价格无差异且高层次的顾客服务变得普遍时，"传播"将取代"流通"，成为市场营销的主战场和企业竞争的利器，谁掌控了"传播"，谁就获得了市场主动权和竞争优势。

📝 **策划练习**

去过浙江温州五马步行街的人，都对一家专营牛仔服的"小小商店"有着难以忘却的印象。这家商店门口悬挂着一套足有一丈（约 3.33 米）多长的牛仔服。这种别具一格的展示，给过往行人留下一个醒目标志，使人们对商店的位置、营业范围一目了然，同时这一展示也成了陌生人在温州问路的一个重要标志。

做一做：请策划一个类似的有创意的营销活动或公关活动。

_____

_____

_____

思考与操作

问题思考

1. 如何进行促销组合策划？

2. 影响促销组合策划的因素有哪些？

3. 在促销组合中选择两种不同的促销工具进行分析比较。

4. 新媒体时代，为什么强调提高企业自媒体从业人员的综合素养？

5. 为什么说整合营销策划要"以消费者为中心"？

6. 在进行整合营销策划时要注意哪些问题？

实务操作

孕婴童门店的管理，包括店面选址、产品选择、陈列管理、促销管理、团队建设等几个方面，其中促销管理是一个非常重要的管理项。

门店经营的终极目标是实现盈利能力的持续提升，有效途径包括两个方面：一是提升门店营业额，二是提升经营毛利率。

提升门店营业额要从商圈客流量（选店时需要关注）、进店率、成交率、客单价、重复购买率、转介绍率等几个方面着手。促销作为提升门店营业额的手段，应该重点关注以上几个指标。

单店销量提升公式：

销量＝客流量×成交率×客单价

　　　＝商圈客流量×进店率×客单价×重复购买率×转介绍率

提升门店经营毛利率要重点关注品项管理与品类管理两大管理指标。关注品项管理就是要有效地提升"明星"产品在店内的销售份额，果断淘汰"瘦狗"产品，将毛利高、市场份额低的问题产品利用促销手段转化成"明星"产品；关注品类管理就是关注孕婴童门店经营定位与坪效，有效整合门店资源，关注商品组合，最大化地提升门店竞争力。

孕婴童门店促销管理的关键点就是围绕门店营业额与经营毛利的提升，推动促销策略的有效组合。同时，孕婴童门店的促销活动的实施又必须以消费群体自身的消费特点为依据，满足消费者的消费需求。

孕婴童门店的促销管理可以遵循以下策略进行。

1. 以提升客流量为目标的促销策略。例如，换季的时候可以进行过季服装促销，节假日可以进行"进门有礼"的促销活动，针对个别品项与品类可以开展"秒杀"促销，因为这样可以吸引更多的消费者参与，增加门店人气。

2. 以提升客单价为目标的促销策略。例如，"积分兑换"、累计销售额"买赠"

与"抽奖"等促销活动的设计相结合。

3. 以增强消费者黏性为目标的促销策略。例如，空包装兑换、销售积分、购物券返还、预存有礼等促销活动的开展。

4. 以提升门店品牌影响力为目标的促销策略。例如，会员日促销、店庆促销、宝宝秀、孕妇秀等促销活动的开展。其中，以服务广大消费群体为目标的孕婴课堂、宝宝爬行赛等活动的开展，可以有效地提升门店的影响力，与消费者形成互动。

5. 以新客户拓展为目标的促销策略。例如，"购物券"派赠、"进店有礼"、免费服务日/项目(婴儿游泳、洗浴、理发)的推出等。

6. 以重点品项推广为目标的促销策略。例如，针对新品的试用反馈促销，针对高毛利产品的买赠促销，针对流通产品的特价与打折促销等。

同时，孕婴童门店的促销活动一定要注意规避简单的打折与促销买赠，尤其要注意，针对新产品要避免简单的打折与本品买赠。因为在消费者未能形成对某一品牌、产品的价格与价值定位时，简单的本品买赠与打折只能降低产品的价值与档次，而不会推动销量的提升。

另外，促销活动的管理不是某一单项促销活动的实施与推出，要注意促销策略的有效组合与促销活动的连贯性。

资料来源：李刚国. 孕婴童门店6大促销策略[EB/OL]. 联商网，2013-10-23. （有修改）

要求：

1. 分组讨论信息化、数字化背景下孕婴童门店如何实施新颖的促销策略，并制作PPT进行汇报展示。

_____

_____

2. 根据案例所提供的材料和课外收集的资料，为某个孕婴童门店做一份详细的儿童节促销策划方案。

_____

_____

_____

课程思政

严厉整治直播带货中"刷单炒信"行为

直播带货作为一种促销方式，在网络交易日益发达的背景下，广受消费者青睐。然而近年来兴起的直播带货也是鱼龙混杂，不少商家利用刷流量、刷评价等方式进行炒作，造成虚假销售的火爆景象，引发更多顾客购买。

据媒体报道，2021年1月，江苏省常熟市有关部门发现，有人在直播间进行直播活动时，召集"水军"进行炒作，增加直播间在线人数，制造直播间虚假火爆氛围，在直播间刷虚假流量。调查发现，当事人自2020年12月开始与常熟市××商行进行合作，为该店铺销售的服装在抖音平台上做直播视频营销。

这类"刷单炒信"行为在网络上屡见不鲜。更有甚者，营运者、营销者还利用网络红人、知名博主进行促销，制造虚假销售场景，引发消费者冲动购买。这些做法损害了公平交易原则，破坏了正当竞争的市场秩序，侵犯了广大消费者的合法权益。

国家市场监督管理总局自2021年开始重点监管、惩处网络不正当竞争行为，严厉打击包括直播带货中虚假宣传在内的不正当竞争行为。公布了第一批网络虚假宣传不正当竞争典型案例，对一系列不正当竞争行为进行曝光，包括利用网红进行虚构评价，雇佣专业团队、水军进行"刷单炒信"等。2022年年初，国家发展改革委等部门联合发布《关于推动平台经济规范健康持续发展的若干意见》，提出要对人民群众反映强烈的重点行业和领域，加强全链条竞争监管执法。依法查处平台经济领域垄断和不正当竞争等行为。

《经济日报》对此评论认为，"刷单炒信"无视法律法规，是流量时代的"毒瘤"。"刷单炒信"产生的严重后果包括：商家行为连带造成平台信誉损毁；严重破坏公平有序的市场环境；制造人为扭曲的平台信息数据，误导网络消费群体。

严厉整治直播带货中"刷单炒信"行为要从以下几个方面着手：第一，直播营销人员要严格进行自身行为约束，严格遵守法律法规。自2021年5月25日起，由国家互联网信息办公室等七部门联合发布的《网络直播营销管理办法（试行）》正式实施。在对直播营销行为要求方面，直播间运营者、直播营销人员应当遵守法律法规和公序良俗，真实、准确、全面地发布商品或服务信息，明确直播营销行为不得触犯的红线，加强对直播间各个环节的管理。"刷单炒信"行为无疑触犯了《网络直播营销管理办法（试行）》的红线之一，即虚构或者篡改交易、关注度、浏览量、点赞量等数据流量造假。直播营销人员必须坚决杜绝此类行为，严格进行自身行为规范。

第二，平台要对商家实施严格监管，同时要完善各种制度，加强营销行为规范，主动杜绝"刷单炒信"。《关于推动平台经济规范健康持续发展的若干意见》要求平台探索数据和算法安全监管。严肃查处利用算法进行信息内容造假、传播负面有害信息和低俗劣质内容、流量劫持及虚假注册账号等违法违规行为。《网络直播营销管理办法（试行）》在对直播营销平台的要求方面，明确直播营销平台应当建立健全账号及直播营销功能注册注销、信息安全管理、营销行为规范、未成年人保护、消费者权益保护、个人信息保护、网络和数据安全管理等机制、措施。平台必须严格依照法规要求完善自身机制。

第三，有关部门应当利用法治与科技手段，对违规商家严厉打击。将网络直播营销中的各类主体及各项要素纳入监管范围，及时发现问题并处理问题，防患于未然。

资料来源：（有修改）

[1] 蔺丽爽. "刷单炒信"已形成网络黑灰产业[N]. 北京青年报，2021-07-29.

[2] 江德斌. 斩断"刷单炒信"链条[N]. 经济日报，2021-07-30.

思考：

1. 像直播带货这类新促销手段与工具的出现，给营销策划带来哪些亟待解决的难题？

_____

_____

_____

2. 如何更好地规范促销组合，维护公平竞争的市场秩序？

_____

_____

_____

扫描二维码，获取本项目的学习课件。

学习课件	项目总结
	_____ _____ _____

项目 9
营销策划创新与发展

学习目标

1. 认识新媒体营销策划。
2. 掌握新媒体营销的特点。
3. 了解新媒体营销的方法。
4. 掌握新媒体营销的技巧。

扫描二维码，获取本项目的微课视频。

微课视频	预习笔记
	_____ _____ _____

走进营销策划

自 2012 年以来，绍兴旅游微电影的营销价值日益凸显。《樱为爱情》《樱为爱情Ⅱ·五月之恋》和《爱在绍兴》的相继推出，让绍兴旅游尝到了甜头。在《爱在绍兴》的微电影中，平日忙于工作的父母带着儿子游绍兴，圆了儿子的梦想，弥补了父母内心的歉疚。该片上传到各大网站不到一周，就吸引了 60 余万次点击。微电影的制作成本低、周期短、投放快，具有较强的故事性和互动性，使得消费者乐于观看进而转发，成为营销的重要武器。

旅游微电影与一般微电影有着本质的差别。旅游微电影的立足点在营销，既不能完全超脱于商业，又不能赤裸裸地把营销目的全部展示出来。从这方面来看，它更倾向于公共关系的范畴，这就需要策划与创意。绍兴的几部旅游微电影，融合了诸多旅游营销要素。从《樱为爱情》到《爱在绍兴》，再到《兰亭忆》，从男女爱情到家

庭亲情再到温暖友情，从主推景区风光到凸显古城文化，从"单纯的游"到旅游六要素，体现了营销组合手段的综合运用与文化营销策略。

现在很多地方与景点纷纷制作微电影进行宣传。但绍兴旅游微电影营销具有很强的目的性与系统性。例如，在媒体选择上，针对不同受众接触媒体的不同习惯，针对不同的微电影受众，选择了不同的发布媒介。这种卓有成效的整体营销谋略不同于单纯的微电影宣传。

绍兴作为一个传统的旅游目的地城市，通过旅游微电影营销，让人感受到了时尚、浪漫、文艺的气息，重塑了旅游目的地的形象。从这方面看，绍兴旅游微电影营销提供了一个传统旅游目的地城市在微时代营销方法与手段创新中获得成功的典型范例。

思考：

1. 绍兴旅游微电影营销有哪些特点？

_____

_____

_____

2. 有人说，"绍兴旅游微电影营销是微时代营销方法与手段的创新"，对此你有什么看法？

_____

_____

_____

学 习 任 务

任务1　认识新媒体营销策划

导入任务

了解新媒体营销的概念，掌握新媒体营销的特点。

一、新媒体营销的概念

从广告的角度来看，传统媒体包括四大类：报纸、杂志、电视和广播。新媒体是新的技术支撑体系下出现的媒体形态，如数字杂志、数字报纸、数字广播、手机短信、移动电视、网络、数字电视、数字电影、触摸媒体等。

企业战略家迈克尔·波特认为，关键问题不是是否运用因特网技术，而是如何应用它。企业如果想保持竞争力，就没有其他选择。这表明以互联网技术为基础的新兴营销方式在早期就得到了重视。目前有七类新媒体对传统广电媒体产生影响，一是移动数字电视，包括无线的、车载的；二是有线数字电视；三是IPTV，狭义上指的是基于TV终端的；四是网络广播；五是网络电视；六是手机电视；七是楼宇电视。

新媒体营销是指企业通过受众，可以广泛且深入地参与（主要是通过数字化模式）的媒体形式进行的营销。例如，森马与优酷的合作，将热播电视剧与品牌建立关联度，利用热播电视剧的高人气在短时间内提升森马的品牌热度，树立品牌认知度与偏好度。新媒体营销是对消费者进行有针对性的心理引导的一种营销模式，从本质上来说，它是企业软性渗透的商业策略在新媒体形式上的实现。值得注意的是，采用这些方式、方法主要的目的是影响消费者的购买行为，拉动消费者心智的信息传播与沟通。在运用新媒体营销时，谁的互动性强，谁达到的营销效果就好。

二、新媒体营销的特点

（一）快捷性

新媒体营销突破了空间和时间的限制，信息能够迅速传播，时效性大大增强。

传统的大众媒体由于技术的限制，基本上是区域性的传播。随着新媒体传播技术的发展，除非人为的限制，在新媒体的平台上，所发布的每个内容理论上都是可以面向全球所有的网络使用者的。

此外，传统的大众媒体还受到时效性的限制。运用新媒体传播，营销产品从制作到发布，其速度与效率是传统的电视、报纸等媒介所无法企及的。

（二）交互性

以传统媒介为载体的营销往往难以避免单向性的特点，与顾客的互动差。新媒体营销改变了这一状况。

第一，新媒体通过独特的网络介质实现了传播者与接受者的平等关系。由于独特的网络介质，信息传播者与信息接受者的关系趋于平等，受众不再轻易受媒体摆布，而是可以通过新媒体的互动，影响信息传播者。

第二，新媒体促进了传播的个性表达与交流。人人都可以接受信息，人人也都可以充当信息发布者。与传统媒体的"主导受众型"不同，新媒体是"受众主导型"。受众有更多的选择，充分满足了信息消费者的细分需求。

第三，新媒体营销具有综合性特点。现实传播中的互动性的人际传播、单向性的大众传播及介于二者之间的组织传播，在新媒体传播中都可以得到体现。

（三）低成本

新媒体具有开放性，一些人通过新媒体发布的具有价值的内容得到了广泛传播，并逐渐形成稳定的读者群。这就意味着，在大众传播时代，信息技术革命打破了以往业界固有的传播模式，人人都可以成为传播的主体。2002年年底，美国硅谷最著名的IT专栏作家丹·吉尔默把这种变化概括为"We Media"，中文翻译为自媒体。

以微博营销为例，企业只要增加自己的粉丝，关注粉丝的点击量就可产生巨大的传播效果，因为点击量直接决定受众量。它的营销效果是传统营销无法企及的。

(四)系统性

新媒体的综合性使得它可以通过不同媒体的整合产生"1＋1＞2"的效果。这种整合不仅发生在新媒体之间，而且通过新媒体与传统媒体之间的结合也可以产生类似的效应。例如，互联网如何与其他媒体合作以达到最佳的效果，是营销者非常关心的一个问题。

2004年，张郁敏(Yuhmiin Chang)和埃斯特·索尔森(Esther Thorson)在《广告期刊》发表了一项研究。在这项研究中，他们比较了不同媒体组合的效果，其中包括电视的单独运用、互联网的单独运用及电视与互联网的联合运用。此项研究发现，电视与互联网联合运用的效果最好，其优势主要表现为：第一，在消费者中赢得更多的关注；第二，广告传递的信息更容易被消费者相信；第三，消费者更加认同广告产品。

案例分析

抖音助推非遗项目、老字号和文化旅游发展

根据《2021抖音数据报告》，2021年传统文化类内容在抖音上繁荣发展。对于1 557个国家级非遗项目，抖音的覆盖率已经高达99.42%。

2021年，抖音最受欢迎十大非遗项目分别是豫剧、越剧、黄梅戏、秦腔、相声、京剧、花鼓戏、柳州螺蛳粉制作技艺、陕北民歌、川剧。其中，豫剧获赞7 743万次，越剧获赞5 789万次，黄梅戏获赞5 305万次。

抖音上各省份独具特色的非遗项目成为地方文化名片，助力地方提升城市形象，打造独特文化标识。抖音的非遗数据报告显示，14个省份的代表性非遗项目在抖音上获赞超过1 000万次。抖音在助力地方非遗传承与保护方面发挥了重要作用。仅在浙江东阳，就带动就业人员超过5 000人。依托兴趣电商，非遗老字号在抖音打开新市场。目前，抖音电商已覆盖老字号超200个，同仁堂、恒源祥、五芳斋、回力、百雀羚等老字号在这里打开了新销路。

据《2021抖音数据报告》统计，传统文化类主播收入同比增长101%，其中曲艺类主播收入同比增长232%。曲艺类主播每天开播3 719场，平均每场获得116次网友打赏鼓励。

2020年年初，新冠疫情暴发，为了丰富公众的宅家生活，抖音推出"在家云游博物馆"活动，通过直播、视频的形式让用户在家就可以游览全国著名博物馆的精品馆藏。随着新媒体平台的助力，以逛博物馆为代表的文化旅游正在成为一种生活方式。

资料来源：（有修改）

[1]刘艳.《2021 抖音数据报告》揭示人们生活主要切面[EB/OL].中华网，2022-01-06.

[2]曹燕. 以新媒体诠释文化魅力，让旅游更有内涵[N].中国旅游报，2021-08-26.

[3]王磊，抖音发布非遗数据报告，过去一年相关视频数量增长 188％[EB/OL].光明网，2021-06-11.

思考：

1. 抖音对非遗项目、老字号和文化旅游有哪些具体作用？

_____

_____

2. 谈谈如何运用抖音这种新媒体营销平台的特点，弘扬我国的传统文化，发展文旅融合产品。

_____

_____

_____

任务2　新媒体营销的主要形式

导入任务

掌握新媒体营销的形式，把握各种不同新媒体的营销特点，进行几种新媒体营销策划练习，达到能够运用新媒体进行营销的目的。

一、论坛营销

（一）论坛营销的含义

论坛营销是新媒体出现以来较早开展的营销方法，是花费少、互动性强的推广方法。论坛的超高人气可以有效地为企业提供营销传播服务。

所谓论坛营销，简单地说就是企业通过论坛这一网络交流的平台，以文字、图片、视频等方式发布企业的产品和服务的信息，从而让目标客户更加深刻地了解企业的产品和服务，最终达到宣传企业或产品的目的。

（二）论坛营销的特点

1. 开放性与互动性

利用论坛的发帖、跟帖、回复、引用等功能，企业能够有效地增加广大网友与网站品牌之间的互动，大部分企业和网站的营销诉求都可以通过论坛得到有效的传播。

2. 成本低与见效快

论坛营销成本极低，几乎可以忽略不计。论坛营销对于发帖者在话题的把握能力、创意能力和沟通能力等方面的要求很高，有诸多的细节需要注意，其成本也会适当提升。

3. 精准性与针对性

论坛营销的针对性非常强，通常来说，论坛往往具有行业性和专一性，并且板块分类清晰，更能吸引业内人士的关注。企业可以针对自己的产品在相应的论坛中发帖，也可以为了引起更大的反响而无差别地在各大门户网站的论坛中广泛发帖。

(三)论坛营销策划

1. 产品策略

值得注意的是，企业使用论坛营销方法时必须明确自己的产品或者服务项目，明确网络消费者的目标群体。产品网络销售的成本低于其他销售渠道的成本，因此，如果产品选择得当，企业可以通过论坛营销获得更高的利润。

2. 价格策略

价格策略是论坛营销中不可忽视的、最为复杂的问题之一。

(1)低价定价策略。网络销售比传统销售渠道的销售费用低廉得多，因此，网上销售价格一般来说比传统市场价格要低。根据研究，消费者选择网上购物，一方面是因为网上购物比较方便，另一方面是因为从网上可以获取更多的产品信息，从而以更优惠的价格购买物品。

(2)竞争定价策略。论坛营销价格策略是成本与价格的直接对话，由于信息的开放性，消费者很容易掌握同行业各个竞争者的价格。企业如果想在论坛上营销成功，应注重强调自己产品的性价比及与同行业竞争者相比之下自身产品的特点。

此外，论坛营销的价格策略应该适时调整。一方面，企业应当随时掌握竞争者的价格变动情况，及时调整自己的竞争策略。另一方面，企业营销的目的不同，可根据时间不同制定不同的价格。例如，在自身品牌推广阶段，可以低价来吸引消费者；品牌积累到一定阶段后，其成本降低，需要及时制定价格调整策略。

二、网络营销

(一)网络营销的含义

网络营销就是以国际互联网为媒体，用数字化的信息和互联网的交互性来辅助营销目标实现的一种新型的市场营销方式。

网络营销的理论基础主要是直复营销理论、网络关系营销理论、软营销理论和网络整合营销理论。

1. 直复营销理论

直复营销理论是20世纪80年代比较新颖的一个概念。美国直复营销协会对其所下的定义："一种为了在任何地方产生可度量的反应和（或）达成交易所使用的一种或多种广告媒体的相互作用的市场营销体系。"

2. 网络关系营销理论

网络关系营销理论是1990年以来受到重视的营销理论。1985年，巴巴拉·本德·杰克逊提出了关系营销的概念，使人们对市场营销理论的研究又迈上了一个新的台阶。关系营销是把营销活动看作一个企业与消费者、供应商、分销商、竞争者、政府机构及其他公众发生互动作用的过程。关系营销的核心是维护企业与顾客的关系，为顾客提供高度满意的产品和服务价值，通过加强与顾客的联系，提供有效的顾客服务，保持与顾客的长期关系，并在与顾客保持长期关系的基础上开展营销活动，实现企业的营销目标。

3. 软营销理论

软营销理论是针对强势营销而提出的理论，强调组织进行市场营销活动的同时，必须尊重消费者的感受和体验，让消费者自觉、主动地接收组织的营销活动信息。

软营销和强势营销的根本区别在于：软营销的主动方是顾客，而强势营销的主动方是组织。个性化消费驱动消费者成为主动方，在市场舞台上扮演自己的角色。网络的互动性使其实现主动成为可能。消费者会在需求驱动下主动寻找相关的广告或促销信息。企业要做的就是完善产品与服务，在消费者出现的时候，用"浑身解数"留住他们，并着力培养客户忠诚。

4. 网络整合营销理论

网络整合营销理论就是利用互联网对市场营销的巨大作用，实施整合营销传播活动。网络媒体和技术现在已经成为现代组织吸引并抓住客户、传播营销信息、展示产品或服务特点的主渠道与重要武器。利用互联网，通过对4P（产品、价格、渠道、促销）更好地进行组合，与以顾客为中心的4C（顾客、成本、方便、沟通）相结合，从而产生系统化效应。

相关链接

网络营销的发展趋势

互联网的出现与快速发展，对社会各行各业的营销活动有着重大的影响。因此，企业的市场营销不能仅仅"以消费者为中心"，还需要营造"以消费者为中心"的场景，与消费者建立一条"快速的数字化通道"，留存好消费者的相关数据，最终建立企业客户的数据库，利用大数据分析消费者的消费特点。在互联网信息爆炸式增长的时代，消费者很难在巨大的信息流中发现该企业的商品。互联网技术的长足发展推动企业营销由传统广告营销升级为数字营销，把线下业务转移至线上完成，实现线上与线下的融合，最终完成对用户的智能化和个性化服务。

从文字到视频、从台式机到移动互联网，数字技术从出现就一直以效率优势和快速，全面地进入我们的生活和工作。随着生活和工作在手机上的应用越

来越多，网络上的人群更是通过兴趣、观念、需求等，细分为不同的群体。营销需要更加扁平化，以符合年轻一代的消费者所崇尚的个性化。

　　网络营销的主要内容：一是内容数字化营销，通过数字化内容触达用户，并获得用户的认可；二是新媒体营销，主要是通过各种社会化传播的渠道进行营销；三是短视频营销，主要通过短视频对品牌或者商品进行营销；四是数据运营，用数据指导运营决策、驱动业务增长，通过数据分析的方法发现问题、解决问题，提升工作效率。

　　资料来源：杨俐清. 网络营销对企业的意义和发展趋势[J]. 文化产业，2020(33)：129-130.（有修改）

(二)网络营销的特点

1. 信息交流的交互式与正反馈

　　互联网通过展示商品图像，商品信息资料库提供有关的查询，不仅可以实现供需互动与双向沟通，还可以进行产品测试与消费者满意度调查等活动。在网络营销中，互联性使信息的非对称性大大减少。消费者可以从网上搜索自己想要掌握的任何信息，并能得到有关专家的适时指导。由于信息传递的快捷性，人们之间产生了频繁、迅速、剧烈的交互作用，从而形成不断强化的正反馈机制。

2. 实现"以客户为中心"的一对一营销

　　网络销售可以实现一对一营销。一对一营销就是指企业在与客户直接互动的基础上，根据单个客户的特殊需求来改变自己的经营行为。这一思想由唐·佩帕斯和马莎·罗杰斯提出，自20世纪90年代以来，一直受到商界的大力推崇。网络营销通过一对一营销，可以与消费者建立长期良好的关系。

　　例如，戴尔公司的直销模式的精华在于"按需定制"，在明确客户需求后迅速作出回应，并向客户直接发货。戴尔提出了"按照客户要求定制电脑，满足消费者的个性需求"的市场营销新观念。它绕过了一些中间环节，直接按订单定制，以客户为中心建立联系，力图实现零库存。

3. 运用富媒体达到很好的传播效果

　　富媒体是指具有动画、声音、视频和/或交互性的信息传播方法。在网络营销方面，富媒体的优势可见一斑。富媒体广告的特点在于吸引广大受众参与互动，获得受众对企业产品的反馈信息。企业可以及时、快速地了解市场信息及产品评价，从而优化自己的营销方式，成功获得自己的目标客户。

4. 具有经济性与低成本特性

　　国外一份权威调查显示：企业在获得同等收益的情况下，对网络营销工具的投入是传统营销工具投入的1/10，而信息到达速度却是传统营销工具的5～8倍。在使用网络获取信息的用户中，商业用户的比例高于接触传统营销工具的用户。由此可见，网络营销是网络时代最经济的营销手段。通过互联网进行沟通交易，可以减少印刷与邮递成本，实行无店面销售，节约水电与人工成本，从而减少交易成本。

(三)网络营销策划

1. 产品策略

随着消费需求日益显现个性化的特点，企业不应急于制定产品策略，而应通过互联网实现顾客与厂商的直接对话。根据不同顾客的具体要求，进行产品生产和服务，开展定制营销。

所谓定制营销，是指企业在大规模生产的基础上，将每一位顾客都视为一个单独的细分市场，根据个人的特定需求来进行市场营销组合，以满足每位顾客的特定需求的一种营销方式。网络营销为定制营销开辟了广阔的市场。通过网络平台，企业针对每一位顾客的要求迅速给予答复，并根据顾客在需求上的差异，将信息或服务化整为零，或提供定时、定量的服务，形成一对一营销。

2. 价格策略

网络营销中价格策略的制定，应当充分考虑每个顾客的价值观。传统营销定价主要考虑产品的生产成本和市场上同类产品的价格。但在网络上，顾客购物基本属于理智型，价格是否合适取决于其价值理念。因此，企业要充分掌握顾客的购买信息，实现双方的充分沟通。

3. 渠道策略

网络营销使生产企业直接面对顾客，传统的渠道受到冲击。实施网络营销，如何解决物流的问题成为焦点。解决这方面问题应加快两类企业的发展，一类是专门为网络销售提供配套服务的配送企业，另一类是本身拥有物流配送服务的企业。

将特许经营与电子商务相结合也是一个重要策略。许多特许经营企业已经开始着手创建自身体系的电子商务平台。但是，把特许经营体系全部移到互联网上，对特许经营企业来说，既充满诱惑，也充满挑战。

4. 促销策略

网络促销主要借助网络广告，将信息辐射到全球每个角落，可以与顾客建立一对一的联系。传统营销是一种强势营销，不考虑顾客需求与否；人员推销也是不经顾客允许而采取的一种主动形式。而网络营销是一种软营销，通过加强与顾客的沟通和交流来达到营销目的，从而开发出更多的顾客需求。[1]

三、微博营销

(一)微博营销的含义

微博营销以微博作为营销平台，把听众(粉丝)作为潜在营销对象，企业通过微博向网友传播企业和产品的信息、交流有兴趣的话题，以此达到营销的目的。

---

[1] 仇建军. 我国网络营销发展策略探讨[J]. 商业时代，2009(12).

随着微博的发展，从早期的新浪微博、腾讯微博、网易微博、搜狐微博等群雄逐鹿，到现在新浪微博杀出重围。2021 年 6 月，新浪微博平均月活跃用户数达到 5.66 亿，月活跃用户数中约 94％为移动端用户，平均日活跃用户数达 2.46 亿。同时，微博用户群既是城市中对新鲜事物最敏感的人群，也是中国互联网上购买力较高的人群。微博的火热发展也使得其营销效果尤为显著。

（二）微博营销的特点

1. 立体化与高速传播

微博营销可以借助先进的多媒体技术手段，用文字、图片、视频等方式对产品进行描述，使消费者能够更加直接地了解有关产品的信息。

立体化的特征使得微博传播迅速。与其他媒体相比，微博更容易传播。"大 V"博主的微博通过短时间内的互动性转发，可以抵达全球的每一个角落。

2. 低成本与便捷性

只需要简单的构思，就可以完成一条信息的发布。微博营销优于传统的广告行业，从而节约了大量的时间和成本。微博营销的成本也低于博客营销或论坛营销。毕竟构思一篇好博文，需要花费很多的时间与精力。与论坛营销相比，微博能够与粉丝即时互动，操作简单，信息发布更便捷。

3. 互动性与针对性强

与粉丝进行即时沟通，及时获得用户反馈。由于关注企业或者产品的粉丝都是本产品的消费者或者是潜在消费者，因此，企业可以对其进行精准营销。

（三）微博营销策划

微博营销可以分为个人微博营销与企业微博营销。很多个人的微博营销是靠个人本身的知名度来得到别人的关注和了解的，他们的宣传工作一般是由粉丝们转发来达到营销效果。企业一般是以营利为目的的，他们运用微博来提升企业的知名度，最后达到出售商品或提升企业形象的目的。企业微博营销要取得成功，应当建立自己固定的消费群体，与粉丝多交流互动，注重宣传技巧。

第三方社会化商业解决方案及系统提供商——微商业，其通过对社会化网络媒体的研究，总结出了一些较为实用的经验。仅以微博为例进行分析，微商业认为，微博营销活动效果通常关注以下四个关键点：活动传播路径、活动传播关键节点、活动传播范围和粉丝新增数。

微博营销策划要取得成功，可以运用以下几个技巧。

1. 准确定位

微博粉丝数量多当然是好事，但对于企业微博来说，粉丝质量更重要。因为企业最终是要将微博粉丝转化成商业价值的，这就需要拥有有价值的粉丝。这涉及微博定位的问题。

不少企业在进行微博营销时往往不知道重点在哪里，想把企业的每一个方面都进行推广，可是这么做就没有办法给微博的营销做好定位，无法实现精准推广。所以，企业采用微博营销时要有一个很好的定位，只有这样才能够让微博营销真正发挥作用。

2. 找准传播关键节点

活动传播关键节点的捕捉在于增加发现和找到社会化网络中意见领袖的机会。对于不同的话题和活动，意见领袖的作用往往是无比巨大的。一位意见领袖往往拥有数以万计甚至十万、百万计的粉丝。

2021年年初，微博在直播方面，升级推出连麦直播，支持多个博主和用户通过直播方式进行互动。微博还推出与媒体机构和知名人士合作的连麦直播栏目，发挥意见领袖作用，为用户提供更丰富的传播体验。

3. 注重互动性

微博的魅力在于互动，拥有一群不说话的粉丝是很危险的，因为他们慢慢会变成不看你内容的粉丝，最后会离开。因此，互动性是使微博持续发挥营销作用的关键。

企业官方微博的影响力，有四个衡量标准：关注者数量、消息被转发的次数、用户"被@"的次数和消息被评论的次数。前三个数据主要靠量传播的广度，而较多的评论可以增加互动的频率与深度，因此，被评论次数可以用于考察传播的深度。

如何增加粉丝的评论？最先应该注意的问题就是，企业宣传信息不能超过微博信息的10%，最佳比例是3%～5%。更多的信息应该融入粉丝感兴趣的内容之中。

4. 效果评估

微博所创造出的惊人力量有可能是正面的，也可能是负面的。因此，必须有效管控企业微博这把双刃剑，对其效果进行评估。但大多企业在分析微博营销活动过程中会遭遇统计困难、耗时长、数据不精确、无法为下次活动提供有效数据支撑的情况。

微博营销的评价体系目前尚不成熟，因此，需要加强对微博营销传播效果评估指标体系的研究。开发诸如社会化媒体管理平台之类的工具，对于企业快速、准确地获取微博营销活动效果有较为明显的效率提升作用。

📖 案例分析

怀化善用网红打响本土品牌

湖南省怀化市地处武陵山脉和雪峰山脉之间。近年来，怀化市高度重视农产品品牌建设，重点推进农产品区域公用品牌建设，开展特色农产品、绿色农产品和农产品全程质量控制技术体系认证工作，力争更多"怀"字号农产品区域公用品牌走向全国。2020年12月初，怀化发布33条措施促柑橘销售助橘农增收，整合"怀化冰

糖橙"区域公用品牌。

与此同时，怀化善用网红打响本土品牌。2021年1月，怀化市启动网红志愿者助农活动，来自怀化周边的网红志愿者、雷锋青少年及公益小天使参加活动。在活动现场，主办单位为网红志愿者颁发爱心大使证书。同时还举办了吃橙子、运橙子、剥橙子等比赛和网红直播义卖活动。除了怀化本土的网红直播带货外，他们陆续发动全国的网红志愿者为"怀橙"代言，利用好网络平台，销售好"怀橙"，助力果农增收。"怀橙"，顾名思义，就是以怀化冰糖橙为主，包括脐橙、蜜橘、柚子等怀化柑橘的总名称、总品牌。网红公益活动这种方式，有助于推动怀化乡村振兴，打响本土品牌知名度，助力本地优质产品线上销售。

资料来源：杨博媛，田敏．"小橙大爱"为怀橙代言，网红志愿者公益助农活动启动[EB/OL]．怀化新闻网，2021-01-03.（有修改）

思考：怀化善用网红打响本土品牌的策划有何特点？此举为农产品营销策划带来哪些启示？

_____

_____

_____

四、移动互联网营销

（一）移动互联网营销的含义

移动互联网就是将移动通信和互联网结合起来。移动互联网营销借助彩信、短信群发、WAP（无线应用协议，wireless application protocol）、二维码、手机客户端等手机和移动互联网技术与方式进行。这些新营销方式具有灵活性、互动性、目标受众准确的特点。

移动互联网第一次把互联网"放到人们的手中"，实现24小时随身在线。在最近几年里，我国移动互联网发展迅速。根据工信部发布的《2021年通信业统计公报》，2021年移动互联网接入流量达2 216亿GB。手机上网流量达到2 125亿GB，比2020年增长35.5%，在移动互联网总流量中占比为95.9%。

美国知名投资银行摩根士丹利分析师玛丽·米克表示，全球移动互联网产业的技术创新正初步取得成效，该产业的市场增长速度将把传统桌面互联网远远甩在后边。移动互联网应用正从过去的手机阅读、手机音乐、手机娱乐等领域，向移动商务、移动信息化、移动支付等领域进军，其蓬勃发展和宏伟的蓝图给企业提供了一个无限的想象空间。

人民网发布的《中国移动互联网发展报告（2021）》指出，随着移动互联网用户及流量消费的增长，移动互联网新业态已经成为经济发展"强牵引"：网上零售、直播带货赋予消费新活力，"宅经济"催生经济增长新动能，"云旅游"、网络视频等创新消费新业态。人工智能与移动互联网相结合的应用场景日趋丰富，自动驾驶汽车、智能语音、虚拟现实和增强现实等正越来越广泛地应用在社会生活领域。

一些专业研究机构的调研显示,在后疫情时代,人们逐渐习惯线上购买的便利、线上购物、在线娱乐、协同办公类应用不减反增;人们更习惯于视频内容消费方式,如获取资讯、放松娱乐、社交互动、线上购物等。

(二)移动互联网营销的特点

1. 便携性与个性化

移动终端具有便携性,实用有趣的手机应用服务吸引了更多消费者。由于移动媒体几乎总是被使用者随时随地带在身边,通过它们所传送或接收的信息也就有了个性化的特点。正是由于移动互联网具有以上特性,所以移动互联网发展势头迅猛。随着网络零售、直播带货、在线教育等基于移动互联网的新应用、新业态快速增长,移动互联网在拉动消费增长、推动消费潜力释放方面大有可为。相对于无法实时随身携带的 PC,智能手机的便捷性必然会赢得更多的使用者。

2. 高度精准性与高效性

与传统媒体相比,互联网媒体通过 PC 能直接获取到用户 Cookie 等信息,精准性较传统媒体要好。但从时效性、地域性、随身性等特点来看,手机媒体的优越性更高。移动互联网在有效锁定与自己项目相匹配的目标人群方面优势独到,从而可以将信息有效地传播给目标客户。

移动广告效果优于传统广告。移动设备随着人的物理位置而变化,移动广告可以根据地理位置的动态变化,将相关广告推送给附近的用户,大大提高广告投放的精准度与针对性。

3. 低成本与高互动性

由于移动终端用户规模大,不受地域、时间限制,通过移动互联网营销的成本大大降低。与此同时,它的互动性却是传统媒体难以达到的。对于一则广告,消费者可以使用移动电话、短信、邮件、登录网站等形式向广告商作出回应,甚至还会将广告转发给自己的朋友,形成所谓的"病毒式"营销。

📖 案例分析

直播带货保持持续增长态势

5G 技术革命以及云时代的来临,彻底改变了人们的购物方式,直播电商也开始蓬勃发展起来。说起直播带货,人们首先想到的是淘宝直播、抖音和快手这些头部平台。淘宝直播自 2016 年 3 月起试运营,定位于"消费类直播"手淘平台。通过直播实时互动,商家可以打造购物情境,运用感性销售利器,大大缩短消费者的决策时间,使消费者冲动购买,刺激消费需求的产生。

直播电商由于可以实现与消费者的快速、强劲互动,加强沉浸式购物体验,深受消费者的喜爱。2020 年,疫情导致线下商业停摆、用户居家时间变长,又进

一步加速了直播电商的发展。疫情期间，抖音推出"宅家云逛街"计划，通过直播流量扶持计划、小店入驻绿色通道、官方培训等专项政策，帮助商家在抖音线上卖货，助力消费复苏。抖音的直播流量扶持计划，面向线下商场、门店、工厂、个体商家等。

直播用户体量日益庞大，拉动直播电商快速发展。iiMedia Research（艾媒咨询）数据显示，2020年中国在线直播用户规模为5.87亿人，预计未来继续保持持续增长态势，2022年用户规模将达到6.6亿人。

资料来源：（有修改）

[1]iiMedia Research. 2021年上半年在线直播行业发展状况分析：MCN机构数量、直播用户规模[EB/OL]. 艾媒网，2022-02-08.

[2]赵晋杰. 抖音打造"宅家云逛街"计划10亿直播流量扶持[EB/OL]. 科技快报网，2020-03-06.

思考：直播带货之所以产生持续增长态势，你认为主要原因是什么？

_____

_____

_____

（三）移动互联网营销策划

1. 产品与品牌策略

新时代消费者的需求追求个性化。移动互联网的出现，成为当代人最能够展现自我的主阵地。为此，企业在设计移动互联网营销过程中，应使信息产品的内容、形式符合消费者的特点；同时，企业须借助移动定位服务，以用户的位置信息为基础，有针对性地发送产品信息，促进消费行为发生。

2. 价格策略

移动互联网在传播价格信息时应当突出价格优惠信息。因为消费者进行网上购物，在很大程度上受到网络产品价格相对低廉的影响。因此，在投放移动信息时，应重点告知消费者折扣和优惠。

通过移动互联网，可以降低企业的信息沟通成本。一方面，通过网络运营商降低消费者接收信息服务的成本；另一方面，降低企业移动互联网广告成本，从而降低企业总成本。

3. 分销策略

移动互联网让位置服务产生巨大的营销价值，这是传统营销难以做到的。位置服务使消费者的购物行为更加直接与便捷。随着消费者的位置变化，企业可以提供有针对性的服务，实现一对一营销。

相关链接

随着智能技术的快速发展，手机的"二维平面化"终端服务正在向多种智能终端建立的"三维场景化"服务发展。移动购物行业用户规模日益庞大，且具有消费细分化趋势。

为了满足人们在现实世界中体验虚拟技术并在虚拟环境中进行随意发挥的需要，VR与AR技术近年来迅猛发展。VR技术将计算机技术、电子信息技术、仿真技术集于一体，其基本实现方式是计算机模拟虚拟环境来给人环境沉浸感；AR技术是一种将虚拟信息与真实世界巧妙融合的技术，广泛运用于多媒体、三维建模、实时跟踪及注册、智能交互、传感等技术手段，将计算机生成的文字、图像、三维模型、音乐、视频等虚拟信息模拟仿真后，应用到真实世界中。两种信息互为补充，从而实现对真实世界的"增强"。与更多的呈现虚构世界的VR相比，AR呈现的不仅仅是虚拟的，它的视觉呈现效果是在现实世界的状况下叠加上全息影像，是虚拟与现实的结合。

特别需要强调的是，虚拟购物在疫情防控期间产生了巨大作用。从文旅消费领域看，数字博物馆、云旅游等有效解决人们无法出游的问题。在"数字故宫"中，故宫与腾讯等联合打造的"玩转故宫"微信小程序，把真实的景点虚拟到手机地图上，运用强大的搜索功能，对展馆及餐饮购物等进行搜索与导览。游客可以从文物的数字化、建筑文化的全景展现中，领略故宫别样神韵。游客还可以通过小程序分享自己的旅游经历。

资料来源：（有修改）

[1]杨月洲，文凤祥，杨思源，等．线上购物新体验——AR＋VR购物的创新发展研究[J]．河南科技，2020(14)：24-26．

[2]张苗荧．加快数字化转型，做大做强数字文旅产业[N]．中国旅游报，2021-11-09．

4. 促销策略

移动互联网与户外数字媒体、电视等传统媒体结合，以及其独特的位置服务，使移动广告市场迅速发展。随着互联网的发展和移动端的兴起，广告商选择广告的投放途径开始侧重于移动端。2017年，移动广告支出首次超过PC，成为第二大广告媒体。这是根据世界广告研究中心对澳大利亚、巴西、加拿大、中国、法国、德国、印度、意大利、日本、俄罗斯、英国和美国这12个主要市场的数据所得出的一些重要结果。2021年全年，国内专业的移动广告情报分析平台（App Growing）共监测到全网2亿条广告在投。其中，游戏、软件应用、文化娱乐行业广告投放强势，生活服务类相较2020年广告投放数占比有明显的上升。

有分析称，受移动端广告业务等因素的影响，未来几年仍将是广告业的黄金期。互联网展示类广告作为移动端的主流应用，受社交媒体和在线视频影响，将持

续推动广告业在移动平台领域的发展。目前，更高互动形式的广告已经有良好的发展态势，如可玩广告(Playable Ads)，或者互动式效果广告，就是类似穿插于 App 的活动入口，接入互动小游戏，获得优惠券、代金券等福利的广告形式。尽管越来越多的用户开始转向移动领域的在线视频广告，但广告商仍未放弃对传统电视广告的投入。艾媒咨询数据显示，2016 年至 2021 年中国互联网广告投入呈现上涨趋势，但增长速度逐渐放缓。传统广告发展受到了数字化广告行业冲击，兼容传统形式与数字化形式的整合营销模式是广告主关注的重点。

案例分析

《互联网信息服务算法推荐管理规定》进一步规范互联网信息服务

国家互联网信息办公室、工业和信息化部、公安部、国家市场监督管理总局近日联合发布《互联网信息服务算法推荐管理规定》(以下简称《规定》)，自 2022 年 3 月 1 日起施行，对算法歧视、"大数据杀熟"等算法不合理应用予以禁止。

应用算法推荐技术，是指利用生成合成类、个性化推送类、排序精选类、检索过滤类、调度决策类等算法技术向用户提供信息。提供算法推荐服务，应当遵守法律法规，尊重社会公德和伦理，遵守商业道德和职业道德，遵循公正公平、公开透明、科学合理和诚实信用的原则。

《规定》明确，算法推荐服务提供者应当加强算法推荐服务版面页面生态管理，建立完善人工干预和用户自主选择机制，在首页首屏、热搜、精选、榜单类、弹窗等重点环节积极呈现符合主流价值导向的信息。

国家互联网信息办公室有关负责人表示，出台《规定》，旨在规范互联网信息服务算法推荐活动，维护国家安全和社会公共利益，保护公民、法人和其他组织的合法权益，促进互联网信息服务健康发展。

资料来源：何春中. 算法新规剑指"大数据杀熟"等乱象[N]. 中国青年报，2022-01-05.（有修改）

思考：

1.《互联网信息服务算法推荐管理规定》实施后，微博营销应当注意哪些方面？

_____

_____

2. 随着互联网信息服务法律制度的完善，对新媒体营销有哪些影响？

_____

_____

_____

思考与操作

问题思考

1. 党的二十大报告强调，要加快建设网络强国、数字中国。这给新媒体营销带来什么新思路？

2. 如何进行网络营销策划？

3. 如何进行论坛营销策划？

4. 如何进行微博营销策划？

5. 如何进行移动互联网营销策划？

6. 在进行新媒体营销策划时要注意哪些事项？

实务操作

小米公司在构建微博营销网络体系方面，现已基本形成以创始人微博和小米官方微博为核心，以各个部门高级管理者微博为重要补充的完整体系。重要信息由创始人微博或官方微博首发，后由各个部门高级管理者在微博上跟进转发、评论，从不同角度丰富和完善原微博的内涵，扩大信息面，形成网络化的微博营销体系。在多次的新品发布和重大信息发布中，小米娴熟的组网式营销体系使营销内容迅速在全网扩散。小米公司十分注重与微博用户的评论互动，并经常运用转发抽奖的活动营销方式，既实现了回馈用户的目的，又实现了微博信息的裂变式传播，激发了受众的购买欲，达成了较好的营销效果。

2019年2月初，小米公司开始预热2月底即将发布的旗舰手机小米9，一改科技公司发布手机前惯常的保密与低调，小米公司微博运营团队每日在创始人微博曝光小米9的相关特性，并配以精美的真机渲染效果图，在微博掀起了讨论热潮。相关话题多次登上微博热搜榜。

资料来源：田野，刘昱."互联网＋"背景下微博营销的特点和策略分析——以小米公司为例[J]. 电子商务，2020(07)：70-72.（有修改）

要求：

1. 通过分组开展团队协作，收集有关资料，分析目前手机厂商的微博营销特点，并用PPT汇报。

_____

_____

_____

2. 总结小米的微博营销策划理念，提出对小米微博营销未来的发展设想。

_____

_____

_____

课程思政

规范互联网广告需要多措并举

随着互联网广告迅速发展，虚假违法广告问题时有发生。打开互联网平台的商品页、直播间，经常可以看到像"全网仅一家""史上最低价""销量总冠军""行业领导者"等广告用语。

在汽车行业，以"销量总冠军"作为互联网软文宣传的噱头屡见不鲜。在其他行业，如茶叶生产经营领域，拿"销量领先""行业领导"进行宣传的现象也时常出现。一些互联网广告不具有可识别性，没有显著标明"广告"，导致人们将广告与其他形式宣传相混淆。更有甚者，某些互联网页面以弹出等形式发布的广告，没有显著标明关闭标志，导致用户难以关闭网页或者错误点击广告。

以医美广告为例，近年来医美广告从户外广告到社交网站、影视综艺节目，到直播间里的主播推广，花样百出、无孔不入。一些广告未能把握好宣传尺度、未能建立正确的价值观导向。比如，有的医美广告避重就轻，对医疗风险、副作用等轻描淡写，过度宣扬其神奇疗效；有的进行不当对比，运用形象代言人、"名医师"夸大其词地宣传，引导消费者冲动购买；有的编造"整容改变命运"的故事，鼓吹颜值至上，推动人们片面追求外貌形象的价值观形成。

我国第一部《中华人民共和国广告法》于1995年2月正式实施，该法未囊括互联网广告相关内容。2015年修订的《中华人民共和国广告法》明确规定，"利用互联网从事广告活动，适用本法的各项规定"，为后续互联网广告进一步立法规范打下基础。2016年9月施行的《互联网广告管理暂行办法》，明确将通过网站、网页、互联网应用程序等互联网媒介，以文字、图片、音频、视频或者其他形式，直接或者间接地推销商品或者服务的商业广告纳入监管。该暂行办法的出台有助于进一步规范互联网广告，建立一个有利于公平竞争的市场环境，更好地保护消费者的合法权益。然而，杜绝互联网上虚假违法广告除了严格执行互联网广告法律法规外，还需要社会各界多方面的努力。

"人民时评"对此评论：规范网络电商广告用语、整治滥用极限词等乱象，需要多措并举、久久为功。

第一，在技术层面，要运用现代信息技术进行监管。实践中，要将互联网广告列为重点监管对象。开展网络建档，将互联网广告列入日常性监管范围。运用信息技术对互联网广告采取专项行动，智慧赋能，开发网络广告监测系统查处互联网违法广告行为，构建全国统一的现代化互联网广告监管体系。

第二，在机制层面，发挥媒体、用户、志愿者等作用，延展监管触角。通过消费者反馈机制，辨识、揭露虚假广告。

第三，采取有力措施加强管理，如网络平台主动拦截违法违规互联网广告。对不法平台、商家、代言者进行惩戒，有利于行业自律与自我规范。

资料来源：（有修改）

[1]刘念. 规范网络电商广告用语[N]. 人民日报，2021-12-15；何娟. 依法规范医美广告[N]. 人民日报，2021-09-14.

[2]临沂市场监管. 曝光！临沂这家企业被罚20万！[EB/OL]. 澎湃网，2022-01-27.

思考：

1. 以互联网广告为例，简述新媒体营销与短视频营销的关系。

_____

_____

_____

2. 党的二十大报告提出："加强重点领域、新兴领域、涉外领域立法，统筹推进国内法治和涉外法治，以良法促进发展、保障善治。"请根据党的二十大精神，结合新媒体营销发展中遇到的问题，谈谈今后应如何规范发展。

_____

_____

_____

扫描二维码，获取本项目的学习课件。

学习课件	项目总结
	_____
	_____
	_____

参考文献

[1]张苗荧. 市场营销策划[M]. 2版. 北京：北京师范大学出版社，2014.

[2]陈志浩，刘新燕. 网络营销[M]. 2版. 武汉：华中科技大学出版社，2013.

[3]陈国胜. 农产品营销[M]. 2版. 北京：清华大学出版社，2014.

[4]蒙南生. 媒体策划与营销[M]. 北京：中国传媒大学出版社，2006.

[5]周朝霞. 企业形象策划实务[M]. 3版. 北京：机械工业出版社，2019.

[6]张卫东. 营销策划：理论与技艺[M]. 2版. 北京：电子工业出版社，2010.

[7]沈祖祥. 旅游策划：理论、方法与定制化原创样本[M]. 上海：复旦大学出版社，2007.

[8]孙玮琳，徐育斐. 市场营销策划[M]. 5版. 长春：东北财经大学出版社，2017.

[9]叶万春，叶敏. 企业营销策划[M]. 4版. 北京：中国人民大学出版社，2018.

[10]李世杰，刘全文，赵岩红. 市场营销与策划[M]. 3版. 北京：清华大学出版社，2020.

[11]胡其辉. 市场营销策划[M]. 北京：高等教育出版社，2011.

[12]金星. 广告学实用教程[M]. 3版. 北京：北京师范大学出版社，2018.

[13]张冬梅. 市场营销策划[M]. 青岛：中国海洋大学出版社，1998.

[14]屈云波. 营销企划实务[M]. 北京：企业管理出版社，1998.

[15]樊志育. 促销策略[M]. 上海：上海人民出版社，1995.

[16]樊志育. 市场调查[M]. 上海：上海人民出版社，1995.

[17]周超. 网络营销[M]. 2版. 北京：北京师范大学出版社，2017.

[18]李道平. 策划家丛书[M]. 北京：中国商业出版社，1996.

[19]仉建军. 我国网络营销发展策略探讨[J]. 商业时代，2009(12).

[20]张苗荧. 营销发展趋势：故事即产品[J]. 商业时代，2003(10).

[21]赵凯. 移动互联网营销模式下消费者行为及其促销策略[J]. 商业经济研究，2016(10)：47-48.

[22]雷良. 基于4C理论的跨界营销分析[J]. 商场现代化，2022(3)：51-53.

［23］桂世河，汤梅. 整合营销传播目标的演进与发展趋势［J］. 管理现代化，2019 第 39 卷(1)：78-81.

［24］毛金蓉. 基于媒介融合背景的传统媒体与新媒体的整合营销策略［J］. 文化产业，2022(4)：1-3.

［25］任力. 企业自媒体的构建及其传播管理研究［J］. 传播力研究，2021 第 5 卷(28)：153-154.

［26］唐玉生，农冰，刘健. 品牌营销战略群的内涵、结构与管理［J］. 商业经济研究，2020(7)：75-78.